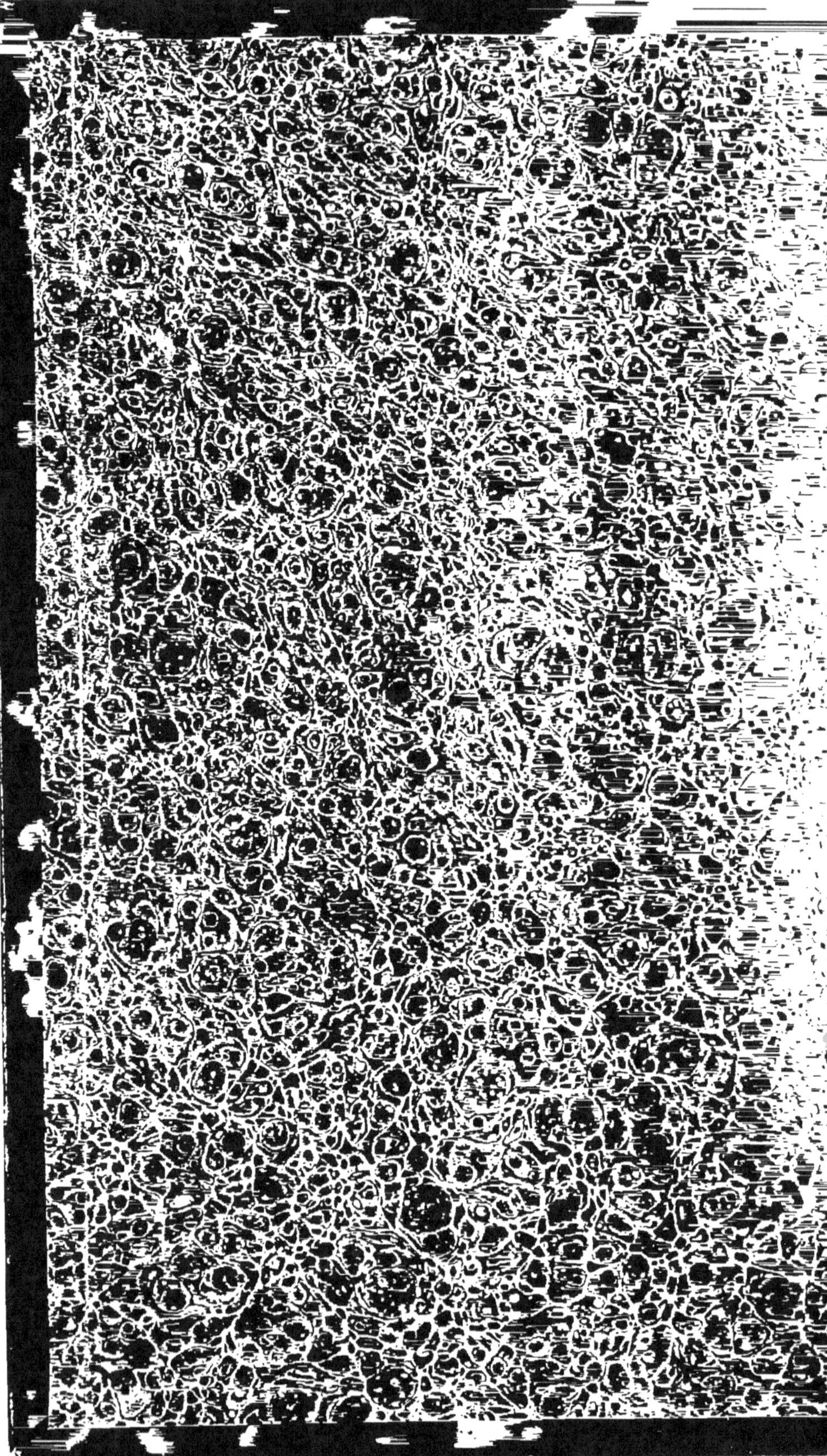

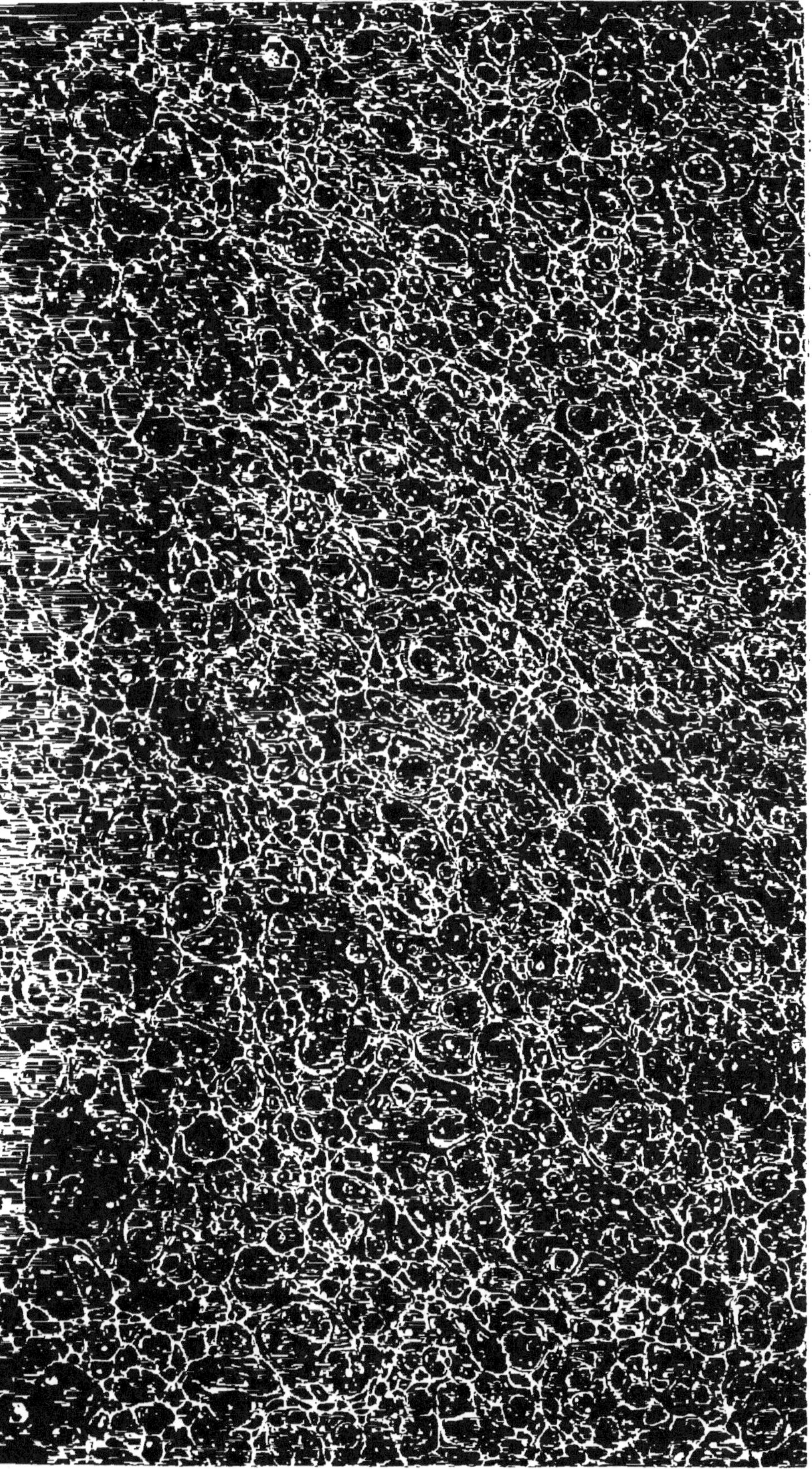

RECUEIL

DES

ACTES DE PIE IX.

Paris. —Typographie de Firmin Didot frères, rue Jacob, 56.

RECUEIL

DES ACTES

DE N. T. S. P.

LE PAPE PIE IX.

(TEXTE ET TRADUCTION.)

TOME TROISIÈME

CONTENANT

Les Actes de Pie IX, depuis le 16 novembre 1848 jusqu'au 17 avril 1850.

Publié par le Comité pour la défense de la liberté religieuse.

DIEU ET NOTRE DROIT.

PARIS,

JACQUES LECOFFRE ET Cⁱᵉ, LIBRAIRES,

RUE DU VIEUX-COLOMBIER, 29.

1855.

AVERTISSEMENT.

Le troisième volume des actes de S. S. Pie IX contient la période à la fois si triste et si glorieuse pendant laquelle l'auguste Pontife, victime de l'ingratitude de quelques-uns de ses enfants égarés, est demeuré éloigné de sa capitale jusqu'à ce que les armes des Puissances catholiques l'aient rétabli dans la plénitude de sa souveraineté. C'est l'espace de temps écoulé entre la funeste date du 18 novembre 1848 et l'heureux jour de la rentrée du Saint Père à Rome, le 12 avril 1850.

On voit assez quel touchant et profond intérêt s'attache aux actes accomplis durant cette période. En les reproduisant, nous n'avons pas cru pouvoir mieux faire que de les placer dans l'ordre chronologique.

Rien, en effet, ne saurait produire une impression plus vive et représenter plus au vrai les sollicitudes de tout genre qui occupaient l'âme de l'illustre proscrit, que de suivre jour par jour les manifestations publiques ou privées qui partaient du rocher de Gaëte ou du faubourg de Portici. Les protestations du Souverain outragé, les proclamations et les appels du Pontife-Roi à ses populations fidèles ou trompées, les décrets de la volonté souveraine exerçant ses droits du fond de l'exil où l'entourent les hommages de la diplomatie européenne; les réponses que le Pasteur suprême adresse aux témoignages universels de douleur, de respect et d'amour que les Évêques, les Princes et les fidèles se hâtent de déposer à ses pieds; enfin les actes du Vicaire de Jésus-Christ, et surtout cette admirable Encyclique du 2 février 1849 qui préparait la solennelle décision que le monde catholique espère sur la Conception Immaculée de la très-sainte mère du Sauveur; tous ces documents si précieux pour la religion et pour l'histoire font éclater la fermeté, le courage, la sérénité incomparables qui accompagnèrent aux jours d'une si cruelle adversité le chef bien-aimé de la sainte Église.

Trop heureux serions-nous si le Père commun daignait voir dans ce monument que ses propres mains ont élevé à sa gloire, et dont nous n'avons fait que rassembler les trophées, un gage de notre profond et filial dévoûment !

Henry DE RIANCEY.

Paris, en la fête de tous les Saints, 1854.

ACTES DE S. S. PIE IX.

LETTRE

AU MARQUIS SACCHETTI.

(24 novembre 1848.)

En s'éloignant de Rome, S. S. a laissé la lettre suivante, adressée au marquis Sacchetti, fourrier-major des palais pontificaux : elle est tout entière de la main du Souverain Pontife :

« Marchese Sacchetti,

« Affidiamo alla sua nota prudenza ed onestà di prevenire della nostra partenza il ministro Galletti, impegnandolo con tutti li altri ministri, non tanto per premunire i palazzi, ma molto più le persone addette, e lei stessa, che ignorano totalmente la nostra risoluzione. Che se tanto ci è a cuore e lei e i famigliari, perchè ignari tutti del nostro pensiero, molto più li è a cuore raccomandare a detti signori la quiete e l'ordine della intera città.

« PP. IX. »

TRADUCTION.

« Marquis Sacchetti,

« Nous confions à votre prudence et loyauté bien connues le soin de prévenir de notre départ le ministre Galletti, en l'invitant, lui et tous les autres ministres, à préserver non-seulement les palais, mais bien plus encore les personnes qui nous sont attachées et vous-même, qui ignoriez totalement notre résolution. Que si nous avons tant à cœur de recommander et vous et les personnes de notre maison, qui, toutes, nous le répétons, ignoraient notre pensée, il nous est bien plus à cœur de recommander à ces Messieurs le repos et l'ordre de la ville entière.

« 24 novembre 1848.　　　　P. PP. IX. »

PROTESTATION

DE S. S. LE PAPE PIE IX.

(27 novembre 1848.)

Le violenze uzate contro di Noi nei scorsi giorni, e le manifestate volontà di prorompere in altre (che IDDIO tenga lontano, ispirando sensi di umanità e moderazione negli animi), Ci hanno costretto a separarci temporaneamente dai Nostri sudditi e figli, che abbiamo sempre amato e amiamo.

Fra le cause que Ci hanno indotto a questo passo, DIO sa quanto doloroso al Nostro cuore, una di grandissima importanza è quella di aver la piena libertà nell' esercizio della suprema potestà della Santa Sede, quale esercizio potrebbe con fondamento dubitare l'orbe cattolico, che nelle attuali circostanze Ci venisse impedito. Che se una tale violenza è oggetto per Noi di grande amarezza, questa si accresce a dismisura, ripensando alla macchia d'ingratitudine contratta da una classe di uomini perversi al cospetto dell' Europa e del mondo, e molto più a quella, che nelle anime loro ha impressa lo sdegno di DIO, che presto o tardi rende efficaci le pene stabilite dalla sua Chiesa.

Nella ingratitudine dei figli riconosciamo la mano del Signore che Ci percuote, il quale vuol soddisfazione dei Nostri peccati e di quelli dei popoli; ma senza tradire i Nostri doveri, Noi non Ci possiamo astenere dal protestare solennemente al cospetto di tutti (come nella stessa sera funesta dei sedici Novembre e nella mattina del dicessette protestammo verbalmente avanti al corpo diplomatico, che Ci faceva onorevole corona e tanto giovò a confortare il Nostro cuore) che Noi avevamo ricevuto una violenza inaudita e sagrilega. La quale protesta intendiamo di ripetere solennemente in questa circostanza, di aver cioè soggiaciuto alla violenza, e perciò dichiariamo tutti gli atti, che sono da quella derivati di nessun vigore e di nessuna legalità.

Le dure verità e le proteste ora espote Ci sono

state strappate dal labbro dalla malizia degli uomini e dalla Nostra coscienza, la quale nelle circostanze presenti Ci ha con forza stimolati all'esercizio dei Nostri doveri. Tuttavia Noi confidiamo che non Ci sarà vietato innanzi al cospetto di Dio, mentre lo invitiamo e supplichiamo a placar il Suo sdegno, di comminciare la Nostra preghiera colle parole di un santo re e profeta : *Memento, Domine, David et omnis mansuetudinis ejus.*

Intanto avendo a cuore di non lasciare acefalo in Roma il governo del Nostro Stato, nominiamo una Commissione governativa composta dei seguenti soggetti :

IL CARDINAL CASTRACANE,

MONSIGNOR ROBERTO ROBERTI,

PRINCIPE DI ROVIANO,

PRINCIPE BARBERINI,

MARCHESE BEVILACQUA DI BOLOGNA,

MARCHESE RICCI DI MACERATA,

TENENTE GENERAL ZUCCHI.

Nell' affidare alla detta Commissione governativa la temporanea direzione dei pubblici affari, raccomandiamo a tutti i Nostri sudditi e figli la quiete e la conservazione dell'ordine.

Finalmente vogliamo e comandiamo che a Dio s'innalzino quotidiane e fervide preghiere per l'umile Nostra Persona, e perchè sia resa la pace al mondo e specialmente al Nostro Stato e a Roma, ove sarà sempre il cuor Nostro, qualunque parte Ci alberghi dell' ovile di Cristo. E Noi, come è debito del su-

premo sacerdozio, a tutti precedendo, devotissima-
mente invochiamo la gran Madre di misericordia e
Vergine immacolata, ed i santi Apostoli Pietro e
Paolo, affinchè come Noi ardentemente desideriamo,
sia allontanata dalla Città di Roma e da tutto lo
Stato l'indignazione di DIO ONNIPOTENTE.

Datum Cajetæ, die XXVII Nov. MDCCCXLVIII.

PIUS PAPA IX.

TRADUCTION.

Les violences exercées contre Nous ces jours derniers, et la volonté manifestée de se précipiter dans
d'autres excès (que Dieu veuille éloigner ces malheurs, en inspirant des sentiments d'humanité et de
modération dans les âmes!), Nous ont contraint à
nous séparer momentanément de Nos sujets et de
Nos enfants, que Nous avons toujours aimés, et que
Nous aimons toujours.

Parmi les motifs qui Nous ont déterminé à cette
séparation (et Dieu sait combien elle est douloureuse
à Notre cœur!), celui dont l'importance est la plus
grande, c'est d'avoir la pleine liberté dans l'exercice
de la puissance suprême du Saint-Siége, exercice que
l'univers catholique pourrait supposer à bon droit,
dans les circonstances actuelles, n'être plus libre
entre Nos mains. Que si une telle violence est pour
Nous le sujet d'une grande amertume, cette amertume s'accroît outre mesure, quand Nous pensons à

la tache d'ingratitude dont s'est couverte, à la face de l'Europe et du monde, une classe d'hommes pervers, et bien plus encore à la tache qu'a imprimée sur leurs âmes la colère de Dieu, qui, tôt ou tard, exécute les châtiments prononcés par son Église.

Dans l'ingratitude de Nos enfants, Nous reconnaissons la main du Seigneur qui Nous frappe, et qui veut que Nous expiions Nos péchés et ceux des peuples. Mais Nous ne pouvons, sans trahir Nos devoirs, Nous abstenir de protester solennellement en présence de tous (comme dans la funeste soirée du 16 novembre et dans la matinée du 17, Nous avons protesté verbalement devant le corps diplomatique, qui nous avait honorablement entouré et qui a tant contribué à fortifier Notre cœur) que Nous avons souffert une violence inouïe et sacrilége. Laquelle protestation Nous entendons renouveler solennellement en la circonstance présente, à savoir que Nous avons été opprimé par la violence; et, en conséquence, Nous déclarons tous les actes qui en ont été la suite nuls et de nulle valeur ni force légale.

Les dures vérités et les protestations que Nous venons d'exposer ont été arrachées à Nos lèvres par la méchanceté des hommes et par Notre conscience, laquelle, dans les circonstances présentes, Nous a excité avec force à l'accomplissement de Nos devoirs. Toutefois, en présence même de Dieu, et tandis que Nous le prions et supplions d'apaiser sa colère, Nous avons la confiance qu'il ne Nous sera pas défendu de commencer Notre prière par ces paroles d'un saint roi et prophète : *Seigneur, souvenez-vous de David et de toute sa mansuétude.*

Et cependant, ayant à cœur de ne pas laisser sans chef, à Rome, le gouvernement de Notre État, Nous nommons une *Commission de gouvernement*, composée des personnes suivantes :

Le cardinal Castracane,
Mgr Roberto-Roberti,
Le prince de Roviano,
Le prince Barberini,
Le marquis Bevilacqua de Bologne,
Le marquis Ricci de Macerata,
Le lieutenant général Zucchi.

En confiant à ladite Commission de gouvernement la direction temporaire des affaires publiques, Nous recommandons à tous Nos sujets et fils le calme et la conservation de l'ordre.

Enfin, Nous voulons et ordonnons que de ferventes prières s'élèvent chaque jour vers Dieu pour Notre humble Personne et pour le rétablissement de la paix dans le monde, et spécialement dans Notre État et à Rome, où sera toujours Notre cœur, quelle que soit la partie du bercail du Christ qui nous abrite. Et Nous, comme c'est le devoir du suprême sacerdoce, et avant tout, Nous invoquons, très-dévotement, la souveraine Mère de miséricorde, la Vierge immaculée, et les saints Apôtres Pierre et Paul, afin que, comme Nous le désirons ardemment, l'indignation du Dieu tout-puissant soit éloignée de la ville de Rome et de tous Nos États.

Donné à Gaëte, le 27 novembre 1848.

PIUS PAPA IX.

LETTRE

A S. EX. LE COMTE DE SPAUR,

ENVOYÉ DE S. M. LE ROI DE BAVIÈRE.

(27 novembre 1848.)

« L'aide et l'appui que Nous avons reçus de vous, Monsieur le comte, lors de Notre départ de Rome, Nous font un devoir de vous donner une preuve de Notre gratitude. C'est pourquoi Nous vous nommons grand-croix de l'Ordre de Pie, et votre fils Maximilien chevalier de celui du Christ. Nous espérons toutefois que des circonstances plus propices Nous permettront bientôt de vous témoigner tous Nos sentiments. Et en attendant, Nous prions le Très-Haut de répandre ses grâces sur vous, sur la comtesse votre épouse, ainsi que sur vos fils.

« Recevez la bénédiction apostolique que Nous vous donnons dans l'effusion de Notre cœur.

« Gaëte, 27 novembre 1848.

« PIUS PP. IX. »

PRIÈRE

DE S. S. PIE IX A GAETE.

(29 novembre 1848.)

Le Saint-Père s'est rendu le 29 novembre à la chapelle de la Trinité, près de Gaëte. Le roi et la reine de Naples, les princes de la famille royale, les cardinaux et les ambassadeurs étaient présents. Après avoir adoré le Saint Sacrement, Pie IX prononça à haute voix les paroles suivantes :

« Dieu tout-puissant, mon auguste Père et Sei« gneur, voici à vos pieds votre Vicaire très-indigne,
« qui vous supplie du fond de son cœur de répandre
« sur lui, du haut du trône éternel où vous êtes assis,
« votre bénédiction. Dirigez, ô mon Dieu, dirigez
« ses pas ; sanctifiez ses intentions ; régissez son es« prit ; gouvernez ses actes ; soit sur ce rivage, où
« dans vos voies admirables vous l'avez conduit, soit
« dans quelque autre partie de votre bercail qu'il
« doive chercher un asile, puisse-t-il être toujours le
« digne instrument de votre gloire et de la gloire de
« votre Église, trop en butte, hélas ! aux coups de
« vos ennemis !

« Si pour apaiser votre colère, justement irritée
« par tant d'indignités qui se commettent en paro-

« les, en écrits et en actions, sa vie même peut être
« un holocauste agréable à votre cœur, de ce moment
« il vous l'offre et la dévoue ! Cette vie, vous la lui
« avez donnée ; et vous, vous seul êtes en droit de la
« lui enlever, quand il vous plaira. Mais, ô mon Dieu,
« faites triompher votre gloire, faites triompher votre
« Église ! Confirmez les bons, soutenez les faibles,
« réveillez du bras de votre toute-puissance tous
« ceux qui dorment dans les ténèbres et les ombres
« de la mort !

« Bénissez, Seigneur, le Souverain qui est ici pros-
« terné devant vous, bénissez sa compagne, bénissez
« sa famille. Bénissez tous ses sujets et sa fidèle ar-
« mée. Bénissez, avec les Cardinaux, tout l'Épisco-
« pat et le Clergé, afin que tous accomplissent dans
« les douces voies de votre loi sainte l'œuvre salu-
« taire de la sanctification des peuples. Avec cet es-
« poir, Nous pourrons échapper, non-seulement ici-
« bas, dans ce pèlerinage terrestre, aux embûches des
« impies et aux piéges des pécheurs ; mais Nous espé-
« rons aussi pouvoir mettre le pied au rivage de l'é-
« ternelle sécurité : *Ut hic et in æternum, te auxi-*
« *liante, salvi et liberi esse mereamur.* »

ORDONNANCE

QUI PROROGE LES CONSEILS.

(7 décembre 1848.)

Avuto riflesso alla gravezza delle presenti circostanze;

Visto l'art. XIV dello statuto fondamentale :

Proroghiamo l'attuale sessione dell' Alto Consiglio, e del Consiglio de' Deputati, riservandoci di determinare successivamente il giorno della nuova convocazione de'medesimi, ed ordiniamo al Cardinal Castracane, Presidente della temporanea Commissione governativa da Noi istituita sotto il giorno 27 novembre decorso, di comunicare ai due Consigli questa Nostra sovrana deliberazione.

Datum Cajetæ, die 7 Decembris 1848.

PIUS PAPA IX.

TRADUCTION.

Le Pape Pie IX,

Ayant réfléchi à la gravité des circonstances ;
Vu l'art. 14 du Statut fondamental ;
Nous prorogeons la session actuelle du Haut Con-

seil et du Conseil des Députés, nous réservant de déterminer ultérieurement le jour d'une nouvelle convocation, et Nous ordonnons au Cardinal Castracane, Président de la Commission provisoire de gouvernement instituée par Nous le 27 novembre passé, de communiquer aux deux Conseils Notre résolution souveraine.

Donné à Gaëte, le 7 décembre 1848.

PIE IX PAPE.

RÉPONSE

DE S. S. AU CONSEIL D'ETAT DE NAPLES.

(Décembre 1848.)

—

« C'est avec beaucoup de gratitude que je reçois les témoignages d'affectueux dévouement du Conseil d'État du seul royaume en Italie qui donne encore l'exemple de l'ordre et de la légalité, choses qui sont pour ainsi dire sœurs et qui marchent toujours ensemble ; et je prie Dieu qu'au milieu de l'effervescence des passions, vous conserviez ces deux principes, sans lesquels il n'y a pas d'espoir. Nous bénissons dans toute l'effusion de notre cœur, ainsi qu'ils nous en prient, les membres du Conseil d'État. Puissent-ils sans cesse assister de leur énergie et de leur courage un roi bon et pieux, qui s'est montré si plein de zèle pour le bien du pays! Nous avons reçu ici l'hospitalité, et Nous y avons vu tous Nos souhaits prévenus, lorsqu'il était si loin de Notre pensée d'avoir besoin d'un asile. Aujourd'hui que les passions sont déchaînées et attisées par toute l'Italie, qui peut prévoir le terme de pareilles convulsions?

« Beaucoup de gens, il est vrai, parlent d'indépendance ; mais, fussent-ils dix millions d'hommes ayant cette même pensée, Nous sommes sûr que nous n'en trouverions pas deux d'accord sur les moyens d'acquérir cette indépendance. Nous pouvons comparer avec vérité l'Italie à un malade accablé par la fièvre, se retournant sans cesse d'un côté sur l'autre pour trouver un soulagement qui le fuit. Dieu seul peut, dans sa clémence, apporter remède à tant de maux. Prions-le donc humblement qu'il dissipe les ténèbres qui entourent l'humanité, et qu'il fasse briller sa lumière dans toute sa clarté. Vous faites maintenant de nouvelles lois, et, de Notre côté, Nous en méditons aussi pour le bien de ces bonnes populations. Avec l'aide de Dieu, leur exécution exacte suffira, car il faut seulement de prudentes modifications et non des changements fondamentaux. »

RÉPONSE

DE S. S. PIE IX

AUX MEMBRES DU SÉNAT MUNICIPAL DE NAPLES.

« La visite que vous me faites au nom d'une partie de la population de Naples m'est d'autant plus précieuse, qu'elle me montre combien, malgré ma position présente, vous avez gardé d'affection pour ma personne et pour notre sainte religion. Que puis-je faire pour vous, dans l'état d'isolement où je me trouve, sinon implorer le Très-Haut pour qu'il répande ses bénédictions sur vos familles, sur tous les habitants de Naples et sur votre auguste, catholique et religieux souverain, ainsi que sur tous les membres de sa royale famille, afin qu'avec sa grâce il vous accorde aussi cette paix, cette tranquillité si estimée des hommes justes, et dont nous avons tant besoin ? J'espère que ces moments de tribulation ne se prolongeront pas, et j'aurai toujours présent à la mémoire l'hommage que vous m'avez rendu dans le malheur. Priez, vous aussi, et nos vœux pour notre commune consolation seront exaucés. »

MÉMOIRE

DE MONSIGNOR ROBERTO-ROBERTI

*Au nom de la Commission provisoire
de gouvernement* (1).

———

« Notre État constitutionnel se composant de trois pouvoirs supérieurs : Conseil des Députés, Haut Conseil et Monarque, il importe de savoir 1º si la Commission est subrogée comme tenant la place du monarque (dans la limite du mandat, bien entendu), et si sa fonction, comme cela paraît indubitable, sera de représenter ce troisième pouvoir seulement, c'est-à-dire le souverain constitutionnel ;

« 2º Dans l'hypothèse que la Commission remplisse, comme je viens de le dire, les fonctions d'une régence constitutionnelle, on demande si elle doit confirmer, en tout ou en partie, le ministère actuel, et dans le cas où elle devrait le changer, comment elle doit se conduire pour le choix des nouveaux ministres.

« Il faut observer que la plupart des ministres actuels ne doivent pas être considérés seulement comme de simples capacités individuelles destinées à former un tout homogène par leur union à d'autres capacités, mais encore et surtout comme des forces propres

(1) Cette pièce est publiée en substance.

à faire naître des mouvements ou du moins des opinions populaires qui pourraient entraver ou paralyser les résolutions de la commission.

« 3° Les Chambres ne pouvant être closes que par l'intermédiaire des ministres, si ceux-ci ne consentent pas à la prorogation et refusent de l'exécuter, ou si, craignant les conséquences d'un tel acte, ils donnent leur démission, comment devra se conduire la Commission pendant tout le temps qui s'écoulera avant que soit formé le nouveau ministère, qu'il sera très-difficile de compléter, cela n'est que trop évident ?

« 4° Sa Sainteté ayant déclaré nuls et de nulle valeur tous les actes qui ont été la suite des violences du 16 novembre, et un grand nombre de ces actes qui se rapportent à l'administration ne pouvant demeurer en suspens à cause de leur connexion avec d'autres actes qui doivent les suivre, ou à cause d'autres raisons qu'il est inutile de détailler, la Commission a-t-elle pleins pouvoirs pour les valider, et, si elle n'a pas ces pleins pouvoirs, quelles sont les limites dans lesquelles elle doit se renfermer ? Par exemple, doit-elle approuver ou désapprouver le décret des Chambres ordonnant l'émission de bons pour la somme de 600,000 écus hypothéqués sur les biens caméraux (1), mesure que le ministre des finances proclame d'une nécessité absolue ?

(1) Les biens caméraux sont les biens du domaine de l'État.

« 5° Il est raisonnable de prévoir que, de même que cela est arrivé à Sa Sainteté, les ordres de la Commission ne seront pas exécutés ou qu'ils le seront dans un mauvais esprit : si de telles inexécutions ou transgressions avaient lieu, si, par leur nombre ou leur nature, elles devenaient scandaleuses au point d'ôter à la Commission toute autorité et au détriment évident du souverain pouvoir qu'elle représente, que devra-t-elle faire ?

« 6° La Commission devant nécessairement avoir des employés subalternes pour la transmission des ordres, les procès-verbaux, résolutions, rapports et dépêches à Sa Sainteté, registres de correspondance, etc., pourra-t-elle prendre de nouveaux employés, si ceux qui sont attachés aux divers départements ministériels ne veulent pas ou ne peuvent pas remplir leurs fonctions auprès d'elle ? Pourra-t-elle user du Quirinal et de ceux qui étaient au service de Sa Sainteté ? S'il faut prendre de nouveaux employés, les payer, faire d'autres dépenses indispensables, et si les ministres responsables refusent leurs signatures, quelle conduite devra-t-elle tenir ? »

DÉPÊCHE EN RÉPONSE

DE S. ÉM. LE CARDINAL ANTONELLI,

PRO-SECRÉTAIRE D'ÉTAT (1).

———

« 1º Sur les §§ 1, 2 et 4. — La Commission de gouvernement, outre la direction temporaire des affaires publiques, réunit tous les pouvoirs ministériels pour traiter les mêmes affaires selon les lois en vigueur. Sa Sainteté dispose en outre que toutes les résolutions concernant la marche ordinaire des affaires qui exigeraient régulièrement la sanction souveraine seront valides, sans qu'il soit besoin de cette sanction, tout le temps que la Commission durera. Dans les affaires extraordinaires, sauf le cas d'urgence, la Commission devra en référer au Saint-Père.

« 2º Sur les §§ 2 et 6. — La Commission de gouvernement est autorisée à choisir, pour l'aider, des personnes de confiance, et à les répartir entre les divers ministères ou départements, à la condition cependant d'exclure toujours tous ceux qui faisaient partie du ministère imposé à Sa Sainteté le 18 novembre dernier.

(1) Cette pièce est publiée en substance : elle est antérieure à la réponse faite par le cardinal pro-secrétaire d'État aux députés de la ville de Rome et des divers conseils (voir ci-après).

« 3º Sur les §§ 3 et 4. — Le ministère des affaires étrangères n'est pas attribué à la Commission de gouvernement. Il reste confié à un Cardinal fixé auprès de Sa Sainteté. Du reste, Sa Sainteté donne au cardinal Castracane, président de la Commission, le pouvoir de délivrer des passe-ports pour l'étranger.

« 4º Sur le § 3. — Sa Sainteté, par une ordonnance spéciale, a déjà prorogé les Chambres ; quant au reste, voyez ce qui est dit sous le nº 2.

« 5º Sur le § 4. — La Commission de gouvernement, attendu les besoins du trésor et la nécessité des circonstances, a pouvoir de Sa Sainteté pour autoriser l'émission de 600,000 écus de bons, en les hypothéquant sur les biens caméraux.

« 6º Sur le § 5. — La Commission a le droit de faire tous les actes relatifs à l'exercice de l'autorité que Sa Sainteté lui a confiée temporairement, d'employer tous les moyens propres à sauvegarder la souveraineté du Saint-Père, et à maintenir l'ordre public. Dans le cas où il serait mis obstacle à l'exercice de son pouvoir, elle pourra, si elle le juge opportun, se transporter dans quelque autre ville de l'État pontifical, où soient respectées l'autorité du Saint-Père et les lois de l'État.

« 7º Sur le § 6. — La Commission pourra se servir des appartements destinés à l'habitation du Cardinal secrétaire d'État et de ceux qui sont consacrés au ministère de l'intérieur dans le Quirinal. La Commission a le pouvoir de faire toutes les dépenses qu'elle jugera nécessaires pour remplir la charge qui lui a été confiée par Sa Sainteté. »

RÉPONSE

DE S. ÉM. LE CARDINAL ANTONELLI,

PRO-SECRÉTAIRE D'ÉTAT DE S. S.,

Aux députés de la ville de Rome et des deux conseils.

(6 décembre 1848.)

« Gaëte, 6 décembre.

« Dans le *motu-proprio* du Saint-Père, daté de Gaëte le 27 novembre, Sa Sainteté fait connaître à tous les causes principales qui l'ont portée à s'éloigner momentanément de Rome. Son cœur souffre de ne devoir pas, pour les mêmes raisons, recevoir ceux des sujets qui ont reçu la mission spéciale de l'engager à retourner dans la capitale. Le Saint-Père demande de tout son cœur au Très-Haut, dans ses prières, de hâter le moment de ses miséricordes et sur Rome et sur tout l'État.

« Le cardinal soussigné, en exprimant à Votre Excellence, par ordre exprès du Saint-Père, le contenu ci-dessus, vous assure de ses sentiments d'estime et de considération.

« G. CARD. ANTONELLI. »

LETTRE

DE S. S. LE PAPE PIE IX

AU GÉNÉRAL E. CAVAIGNAC,

Chef du pouvoir exécutif en France.

(7 décembre 1848.)

« Monsieur le général,

« Mon cœur est touché, et je suis pénétré de reconnaissance pour l'élan spontané et généreux de la fille aînée de l'Église qui se montre empressée, et déjà en mouvement, pour accourir au secours du Souverain Pontife.

« L'occasion favorable s'offrira sans doute à moi pour témoigner, en personne, à la France mes sentiments paternels et pour pouvoir répandre sur le sol français, de ma propre main, les bénédictions du Seigneur, de même qu'aujourd'hui je le supplie par ma voix de consentir à les répandre en abondance sur vous et sur toute la France.

« Donné à Gaëte, le 7 décembre 1848.

« PIUS PP. IX. »

LETTRE

DE S. S. LE PAPE PIE IX

AU GÉNÉRAL CAVAIGNAC,

Chef du pouvoir exécutif.

(10 décembre 1848.)

« Monsieur le général,

« Je vous ai adressé, par l'intermédiaire de M. de Corcelles, une lettre pour exprimer à la France mes sentiments paternels et mon extrême reconnaissance. Cette reconnaissance s'accroît de plus en plus à la vue des nouvelles démarches que vous faites auprès de moi, Monsieur le général, en votre propre nom et au nom de la France, en m'envoyant un de vos aides de camp, avec une lettre, pour m'offrir l'hospitalité sur une terre qui a été et qui est toujours fertile en esprits éminemment catholiques et dévoués au Saint-Siége. Et ici mon cœur éprouve le besoin de vous assurer de nouveau que l'occasion favorable ne manquera pas de se présenter, où je pourrai répandre de ma propre main sur la grande et généreuse famille française les bénédictions apostoliques.

« Que si la Providence m'a conduit par des voies surprenantes dans le lieu où je me trouve momentanément, sans la moindre préméditation ni le moindre concert, cela ne m'empêche point, même ici, de me prosterner devant Dieu, dont je suis le Vicaire, quoique indigne, le suppliant de faire descendre ses grâces et ses bénédictions sur vous et sur la France entière.

« Donné à Gaëte, le 10 décembre 1848.

« PIUS PP. IX. »

Voici la lettre à laquelle répond le Saint-Père :

« Paris, le 3 décembre 1848.

« Très-saint Père,

« J'adresse à Votre Sainteté, par l'un de mes aides de camp, cette dépêche et celle ci-jointe de M. l'archevêque de Nicée, Votre nonce près le gouvernement de la République.

« La nation française, profondément affligée des chagrins dont Votre Sainteté a été assaillie dans les derniers jours, a été aussi profondément touchée du sentiment de confiance paternelle qui portait Votre Sainteté à venir lui demander momentanément une hospitalité qu'elle sera heureuse et fière de Vous assurer, et qu'elle saura rendre digne d'elle et de Votre Sainteté.

« Je vous écris donc pour qu'aucun sentiment d'inquiétude, aucune crainte sans fondement ne vienne se placer à côté de Votre première résolution pour en détourner Votre Sainteté.

« La République, dont l'existence est déjà consacrée par la volonté réfléchie, persévérante et souveraine de la nation française, verra avec orgueil Votre Sainteté donner au monde le spectacle de cette consécration toute religieuse que votre présence au milieu d'elle lui annonce, et qu'elle accueillera avec la dignité et le respect religieux qui conviennent à cette grande et généreuse nation.

« J'ai éprouvé le besoin de donner à Votre Sainteté cette assurance, et je fais des vœux pour qu'elle lui parvienne sans retard prolongé.

« C'est dans ces sentiments, Très-saint Père, que je suis votre fils respectueux,

« GÉNÉRAL CAVAIGNAC. »

LETTRE

DE S. S. PIE IX A MGR L'ARCHEVÊQUE DE PARIS (1).

(11 décembre 1848.)

« Vénérable Frère,

« Nous n'avons pas appris avec une moindre joie
« que vous trouviez dans votre clergé, pour cultiver
« le vaste champ qui vous a été confié, des collabo-
« rateurs animés du zèle le plus ardent et le plus
« pur. Ce que vous Nous dites de toutes ces œuvres

(1) Nous n'avons que des fragments de cette lettre.

« et institutions dont la piété chrétienne et la charité
« ont doté votre illustre ville, d'où le peuple retire
« tant de bien, a consolé Notre cœur.

« Nous avons été bienheureux aussi en apprenant
« par vos lettres les sentiments dont les premiers ma-
« gistrats de la République française sont animés
« envers la Religion. »

Pie IX demande ensuite des prières.

« Pour que Nos communs désirs se réalisent, dit-il,
« ne cessez pas, Vénérable Frère, avec tout le clergé
« et le peuple fidèle, d'adresser au Très-Haut de con-
« tinuelles et ferventes prières, afin qu'au milieu de
« tous les graves périls dont Nous sommes environ-
« nés, sa force toute-puissante Nous aide et Nous for-
« tifie ; et qu'après avoir écarté toutes les épreuves
« de l'adversité, sa main Nous ramène bientôt sur
« Notre propre Siége. »

PROTESTATION

DE S. S. LE PAPE PIE IX.

(17 décembre 1848.)

Per divina disposizione, ed in un modo quasi mi-
rabile assunti Noi, sebbene immeritevoli, al Sommo
Pontificato, una delle Nostre prime cure fu quella
di promuovere l'unione fra i sudditi dello Stato tem-

porale della Chiesa, di rassodare la pace fra le famiglie, di beneficarle in ogni maniera possibile, e di rendere lo Stato florido e tranquillo per quanto da Noi si potesse. Ma i beneficii che procurammo d'impartire ai Nostri sudditi e le più larghe istituzioni con le quali fu da Noi condisceso alle loro brame, purtroppo la diciamo francamente, anzi che procurarci quella gratitudine e riconoscenza che avevamo tutto il diritto d'aspettarci, hanno prodotto invece replicate amarezze e dispiacere al Nostro cuore per parte degli ingrati, qualunque sia il loro numero, che il Nostro occhio paterno vorrebbe sempre vedere ristretto. Ormai tutto il mondo conosce in qual guisa siamo stati Noi contracambiati, quale abuso siasi fatto delle Nostre concessioni sovvertendone l'indole e travisando il senso delle Nostre parole per ingannare la moltitudine, e come di quegli stessi beneficii ed istituzioni siansi taluni fatta un arma ai più violenti eccessi contro la Nostra sovrana autorità e contro i diritti temporali della Santa Sede.

Rifugge il Nostro animo dal dovere qui rammentare particolarmente gli ultimi avvenimenti, incominciando dal giorno 15 del passato novembre, in cui un ministro di Nostra fiducia fu barbaramente ucciso in pieno meriggio dalla mano dell'assassino, e più barbaramente ancora venne quella mano applaudita da una classe di forsennati, nemici di Dio e degli uomini, della Chiesa non meno che di ogni onesta politica istituzione. Questo primo delitto aprì la serie degli altri, che con sacrilega sfrontatezza si commisero nel giorno seguente : e poichè questi hanno già incontrato l'esecrazione di quanti sono gli animi onesti nel nostro Stato, nell'Italia, nell'Europa, e la incontreranno nelle altre parti del mondo, così noi risparmiamo al Nostro cuore l'enorme dolore di qui ripeterli. Fummo costretti di sottrarci dal luogo ove furono commessi, da quel luogo ove la violenza C'impediva arrecarvi il rimedio, ridotti solo a lacrimare coi buoni e a deplorare con loro i tristi casi ai quali i più tristo ancora si aggiungeva di vedere isterilito ogni atto di giustizia contro gli autori degli abbominevoli delitti. La provvidehza Ci condusse in questa Città di Gaeta, ove trovandoci nella Nostra piena libertà, furono da Noi contro i suddetti violenti attentati solennemente ripetute le proteste che in Roma stesso fin da principio avevamo già fatto innanzi ai rappresentanti, presso di Noi accreditati dalle Corti di Europa e di altre lontane Nazioni. Nello stesso atto non tralasciammo di dare temporaneamente ai Nostri Stati una legittima rappresentanza governativa, senza derogare alle istituzioni da Noi fatte, affinchè nella capitale e nello Stato rimanesse provveduta al regolare ordinario andamento dei pubblici affari, alla tutela delle persone e delle proprietà dei Nostri sudditi. Fu da Noi altresì prorogata la sessione dell'Alto Consiglio e del Consiglio de'deputati, i quali erano stati presentemente chiamati a riprendere le interrotte sedute. Ma queste Nostre determinazioni, lungi dal far rientrare nella via del dovere i perturbatori ed autori delle predette sacrileghe violenze, gli hanno anzi spinti ed attentati maggiori, arrogandosi quei sovrani diritti, che a Noi solo appartengono, con avere essi nella capitale istituita per mezzo dei due Consigli una illeggittima rappresentanza governativa sotto il titolo di provvisoria e suprema Giunta di Stato, e pubblicato ciò con atto del dodici di questo mese. Le obbligazioni indeclinabili della Nostra Sovranità ed i giuramenti solenni con cui abbiamo al cospetto del Signore promesso di conservare il Patrimonio della Santa Sede e trasmetterlo integro ai Nostri Succesori, Ci costringono a levare alto la voce ed a protestare avanti a Dio, ed in faccia a tutto il mondo contro questo cotanto grave e sacrilego attentato. Dichiariamo pertanto nulli, di nessun vigore, e di nessuna legalità tutti gli atti emanati in seguito delle inferiteci violenze, ripetendo altresì quella Giunta di Stato istituita in Roma, non è altro che una usurpazione dei Nostri sovrani poteri, e che la medesima non ha, nè può avere in verun modo alcuna autorità. Sappiano quindi tutti i Nostri sudditi di qualunque grado e condizione, che in Roma e in tutto lo Stato Pontificio non vi è nè può esservi alcun potere legittimo che non derivi espressamente da Noi, e che avendo Noi col predetto Sovrano Moto Proprio del ventisette Novembre istituita una temporanea commissione Governativa, a questa sola esclusivamente appartiene il reggimento della cosa pubblica durante la Nostra assenza, e finchè non venga da Noi stessi diversamente disposto.

Datum Gajetæ, die 17 decembris 1848.

PIUS PAPA IX.

TRADUCTION.

Élevé par la disposition divine, et d'une manière presque merveilleuse, malgré Notre indignité, au Souverain Pontificat, un de Nos premiers soins fut de travailler à procurer l'union entre les sujets de l'État temporel de l'Église, de raffermir la paix entre les familles, de leur faire du bien de toutes façons, et de rendre l'État florissant et paisible autant que cela dépendait de Nous. Mais les bienfaits dont Nous Nous sommes efforcé de combler Nos sujets, les institutions les plus larges par lesquelles Nous avons condescendu à leurs désirs, bien loin, disons-le franchement, d'inspirer la gratitude et la reconnaissance que Nous avions tout droit d'attendre, n'ont valu à Notre cœur que déplaisirs et amertumes réitérés de la part des ingrats dont Notre œil paternel voudrait voir le nombre diminuer toujours. Maintenant tout le monde sait de quelle manière on a répondu à Nos bienfaits, quel abus on a fait de Nos concessions, comment, en les dénaturant, en travestissant le sens de Nos paroles, on a cherché à égarer la multitude, de sorte que de ces bienfaits mêmes et de ces institutions certains hommes se sont fait une arme pour les plus violents excès contre Notre autorité souveraine et contre les droits temporels du Saint-Siége.

Notre cœur se refuse à rappeler en détail les derniers événements, à partir du 15 novembre, jour où un ministre qui avait notre confiance fut cruellement égorgé en plein midi, par la main d'un assassin, qu'applaudit avec une barbarie encore plus grande une troupe de forcenés ennemis de Dieu et des hommes, de l'Église et de toute institution politique honnête. Ce premier crime ouvrit la série des crimes commis le jour suivant avec une sacrilége impudence. Ils ont déjà encouru l'exécration de tout ce qu'il y a d'âmes honnêtes dans Notre État, en Italie, en Europe; ils encourront l'exécration des autres parties du monde; c'est pourquoi Nous pouvons épargner à Notre cœur l'immense douleur de les raconter ici. Nous avons été contraint de Nous soustraire du lieu où ils furent commis, de ce lieu où la violence Nous empêchait d'y porter remède, réduit que Nous étions à pleurer avec les gens de bien, à déplorer avec eux de si tristes événements et l'impuissance plus affligeante encore de tout acte de justice contre les auteurs de ces crimes abominables. La Providence Nous a conduit dans cette ville de Gaëte où, Nous trouvant dans Notre pleine liberté, Nous avons, contre les violences et attentats susdits, renouvelé solennellement les protestations que Nous avions faites à Rome même, dès le premier moment, en présence des représentants accrédités auprès de Nous, des cours de l'Europe et des autres nations lointaines. Par le même acte, sans déroger en rien aux institutions par Nous créées, Nous avons eu soin de donner temporairement à nos États une représentation gouvernementale légitime, afin que dans la capitale et dans tout l'État il fût pourvu au cours régulier et ordinaire des affaires publiques, ainsi qu'à la protection des personnes et des propriétés de Nos sujets. Par Nous a été en outre prorogée la session du Haut-Conseil et du Conseil des Députés, qui récemment avaient été appelés à reprendre leurs séances interrompues. Mais ces déterminations de Notre autorité, loin de faire rentrer dans la voie du devoir les perturbateurs et les auteurs des violences sacriléges que Nous venons de rappeler, les ont poussés à de plus grands attentats; car, s'arrogeant ces droits de souveraineté qui n'appartiennent qu'à Nous seul, ils ont, au moyen des deux Conseils, institué dans la capitale une représentation gouvernementale illégitime, sous le titre de Junte provisoire et suprême d'État, ce qu'ils ont publié par acte du 12 de ce mois. Les devoirs de Notre souveraineté, auxquels Nous ne pouvons manquer, les serments solennels par lesquels Nous avons promis, en présence du Seigneur, de conserver le Patrimoine du Saint-Siége et de le transmettre dans son intégrité à Nos Successeurs, Nous obligent à élever la voix solennellement et à protester devant Dieu, à la face de tout l'univers, contre ce grand et sacrilége attentat. C'est pourquoi Nous déclarons nuls, sans force aucune ni valeur légale, tous les actes mis au jour par suite des violences qui Nous ont été faites,

protestant notamment que cette Junte d'État établie
à Rome n'est autre chose qu'une usurpation de Nos
pouvoirs souverains, et que ladite junte n'a, ni ne
peut avoir en aucune façon, aucune autorité. Sachent
donc tous Nos sujets, quel que soit leur rang ou
condition, qu'à Rome et dans toute l'étendue de l'É-
tat pontifical il n'y a et qu'il ne peut y avoir aucun
pouvoir légitime qui n'émane expressément de Nous ;
que Nous avons, par le *Motu-proprio* souverain du
27 novembre, institué une Commission temporaire de
gouvernement, et qu'à elle seule appartient exclusi-
vement le gouvernement de la chose publique pendant
Notre absence, et jusqu'à ce que Nous en ayons Nous-
même autrement ordonné.

Donné à Gaëte, le 17 décembre 1848.

PIUS PP. IX.

PAROLES

DE S. S. PIE IX

A UN DÉTACHEMENT DE CARABINIERS PONTIFICAUX.

(18 décembre 1848.)

Un détachement de carabiniers étant venu se présenter à Gaëte et y solliciter la grâce de rester près
la personne du S. Père, S. S. a répondu :

« Braves soldats, je vous bénis, et quoique vous

« soyez en petit nombre, je me trouve extrêmement
« heureux de vous voir près de moi, à cause de cette
« preuve d'attachement à votre souverain, et parce
« que vous avez reconnu vos devoirs envers la Reli-
« gion. J'aime à espérer que vous ne serez pas les
« seuls, et que votre exemple en appellera beaucoup
« d'autres à votre suite. Maintenez-vous dans ces
« sentiments généreux. Le Pape ne se trouve pas à
« présent en état de pouvoir vous récompenser, comme
« il le voudrait. En attendant, recevez cette médaille
« pour vous souvenir de moi à jamais. »

RÉPONSE

DE S. S. PIE IX

AU CORPS DIPLOMATIQUE.

(25 décembre 1848.)

A midi, le corps diplomatique, auquel s'était joint
M. Creptovich, ambassadeur de Russie à la cour de
Naples, s'est présenté pour rendre hommage à Sa
Sainteté. L'ambassadeur d'Espagne a harangué en
ces termes le Pape :

« Saint-Père, en ce jour solennel consacré par la
« Religion, le corps diplomatique remplit un devoir
« en déposant aux pieds de Votre Sainteté ses hom-
« mages les plus respectueux et les plus sincères.

« Témoins des vertus que V. S. a déployées dans
« des circonstances trop douloureuses pour être ja-
« mais oubliées, nous sommes heureux d'exprimer
« dans cette occasion les mêmes sentiments d'admi-
« ration et de dévouement, sentiments inaltérables
« comme les vertus qu'ils inspirent.

« En souhaitant à V. S. la paix et la félicité dont
« elle est si digne, nous ne sommes que les inter-
« prètes fidèles des vœux de nos gouvernements ; ils
« prennent tous un vif intérêt au sort du Souverain
« Pontife.

« Sa cause est trop juste, trop sainte, pour n'être
« point protégée par Celui qui tient dans sa main
« puissante le sort des peuples et des rois. »

Le Saint-Père a répondu :

« Les nouvelles démonstrations d'affection et d'intérêt du corps diplomatique envers Nous réveillent
dans Notre cœur de nouveaux sentiments de reconnaissance et de contentement. Vicaire bien qu'indigne de l'Homme-Dieu dont Nous célébrons aujourd'hui la naissance, toute la force que Nous avons
déployée dans les jours de l'affliction Nous est venue
de lui, et c'est aussi de lui que Nous vient la
grâce d'aimer Nos sujets et fils dans le lieu où Nous
Nous trouvons temporairement, de cet amour que
Nous avions pour eux, lorsque Nous résidions dans
Notre ville de Rome.

« La sainteté et la justice de Notre cause fera que
Dieu inspirera, Nous en sommes certain, de salutaires conseils aux gouvernements que vous repré-

sentez, afin qu'elle obtienne le triomphe qui est en même temps le triomphe de l'ordre, de l'Église catholique, intéressée au plus haut degré à la liberté et à l'indépendance de son Chef. »

RÉPONSE

DE S. S. LE PAPE PIE IX

A S. ÉM. LE CARDINAL MACCHI,

Doyen du Sacré Collége, précédée du discours de cette Éminence.

(25 décembre 1848.)

« Très-saint Père,

« En ce jour solennel où se célèbre la naissance de notre divin Rédempteur, jour de bénédiction et de grâces, le doyen du Sacré Collége, non-seulement comme interprète des sentiments des Cardinaux ses collègues, mais obéissant au vif désir qu'ils lui en ont témoigné, remplit avec joie l'un de ses plus agréables devoirs en offrant à V. S. les vœux ardents qu'il adresse au Très-Haut pour obtenir en Votre faveur toutes sortes de prospérités et une vie longue et heureuse. Si, dans les années précédentes, nous avons tous élevé nos mains suppliantes vers le ciel pour attirer les faveurs divines, aujourd'hui, pénétré de douleur en présence des afflictions dont le Seigneur a permis, dans ses inscrutables desseins, que les puissances des ténèbres affligeassent l'Église et son Chef visible, le Sacré Collége redouble ses ardentes prières avec une plus grande effusion de cœur, afin que la divine Miséricorde, ramenant dans le sentier de la justice les esprits égarés et leur faisant abjurer leurs erreurs passées, compense par des consolations équivalentes les amertumes qui, à cette heure, oppressent Votre cœur paternel.

« Que l'Auteur de tout bien daigne sécher promptement nos larmes, celles de tout l'univers catholique et d'un si grand nombre de vos fidèles sujets ; qu'il enrichisse Votre Sainteté de la plénitude des dons célestes, afin que, fortifiée par la grâce divine, Elle puisse gouverner en paix et bien diriger la barque de Pierre, battue par de si furieuses tempêtes, mais contre laquelle les portes de l'enfer ne pourront jamais prévaloir.

« Accueillez, Très-saint Père, avec Votre bonté accoutumée, ces hommages du Sacré Collége, qui, inséparablement uni à son Chef auguste, déclare solennellement qu'il est prêt à verser tout son sang pour la Religion, pour le Saint-Siége et pour le Vicaire de Jésus-Christ, à qui il a juré une fidélité à toute épreuve et une parfaite obéissance. »

Sa Sainteté a répondu en ces termes :

« Si Nous avons toujours accueilli avec satisfaction les sentiments que Vous, Seigneur Cardinal, Nous avez exprimés au nom de tous vos collègues, en ce moment Nous les recevons avec émotion et avec reconnaissance, parce qu'ils Nous sont donnés dans ces jours d'adversité où le désir d'être soutenu et conforté est toujours plus grand. Cette assistance, Nous en sommes sûr, sera accordée à Notre constante prière par Celui qui répand les plus douces consolations de cette même main qui soutient les balances de la justice. Nous désirons vivement, Seigneur Cardinal, que vous soyez l'interprète de Nos sentiments près du Sacré Collége tout entier, en lui témoignant que Nous plaçons absolument Notre confiance en Dieu, afin que la tempête présente, préparée par l'esprit d'insubordination et envenimée par le souffle de toutes les passions, soit calmée par le Seigneur, quand les limites posées par sa souveraine sagesse seront atteintes. Ce qui peut concourir admirablement à hâter ce moment, c'est sans contredit les dispositions de générosité chrétienne et de dévouement exemplaire envers Notre Personne et envers le Saint-Siége dont sont animés tous vos collègues. Nous prions le Seigneur dans l'humilité de Notre esprit, pour qu'il daigne les regarder avec bonté et leur donner les lumières qui sont nécessaires pour préparer les triomphes de son Église. »

LETTRE

DE S. S. LE PAPE PIE IX

A S. G. MGR L'ÉVÊQUE DE VALENCE,

Précédée de la lettre du Prélat.

(26 décembre 1848.)

« Très-Saint Père,

« Pendant les pérégrinations de son exil en France, et surtout à Valence, où il est mort, et où reposent son cœur et ses entrailles, le grand Pape Pie VI portait la très-sainte Eucharistie suspendue sur sa poitrine ou sur celle des Prélats domestiques qui étaient dans sa voiture. Il puisait, dans cet auguste Sacrement, une lumière pour sa conduite, une force pour ses souffrances, une consolation pour ses douleurs, en attendant qu'il y trouvât le Viatique pour son éternité.

« Je suis possesseur, d'une manière certaine et authentique, de la petite *pyxide* qui servait à un si religieux, si touchant, si mémorable usage; j'ose en faire hommage à Votre Sainteté. Héritier du nom, du siége, des vertus, du courage, et presque des tribulations du grand Pie VI, vous attacherez peut-être quelque prix à cette modeste, mais intéressante relique qui, je l'espère bien, ne recevra plus la même destination. Cependant, qui connaît les desseins de Dieu dans les épreuves que sa Providence ménage à Votre Sainteté!.... Je prie pour Elle avec amour et foi.

« Je laisse la pyxide dans le petit sac de soie qui la contenait et qui servait à Pie VI; il est absolument dans le même état que lorsqu'il était suspendu à la poitrine de l'immortel Pontife.

« Je garde un précieux souvenir et une profonde reconnaissance des bontés de Votre Sainteté, à l'époque de mon voyage à Rome, l'année dernière. Daignez encore y ajouter Votre bénédiction apostolique : je l'attends prosterné à Vos pieds.

« † PIERRE, Évêque de Valence. »

———

Voici la réponse de Sa Sainteté, qui est tout entière écrite de la main du Pape :

« Monseigneur l'Évêque,

« Les desseins de Dieu dont vous Nous parliez
« dans la lettre qui accompagnait le précieux objet
« que vous Nous avez envoyé, et qui Nous rappelle
« la mémoire de Pie VI, se sont accomplis en Notre Per-
« sonne. Dans notre court voyage de Rome à Gaëte,
« où Nous Nous trouvons temporairement, Nous
« avons fait usage de la petite pyxide, et Nous avons
« ressenti beaucoup de consolation et de force, à pla-

« cer la très-sainte Hostie sur Notre poitrine. Rece-
« vez Nos remercîments, et l'assurance de Notre ré-
« signation à la volonté du Seigneur. Nous y joignons
« Notre bénédiction apostolique que Nous vous don-
« nons de tout Notre cœur.

« Donné à Gaëte, le 26 décembre 1848.

« PIE IX Pape. »

BREF

DE S. S. LE PAPE PIE IX

A M. LE COMTE DE MONTALEMBERT.

(26 décembre 1848.)

Dilecte Fili, salutem et apostolicam benedictionem.

Animum erga Nos tuum deditamque Nobis et Apostolicæ Sedi voluntatem litteræ omni ex parte confirmant, die decima hujus mensis ad nos datæ. Novum quod his tui in Nos ac supremam dignitatem Nostram filialis studii et religiosissimæ mentis addidisti testimonium grato prorsus animo accepimus, habemusque tibi pro egregiis illis sensibus, Dilecte Fili, multas gratias. Omnipotentem Dominum quanta possumus humilium precum contentione rogamus, ut tui aliorumque Gallicanorum hominum conatus, pro augendo nobilissimæ istius nationis decore tutandoque civili Apostolicæ Sedis principatu, optato non destituantur effectu. Interim paternam in te caritatem Nostram apostolica confirmamus benedictione, quam cœlestis omnis gratiæ auspicem tibi ipsi, Dilecte Fili nobilis vir, intimo cordis affectu peramanter impertimur.

Datum Cajetæ, die 26 decembris, Pontificatus Nostri anno III.

PIUS Papa nonus.

TRADUCTION.

Bien-aimé Fils, salut et bénédiction apostolique.

La lettre que vous Nous avez adressée le 10 de ce mois atteste, par tout ce qu'elle contient, votre affection pour Nous et votre dévouement à Notre Personne et au Siége apostolique. Nous avons reçu avec un cœur reconnaissant la nouvelle preuve qu'elle Nous donne de votre amour filial pour Nous et Notre dignité suprême et de votre âme si religieuse, et Nous voulons vous témoigner pour ces excellents sentiments, Bien-aimé Fils, toute Notre gratitude. Nous supplions et conjurons de toute l'ardeur de Nos humbles prières ce Dieu tout-puissant de couronner de succès vos efforts et ceux des autres Français qui travaillent à augmenter la gloire de votre très-noble nation et à maintenir le principat civil du Siége apostolique. Cependant Nous vous confirmons l'assurance de Notre amour paternel par la bénédiction apostolique que Nous vous accordons, Cher et noble Fils, du plus profond de Notre cœur et comme le gage de toutes les grâces célestes.

Donné à Gaëte, le 26 décembre de l'an 1848, et de Notre Pontificat le troisième.

PIUS PAPA NONUS.

MONITOIRE

DE S. S. LE PAPE PIE IX

A SES SUJETS.

(1er janvier 1849.)

Da questa pacifica stazione ove piacque alla Divina Provvidenza di condurci, onde potessimo liberamente manifestare i Nostri sentimenti, ed i Nostri voleri, stavamo attendendo che si facesse palese il rimorso dei Nostri figli traviati per i sacrilegj ed i misfatti commessi contro le persone a Noi addette, fra le quali alcune uccise, altre oltraggiate nei modi i più barbari, non che per quelli consumati nella Nostra residenza, e contro la stessa Nostra Persona. Noi però non vedemmo che uno sterile invito di ritorno alla Nostra Capitale, senza che si facesse parola di condanna dei suddetti attentati, e senza la minima garanzia che Ci assicurasse dalle frodi, e dalle violenze di quella stessa schiera di forsennati, che ancora tiranneggia con un barbaro dispotismo Roma e lo Stato della Chiesa. Stavamo pure aspettando, che le Proteste e Ordinazioni da Noi emesse richiamassero ai doveri di fedeltà e di sudditanza coloro che l'una e l'altra disprezzano e conculcano nella capitale stessa dei Nostri Stati. Ma in vece di ciò un nuovo e più mostruoso atto di smascherata fellonia, e di vera ribellione, da essi audacemente commesso, colmò la misura della Nostra afflizione, ad eccitò insieme la giusta Nostra indignazione, siccome sarà per contristare la Chiesa Universale. Vogliam parlare di quell' atto per ogni riguardo detestabile, col quale si pretese intimare la convocazione di una sedicente Assemblea generale nazionale dello Stato Romano, con un decreto dei 29 Dicembre prossimo passato per istabilire nuove forme politiche da darsi agli Stati Pontificj. Aggiungendo così iniquità ad iniquità, gli autori e fautori della demagogica anarchia tentano distruggere l'autorità temporale del Romano Pontifice sui dominj di Santa Chiesa, quantunque irrefragabilmente stabilita sui più antichi e solidi diritti, venerata, riconosciuta e difesa da tutte le nazioni, col supporre e far credere, che il di Lui Sovrano potere vada soggetto a controversia, o dipenda dal capriccio dei faziosi. Risparmieremo alla Nostra dignità la umiliazione di trattenerci su quanto di mostruoso si racchiude in quell' atto abominevole per l'assurdità della sua origine, non meno che per la illegalità delle forme, e per l' empietà del suo scopo, ma appartiene bensi all' apostolica autorità, di cui, sebbene indegni, siamo investiti, ed alla responsabilità che Ci lega co' più sacri giuramenti al cospetto dell' Onnipotente, il protestare non solo, siccome facciamo nel più energico ad efficace modo contro dell' atto medesimo, ma di condannarlo eziandio alla faccia dell' universo, quale enorme e sacrilego attentato commesso in pregiudizio della Nostra indipendenza e sovranità, meritevole de' castighi comminati dalle leggi si divine come umane. Noi siamo persuasi che al ricevere l' impudente invito sarete rimasti commossi da santo sdegno, ed avrete rigettata lungi da voi una si rea a vergognosa provocazione. Ciò non ostante perchè niuno di voi possa dirsi illuso da fallaci seduzioni e da predicatori di sovversive dottrine nè ignaro di quanto si trama da' nemici di ogni ordine, d'ogni legge, d' ogni diritto, d' ogni vera libertà, e della stessa vostra felicità, vogliamo oggi nuovamente innalzare, e diffondere la Nostra voce in guisa che vi renda vieppiù certi dello stretto divieto con cui vi proibiamo, a qualunque ceto o condizione apparteniate, di prendere alcuna parte nelle riunioni che si osassero fare per le nomine degli individui da inviarsi alla condannata assemblea. In pari tempo vi ricordiamo come questa Nostra assoluta proibizione venga sanzionata dai decreti dei Nostri Predecessori, e dei Concilii, e specialmente dal Sacrosanto Concilio generale di Trento (*Sess.*

XXII, C. XI. de Refor.), nei quali la **Chiesa** ha ful-
minato replicate volte le sue censure e principalmente la scomunica maggiore da incorrersi, senza
bisogno di alcuna dichiarazione, da chiunque ardisce
rendersi colpevole di qualsivoglia attentato contro la
temporale Sovranità dei Sommi Romani Pontefici,
siccome dichiariamo esservi già disgraziatamente in-
corsi tutti coloro che hanno dato opera all' atto suddetto, ed ai precedenti diretti a danno della medesima
sovranità, od in qualunque altro modo, e sotto men-
tito pretesto hanno perturbata, violata, ed usurpata
la Nostra Autorita. Se però Ci sentiamo obbligati
per dovere di coscienza a tutelare il sacro deposito
del patrimonio della Sposa di Gesù Cristo alle Nostre
cure affidato, coll' adoperare la spada di giusta se-
verità a tal' uopo dataci dallo stesso divino Giudice,
non possiamo però mai dimenticarci di tenere in terra
le veci di Colui che anche nell' esercitare la sua giustizia non lascia di usare misericordia. Innalzando
pertanto al cielo le Nostre mani, mentre di nuovo a
Lui rimettiamo e raccomandiamo una tal causa giu-
stissima, la quale piucchè Nostra è sua; e mentre di
nuovo Ci dichiariamo pronti coll' ajuto della potente
sua grazia, di sorbire sino alla feccia, per la difesa e
la gloria della Cattolica Chiesa, il calice delle perse-
cuzioni, ch' Esso pel primo volle bere per la salute
della medesima, non desisteremo dal supplicarlo, e
scongiurarlo, affinche voglia benignamente esaudire
le fervide preghiere che di giorno e di notte non
cessiamo d' innalsargli per la conversione e la salvezza

dei traviati. Nessuno giorno certamente più lieto per Noi e giocondo sorgerà di quello in cui Ci sarà dato di veder rientrare nell' ovile del Signore quei nostri figli, dai quali oggi tante tribolazioni ed amarezze Ci provengono. La speranza di goder presto di un sì felice giorno si convalida in Noi al riflesso che universali sono le preghiere che unite alle nostre ascendono al trono della divina Misericordia dalle labbra e dal cuore dei fedeli di tutto l'orbe cattolico, e che la stimolano e la forzano continuamente a mutare il cuore dei peccatori, e ricondurli nelle vie di verità e di giustizia.

Datum Cajetæ, die 1 januarii anni 1849.

PIUS PP. IX.

TRADUCTION.

Dans cette demeure pacifique où il a plu à la divine Providence de Nous conduire, afin que Nous pussions manifester en toute liberté Nos sentiments et Nos volontés, Nous attendions, espérant qu'éclaterait le remords de Nos fils égarés pour les sacriléges et les crimes commis contre les personnes à Nous attachées, parmi lesquelles les unes ont été tuées, les autres outragées de la manière la plus barbare, ainsi que pour les sacriléges et les crimes consommés dans Notre résidence et contre Notre personne même. Et cependant Nous n'avons reçu jusqu'à présent qu'une stérile invitation de retourner dans Notre capitale, sans qu'on ait même prononcé une parole de condamnation contre les attentats que Nous venons de rappeler et sans la moindre garantie qui puisse Nous donner quelque assurance contre les fourberies et les violences de cette bande de forcenés dont le despotisme barbare tyrannise encore Rome et l'État de l'Église. Nous attendions, espérant que les protestations et les décrets émanés de Nous rappelleraient à leurs devoirs de sujets et de fidélité ceux qui, dans la capitale même de Nos États, ont ces devoirs en mépris et les foulent aux pieds. Mais, au lieu de ce retour, un nouvel acte, plus monstrueux encore, d'hypocrite félonie et de véritable rébellion, audacieusement commis par eux, est venu combler la mesure de Notre douleur et exciter en même temps Notre juste indignation, comme il contristera l'Église universelle. Nous voulons parler de cet acte détestable sous tous les rapports par lequel on a prétendu ordonner la convocation d'une soi-disant assemblée générale nationale de l'État romain par un décret du 20 décembre dernier, dans le but de déterminer de nouvelles formes politiques à établir dans les États Pontificaux. Entassant ainsi iniquité sur iniquité, les auteurs et fauteurs de l'anarchie démagogique s'efforcent de détruire l'autorité temporelle du Pontife romain sur les domaines de la Sainte Église, en supposant et en cherchant à faire croire que son souverain pouvoir est sujet à controverse et dépend du caprice des factions, si irréfragablement fondé qu'il soit sur les droits les plus antiques et les plus solides, et bien qu'il soit vénéré, reconnu et défendu par toutes les nations. Nous épargnerons à Notre dignité l'humiliation d'insister sur tout ce que renferme de monstrueux cet acte abominable et par l'absurdité de son origine, et par l'illégalité des formes, et par l'impiété du but; mais il appartient certes à l'autorité apostolique dont, quoique indigne, Nous sommes investi, et à la responsabilité qui Nous lie par les serments les plus sacrés devant le Tout-Puissant, non-seulement de protester, comme Nous le faisons, de la manière la plus énergique et la plus efficace contre cet acte, mais encore de le condamner à la face de l'univers, comme un attentat énorme et sacrilége commis au préjudice de Notre indépendance et de Notre souveraineté, attentat qui mérite les châtiments portés par les lois divines, aussi bien que par les lois humaines.

Nous sommes convaincu qu'à la réception de cette impudente invitation, vous aurez été saisis d'une sainte indignation, et que vous aurez repoussé bien loin de vous une provocation si indigne et si criminelle. Néanmoins, afin qu'aucun de vous ne puisse prétexter d'avoir été trompé par des séductions fallacieuses et par les prédicateurs des doctrines subversives, ni d'avoir ignoré ce que trament les ennemis de tout ordre, de toute loi, de tout droit, de toute véritable liberté et de votre

félicité même, Nous voulons aujourd'hui de nouveau élever et répandre Notre voix de telle sorte
qu'elle vous rende parfaitement certains de l'ordre
absolu par lequel Nous vous défendons, quels que
soient d'ailleurs votre rang et votre condition, de
prendre aucune part aux réunions qu'on oserait
faire pour l'élection des individus à envoyer à l'assemblée condamnée. En même temps, Nous vous
rappelons que cette défense absolue que Nous vous
signifions est sanctionnée par les décrets de Nos
Prédécesseurs et des Conciles, et spécialement du
Très-saint Concile de Trente (*Sess.* XXII, c. XI
de Refor.), dans lesquels l'Église, à diverses re-
prises, a fulminé ses censures, et principalement
l'excommunication majeure qu'encourt, sans qu'il
soit besoin d'aucune déclaration, quiconque ose se
rendre coupable d'un attentat quel qu'il soit contre
la souveraineté temporelle des Souverains Pontifes
romains, comme Nous déclarons que l'ont déjà
malheureusement encourue tous ceux qui ont contribué à l'acte susdit et aux actes précédents accomplis au détriment de la même souveraineté, ou qui, de
quelque autre manière et sous de faux prétextes, ont
troublé, violé et usurpé Notre autorité. Mais si Nous
Nous sentons obligé par devoir de conscience de
préserver et de défendre le sacré dépôt du patrimoine de l'Épouse de Jésus-Christ confié à Nos
soins, et d'employer pour cela le glaive d'une juste
sévérité que Dieu même, Notre juge, Nous a donné
pour cet usage, Nous ne pouvons pas cependant

oublier jamais que Nous tenons sur la terre la place de Celui qui, même dans l'exercice de sa justice, ne laisse pas d'user de miséricorde. Élevant donc Nos mains au Ciel, en Lui remettant et Lui recommandant de nouveau cette juste cause, qui est Sa cause bien plus que la Nôtre, et en Nous déclarant de nouveau tout prêt, avec l'aide de Sa grâce puissante, à boire jusqu'à la lie, pour la défense et la gloire de l'Église catholique, le calice des persécutions que Lui-même a voulu boire le premier pour le salut de cette Église, Nous ne cesserons pas de Le supplier et de Le conjurer afin qu'Il daigne dans Sa bonté exaucer les ardentes prières que Nous Lui adressons le jour et la nuit pour la conversion et le salut des égarés. Aucun jour certainement ne se lèvera pour Nous plus joyeux que le jour où il Nous sera donné de voir rentrer dans le bercail du Seigneur ceux de Nos fils d'où Nous viennent aujourd'hui tant de tribulations et d'amertumes. L'espérance de jouir bientôt d'un si heureux jour est fortifiée en Nous par la pensée de l'universalité des prières qui, unies aux Nôtres, montent au Trône de la divine Miséricorde, des lèvres et du cœur de tous les fidèles du monde catholique, et qui sans cesse la pressent et lui font violence pour qu'elle change le cœur des pécheurs et les ramène dans les voies de la vérité et de la justice.

Donné à Gaële, le 1ᵉʳ janvier 1849.

PIUS PP. IX.

LETTRE

DE N. S. P. LE PAPE PIE IX

A S. C. MGR L'ÉVÊQUE DE CARCASSONNE.

(2 janvier 1849.)

Vénérable Frère, salut et bénédiction apostolique.

Il Nous a semblé voir en quelque sorte votre âme dans la lettre, en date du 14 du mois dernier, par laquelle vous Nous transmettez l'expression de la douleur que vous ont causée les abominables forfaits commis à Rome avec une criminelle violence. Vous avez, m'écrivez-vous, éprouvé un grand soulagement dans votre affliction, par la nouvelle de Notre arrivée dans cette ville; et aussi, Vénérable Frère, par l'espoir qui vous est, Nous ne l'ignorons pas, commun avec les autres Évêques de votre pays, que Nous pourrions venir en France, et y recueillir les preuves de l'amour de vous tous, de la foi, de la piété de toute cette nation illustre, et de ses respectueux égards pour Notre personne. Tel est, en réalité, Notre désir, Vénérable Frère; et, s'il Nous est donné de Nous rendre un jour au milieu de vous, Nous manifesterons alors les sentiments de vive reconnaissance dont Nous Nous sentons animé pour vous tous, et que Nous vous exprimons personnellement par cette lettre. Dans la douleur qui pénètre profondément Notre âme, par suite du bouleversement des affaires publiques à Rome, Nous trouvons, Vénérable Frère, un sujet de consolation dans votre empressement et celui des autres Évêques, dans les témoignages respectueux que vous prodiguez à Notre personne et à Notre dignité suprême, et dans la continuité des vœux et des prières par lesquels vous venez auprès de Dieu en aide à Notre faiblesse. C'est pourquoi Nous vous adressons tous Nos remercîments, Vénérable Frère, ainsi qu'à votre clergé et à votre peuple fidèle, pour le zèle avec lequel vous suppliez Dieu de jeter sur Nous un regard favorable dans la tribulation accablante qui Nous remplit de tristesse, et de Nous couvrir de sa puissante protection. Enfin, que la bénédiction apostolique vous soit une preuve de Notre tendresse particulière pour vous : Nous vous la donnons du fond du cœur et bien affectueusement, Vénérable Frère, ainsi qu'au clergé et à tout le peuple fidèle confié à votre conduite, comme gage de toute prospérité véritable.

Donné à Gaëte, le 2ᵉ jour de janvier de l'année 1849, et de Notre Pontificat la troisième.

PIE IX PAPE.

LETTRE

DE S. S. LE PAPE PIE IX

A MM. LES MEMBRES DU CONSEIL MUNICIPAL D'AVIGNON.

(2 janvier 1849.)

Bien-aimés Fils, salut et bénédiction apostolique.

Nous avons reçu avec une sincère bienveillance la lettre que vous Nous avez adressée le 2 décembre dernier. Elle Nous fait clairement connaître que vous, Nos Fils bien-aimés, et votre cité tout entière, vous trouvez tant de bonheur dans vos sentiments d'amour, de fidélité et de dévouement envers Notre Personne, que vous avez formé le vœu ardent de Nous voir arriver dans votre ville, qui déjà, à d'autres époques, a joui de la présence des Pontifes romains.

Un hommage si éclatant de votre amour et de votre respect n'a pu que Nous être agréable ; car votre ville Nous est chère à plus d'un titre, et Nous lui portons une affection toute spéciale. Si donc il Nous est donné quelque jour de Nous rendre en France, Nous trouverons une grande consolation dans votre dévouement filial envers Nous. Pour aujourd'hui, Nous vous adressons de tout Notre cœur, à vous et à tous vos honorables concitoyens, tous les remercîments dont Nous sommes capables.

Au reste, ce que Nous attendons surtout de votre religion et de votre piété, ce sont des prières continuelles au Seigneur très-clément, pour qu'il abrége ces jours de tribulation, et qu'au plus tôt Nous éprouvions la joie de voir rendue à Nos États la tranquillité, objet de Nos vœux.

En attendant, Nous supplions de toute l'ardeur de Nos humbles prières le Dieu très-bon et très-grand de couvrir cette cité de sa main et de la défendre de son bras; et en signe de cette divine protection, en témoignage de Notre paternelle tendresse, Nous accordons, dans toute l'effusion de Notre cœur, à tous vos concitoyens, et particulièrement à vous tous, Nos Fils bien-aimés, Notre bénédiction apostolique.

Donné à Gaëte, le 2 janvier de l'année 1849, de Notre Pontificat la troisième.

LETTRE

DE S. S. LE PAPE PIE IX

A S. G. MGR L'ÉVÊQUE DE PÉRIGUEUX.

(4 janvier 1849.)

Vénérable Frère, salut et bénédiction apostolique.

Bien que votre foi, votre piété filiale et votre dévouement envers Notre personne Nous fussent déjà parfaitement connus, Nous n'avons pas reçu cependant avec moins de joie le nouveau témoignage que vous avez voulu Nous en donner par votre lettre du 18 décembre dernier. Il Nous a semblé, en effet, vous voir et vous entendre Nous parler à Nous-même, lorsque Nous lisions les lettres où vous Nous exposiez la profonde douleur que vous ont causée, à vous, au chapitre de votre église cathédrale, à tout votre clergé et au peuple fidèle confié à vos soins, la violence faite à Notre personne, dans Notre palais du Quirinal, et les détestables forfaits accomplis alors à Rome. Nous vous remercions et vous rendons grâces, Vénérable Frère, pour ce témoignage de votre amour, et plus encore pour ce zèle que vous mettez, vous et tout votre troupeau, à élever vos instantes supplications vers le Trône de la grâce, pour que Dieu daigne Nous secourir dans la force de sa puissance. Du reste, Nous avons la confiance que le Seigneur veut glorifier sa miséricorde dans cette tribulation qui Nous accable, et Nous le demandons chaque jour, dans l'humilité de Notre cœur, à ce Dieu, le Père de toutes les miséricordes, par Nos vœux et Nos ardentes prières. Enfin, Nous voulons que la bénédiction apostolique vous soit le gage de Notre particulière affection pour vous; et l'accompagnant de Nos souhaits de toute vraie prospérité, Nous vous la donnons de cœur, Vénérable Frère, à vous et à tous les fidèles confiés à vos soins.

Donné à Gaëte, le 4 janvier de l'an 1849, de Notre Pontificat le troisième.

PIE IX PAPE.

LETTRE

DE S. S. LE PAPE PIE IX

AU LIEUTENANT GÉNÉRAL ZUCCHI.

(5 janvier 1849.)

Signor tenente generale Zucchi,

Quando ella fu da Noi chiamata al servizio della Santa Sede con le alte attribuzioni di diriggere ed organizzare le truppe pontificie, rimanemmo molto sodisfatti delle sue leali espressioni, e dei sentimenti di deciso attacamento all' ordine ed alla Nostra persona, e ponendo subito la mano all' opera confermò Ella con i fatti lè espressioni del labbro. Ma la tempesta suscitata dai nemici della umana società troncò le sue operazioni e le Nostre speranze. Fu per Noi di somma afflizione la condotta tenuta dalle truppe stanziate in Roma nello scorso novembre, mentre ella era in Bologna per una missione importante che le avevamo affidata. L' onore militare vilmente macchiato, i doveri di sudditanza empiamente traditi, il disprezzo incontrato nello Stato, nell' Italia, e nel mondo, furono e sono i frutti che raccolze la truppe sudetta nell' infausto giorno 16 di novembre, partendo dalla piazza del Quirinale ricoperta colla veste obbrobriosa del tradimento. Noi però sappiamo distinguere i militari traditori dai militari sedotti, ed intanto incarichiamo lei di far conoscere a tutte le truppe, niuna eccettuata, ma specialmente a quelle che hanno conservato l' onore e il decoro militare, che Noi attendiamo dalle medesime un atto di sudditanza, e di affetto coll' adoperarsi nel mantener fedeli al loro sovrano quelle provincie che ancora si mantengono tranquille; col sostenere i legitimi rappresentanti del governo da Noi liberamente prescelti, e col ricusarsi di prestare obbedienza agli ordini del sedicente governo di Roma; coll' attendere a conservare ovunque l' ordine, e la tranquillità ristorandola ove si trovi turbata, e col disporsi a ricevere ed ezeguire qui comandi che verranno loro communicati dalla legittima autorità. E mentre ci è grato di tributare i dovuti elogj a quella porzione di truppe, specialmente a quelle, che guarniscono Bologna, garantendo la tranquillità a qui pacifici cittadini, esortiamo per di lei mezzo i sedotti a conoscere, e riparare il grave errore commesso, e preghiamo il Signore a voler dignarsi di operare il grande miracolo di condurre a pentimento i traditori. Riceva, Signor tenente generale, l'apostolica benedizione che di cuore li compartiamo.

Gaeta, 5 jennaro 1849.

PIUS PP. IX.

TRADUCTION.

Monsieur le lieutenant général Zucchi,

Quand vous avez été appelé par Nous au service du Saint-Siége, avec la haute mission de diriger et d'organiser les troupes pontificales, Nous avons été très-satisfait de vos loyales paroles et de vos sentiments d'attachement profond à l'ordre et à Notre Personne; en mettant aussitôt la main à l'œuvre, vous avez confirmé par vos actes les expressions de vos lèvres. Mais la tempête excitée par les ennemis de la société a suspendu vos opérations et Nos espérances. La conduite tenue par les troupes en garnison à Rome dans le mois de novembre dernier, tandis que vous étiez retenu à Bologne pour une mission importante que Nous vous avions confiée, a été pour Nous une souveraine affliction. L'honneur militaire honteusement souillé, les devoirs de l'obéissance odieusement trahis, le mépris encouru dans l'État, dans l'Italie, dans le monde, ont été et sont les fruits qu'a recueillis cette troupe dans la funeste journée du 16 novembre, en quittant la place du Quirinal, couverte du honteux manteau de la trahison. Toutefois, Nous savons distinguer les militaires traîtres des militaires séduits, et, en conséquence, Nous vous chargeons de faire connaître à toutes les troupes sans exception, mais spécialement à celles qui ont conservé l'honneur et la foi militaire, que Nous attendons d'elles un acte d'obéissance et de dévouement, en coopérant à maintenir dans la fidélité à leur Souverain les provinces qui sont encore tranquilles; en soutenant les représentants légitimes du gouvernement librement choisis par Nous, et en refusant de prêter obéissance aux ordres du soi-disant gouvernement de Rome; en s'appliquant à conserver partout l'ordre et la tranquillité, les rétablissant là où ils sont troublés et se tenant disposés à recevoir et à exécuter ce qui leur sera commandé par l'autorité légitime. Que s'il Nous est agréable d'accorder le tribut d'éloges mérités à cette portion des troupes, spécialement à celles qui sont en garnison à Bologne, et qui ont garanti la tranquillité à ses pacifiques citoyens, Nous exhortons en même temps par votre entremise les troupes qui ont été séduites à réparer la grave faute qu'elles ont commise, et Nous prions le Seigneur de daigner opérer ce grand miracle, de ramener les traîtres au repentir.

Recevez, Monsieur le lieutenant général, la bénédiction apostolique que Nous vous donnons de tout notre cœur.

Gaëte, 5 janvier 1849.

PIUS PP. IX.

LETTRE

DE N. S. P. LE PAPE PIE IX

A S. G. MGR L'ÉVÊQUE DE GAP.

(5 janvier 1849.)

Vénérable Frère, salut et bénédiction apostolique.

Nous avons reçu avec une véritable reconnaissance les nouveaux témoignages d'affection et de dévouement contenus dans votre lettre du 1er décembre dernier. Nous avons compris, par votre lettre, Vénérable Frère, tout le chagrin que vous avez dû éprouver en apprenant la violence qui Nous avait été faite dans notre palais du Quirinal, et toutes les atrocités et les horribles attentats dont Rome a été le théâtre. Mais Dieu qui Nous a tant affligé, Nous console dans ces temps si malheureux par votre attachement et celui des autres Évêques, Nos vénérables Frères; car Nous pensons que c'est un bienfait de la Providence que Nous ayons pu Nous échapper de Rome; et, ce bienfait, Nous l'attribuons aux prières que les Évêques de France principalement et leurs ouailles ont adressées à Dieu avec une si grande conformité de sentiments et avec tant de vivacité. De là, Nous conservons l'espoir et la confiance que

Nos tribulations se changeront bientôt en joie et en un noble triomphe pour l'Église universelle et pour le Siége apostolique de saint Pierre. En conséquence, Nous exhortons et Nous supplions dans le Seigneur votre fraternité de ne pas cesser de faire, de concert avec le clergé et le peuple, de ferventes instances au-près du Trône de toutes grâces ; par là, vous mérite-rez de plus en plus des louanges, et Nous, et l'Église catholique, vous aurons une grande reconnaissance. En outre, Vénérable Frère, Nous vous rendons grâce pour les affectueux sentiments que vous Nous avez souvent exprimés ; et, s'il arrivait jamais que Nous allassions en France, Nous vous donnerons publique-ment des marques de Nos sentiments de gratitude. Enfin, pour gage des dons célestes et de Notre amour à votre égard, Nous joignons ici la bénédiction apostolique, que Nous accordons avec effusion de cœur et avec une grande affection, à vous, Vénérable Frère, au clergé et aux laïques de votre diocèse.

Donné à Gaëte, le 5 janvier 1849, et la troisième année de Notre Pontificat.

PIUS PP. IX.

LETTRE

DE S. S. LE PAPE PIE IX

AU CONSEIL GÉNÉRAL DE VAUCLUSE.

(7 janvier 1849.)

Chers Fils, salut et bénédiction.

Nous avons reçu avec plaisir et gratitude l'adresse du 1er décembre dernier, par laquelle le conseil général de Vaucluse Nous exprime ses sentiments de piété filiale et la part qu'il prend à l'affliction que Nous causent les affaires de Rome. Voulant adoucir nos peines, vous Nous demandez, avec instance, d'aller fixer Notre résidence au milieu de vous. Nous vous remercions de ce témoignage si vif, si éclatant, de votre attachement et de celui de vos concitoyens au Saint-Siége. Rien ne Nous serait plus agréable et plus doux, Très-chers Fils, que de vous exprimer de plus près Notre amour paternel; Nous espérons une occasion heureuse de jouir, au milieu de vous, du spectacle si cher de votre piété filiale. En attendant, Nous prions, jour et nuit, Dieu tout-puissant de jeter un regard favorable sur Notre affliction, et de Nous ramener, en paix et à la satisfaction universelle, en Notre Siége souverain de Rome.

Daigne le Seigneur très-clément vous combler de ses biens, en récompense de vos bons sentiments pour Nous. Comme gage de ces bénédictions célestes et comme témoignage de Notre amour paternel pour vous et tous vos collègues, Nous vous envoyons, Chers Fils, du fond et du meilleur de Notre cœur, Notre bénédiction apostolique.

Fait à Gaëte, le 7e jour de janvier 1849, an 3e de Notre Pontificat.

PIE IX.

LETTRE

DE S. S. LE PAPE PIE IX

A S. C. MGR L'ÉVÊQUE DE BAYEUX.

(14 janvier 1849.)

Vénérable Frère, salut et bénédiction apostolique.

Nous avons reçu, Vénérable Frère, votre lettre du 25 décembre dernier, où respirent les sentiments intimes de votre tendresse et de votre attachement pour Nous. Elle Nous a montré de quelle vive et profonde douleur vous avez été saisi en apprenant la révolution dont Rome a été le théâtre, et les attentats sacriléges qui l'ont suivie. C'est à regret que

Nous rappelons ici le souvenir de ces attentats ; Nous voudrions les ensevelir dans un éternel oubli. Mais Rome les voit grandir de jour en jour ; le crime y afflue de toute part ; il y triomphe, il y est applaudi ; en sorte que les paroles Nous manquent pour exprimer Notre douleur, à chaque instant réveillée. C'est pourquoi, jour et nuit, Nous ne cessons d'adresser à Dieu Nos vœux et Nos prières, afin qu'il se hâte de faire éclater sa miséricorde sur cette ville, et de dissiper, par la puissance de son bras, les criminels auteurs des factions qui la déchirent. C'est un grand sujet de joie pour Nous, Vénérable Frère, d'apprendre que vous et votre troupeau vous offrez à Dieu dans le même but vos ferventes prières et vos supplications ; car il n'appartient qu'à lui de faire tourner cette effroyable tempête au triomphe éclatant du Siége apostolique et à la plus grande gloire de l'Église universelle. Nous vous rendons de grandes actions de grâces, Vénérable Frère, pour votre pieux dévouement, et si jamais Nous avons le bonheur de visiter la France, Nous vous adresserons en personne l'expression solennelle de Notre gratitude, à laquelle vous avez droit. En attendant, Nous élevons les mains vers le Ciel, et supplions Dieu, auteur et dispensateur de tout bien, de répandre dans votre âme, Vénérable Frère, une joie véritable et toutes les consolations que vous pouvez désirer.

Recevez, Vénérable Frère, comme un gage de ce grand bienfait et un témoignage de Notre amour pour vous, la bénédiction apostolique que Nous vous accordons très-affectueusement, du fond de Notre cœur, à vous, au clergé et aux fidèles de votre diocèse.

Donné à Gaëte, le 14 janvier 1849, la 3e année de Notre Pontificat.

PIUS PP. IX.

BREF

DE S. S. PIE IX

AU CONSEIL CENTRAL DE PARIS

Pour la propagation de la Foi.

(16 janvier 1849.)

———

Cher et noble Fils, salut et bénédiction apostolique.

Rien de plus agréable, rien de plus aimable que la lettre qui Nous a été adressée par vous, Cher et noble Fils, et par vos honorables frères du Conseil central de Paris, le 31 du mois dernier. Car Notre joie est extrême en vous voyant, Cher Fils, dans Nos graves tribulations, venir, avec un zèle tout à fait filial, confirmer par votre lettre, en termes aussi éclatants et aussi magnifiques, votre intime dévouement à Notre personne et au Siége apostolique. Les actes impies et infâmes qui se commettent jusque

4.

aujourd'hui dans Rome, qui y abondent, y sont honorés, célébrés, Nous remplissent d'amertume, et, si le Seigneur tout-puissant ne se lève bientôt et ne repousse de la ville une si grande méchanceté, et ne détruit du bras de sa force des sectes de perdition, Nous Nous sentirons entraîné à perdre courage. C'est pourquoi, Cher Fils, ne cessez d'adresser, avec un redoublement de zèle, vos ferventes prières et supplications au Trône de la grâce, afin que les miséricordes du Seigneur arrivent plus tôt pour Nous, et qu'il vienne enfin ce jour heureux où Nous puissions Nous réjouir avec vous d'un nouveau triomphe pour le Siége apostolique et pour l'Église catholique. Nous avons beaucoup de confiance dans le pieux zèle de tous les fidèles qui, nuit et jour, dans leurs prières et leurs supplications, implorent l'auteur et le consommateur de Notre foi, Jésus-Christ; et votre piété à tous, votre religion et votre foi Nous consolent au-dessus de tout. Et c'est pourquoi Nous vous embrassons, de toutes les forces de Notre âme, dans Notre charité paternelle, vous, Notre joie et Notre consolation, et Nous vous remercions tous de vos témoignages d'amour. Levant Nos mains au ciel, Nous supplions, par Nos vœux et Nos prières, l'Auteur de tout bien de diriger à la plus grande gloire de son nom vos efforts et votre zèle, de façon à ce que le peuple chrétien croisse sans cesse en mérite et en nombre; et comme augure d'un si grand bien et comme témoignage à la fois de Notre amour particulier pour vous tous, Nous vous donnons, dans toute l'effusion de Notre âme, la bénédiction apostolique, à vous, Cher et noble Fils, et à tous vos confrères du Conseil de Paris.

Gaëte, le 16 janvier de l'an 1849, troisième année de Notre Pontificat.

PIE IX Pape.

BREF

DE S. S. PIE IX

A L'ABBÉ DE LA TRAPPE D'AIGUEBELLE.

(17 janvier 1849.)

Notre cher Fils, salut et bénédiction apostolique.

Nous avons reçu avec une extrême bienveillance la lettre que vous avez voulu Nous écrire le 28 décembre dernier, pour Nous faire part de la très-profonde douleur que vous avez ressentie, vous, Notre cher Fils, et toute votre famille religieuse, aux premières nouvelles de la révolution et des cruels attentats qui ont ensuite souillé Rome. Nous avons reconnu en cela les sentiments de votre cœur, qui est animé d'un parfait et exemplaire dévouement pour Nous et pour le Saint-Siége : Nous voulons répondre à ces sentiments par un témoignage particulier de Notre affection paternelle envers vous et envers tous vos religieux. Nous attendons avec la plus grande assurance de votre piété, que, vous unissant par une sainte émulation, vous conjurerez par des prières très-ferventes le Seigneur tout-puissant de considérer Notre affliction, de Nous fortifier par sa vertu céleste et de se montrer si visiblement Notre défenseur, que cette extrême tribulation tourne au plus grand bien de l'Église et au glorieux triomphe du Siége apostolique sur les sectes de perdition et sur les hommes les plus pervers. Nous avons beaucoup de confiance en vos oraisons et en vos prières ; c'est pourquoi Nous vous demandons avec la plus grande instance d'invoquer continuellement la très-sainte Vierge Marie Mère de Dieu, qui est Notre espérance, afin que, par son intercession, les jours de tribulation soient abrégés, et que Nous puissions enfin Nous réjouir dans le bonheur de la paix si désirée de Notre cœur. Quant à la supplique (1) que vous avez jointe à votre lettre, vous verrez, Cher et religieux Fils, par le Rescrit que Nous vous envoyons, comment Nous avons cru devoir exaucer vos désirs. C'est aussi dans toute l'effusion de Notre cœur que Nous vous accordons à vous, Cher et religieux Fils, et à tous les vôtres, Notre bénédiction apostolique, comme gage des grâces célestes et en témoignage de Notre tendresse pour vous et pour eux.

Donné à Gaëte, le 17 janvier 1849, de Notre Pontificat l'an III.

† PIE IX Pape.

(1) Cette supplique était pour obtenir des pouvoirs de bénir des objets de piété.

BREF

DE S. S. LE PAPE PIE IX

A S. G. MGR L'ÉVÊQUE D'AIRE.

(19 janvier 1849.)

Vénérable Frère, salut et bénédiction apostolique.

Au milieu de nos si grandes tribulations, Nous avons trouvé une souveraine consolation dans les vœux et les prières que, dès les premières nouvelles de la révolution récemment accomplie à Rome, les fidèles et en particulier les Évêques se sont empressés d'offrir, avec la plus grande ferveur, à Dieu tout-puissant pour Notre faiblesse et pour l'Église catholique confiée à Nos soins. Vous devez penser par là, Vénérable Frère, quelle grande consolation Nous avons puisée dans vos lettres du 24 décembre dernier, dans lesquelles, outre le témoignage de votre dévouement et de votre attachement à Nous et au Siége apostolique, vous Nous annoncez les prières et les supplications que vous avez ordonnées dans tout votre diocèse, et que le clergé et tout le peuple font avec une grande dévotion. Nous désirons, Vénérable Frère, que par l'accomplissement de ce pieux devoir vous continuiez d'aider Notre faiblesse en implorant le Dieu plein de clémence pour que Nous puissions enfin triompher un jour des sectes de perdition et des hommes pervers. Dans Notre affliction. Nous gardons la plus ferme espérance que Dieu manifestera sa miséricorde que Nous ne cessons d'implorer avec humilité, nuit et jour, par Nos vœux et nos prières. De Notre côté aussi, tout ce qui peut vous être véritablement avantageux et salutaire, Nous le demandons en retour pour vous, Vénérable Frère, et pour gage des biens que Nous vous désirons, en même temps que comme témoignage de Notre gratitude pour vos bons offices, Nous donnons avec amour et du fond de Notre cœur, à Votre Fraternité et à votre troupeau la bénédiction apostolique.

Donné à Gaëte, le 19 janvier 1849, l'an troisième de Notre Pontificat.

PIE IX PAPE.

LETTRE

DE S. S. LE PAPE PIE IX

A S. C, L'ÉVÊQUE DE LAUSANNE ET DE GENÈVE.

(21 janvier 1849.)

Vénérable Frère, salut et bénédiction apostolique.

Nous avons tressailli de joie, Vénérable Frère, en

lisant votre lettre du 29 décembre dernier, laquelle Nous a appris qu'après une détention prolongée dans l'obscurité d'une prison, vous aviez été exilé de votre diocèse, et même de la Suisse. Depuis que vous souffrez la persécution pour la justice, Nous Nous sommes associé à vos douleurs, vos souffrances sont devenues Nos propres souffrances, Nos larmes ont été confondues avec vos larmes. Mais à présent Nous vous félicitons d'une manière particulière d'avoir donné un glorieux exemple de constance épiscopale, par votre persévérance à repousser avec fermeté des innovations détestables; aussi vous embrassons-Nous avec une affection toute spéciale, comme un digne athlète de Jésus-Christ, vous à qui il a été donné de souffrir de la sorte pour la foi des Apôtres et pour l'unité catholique. Continuez, Vénérable Frère, à vous montrer plein de courage, et comme un généreux soldat de Jésus-Christ, au milieu des angoisses et des tribulations qu'il vous reste encore à supporter, pensez à la gloire que le Seigneur réserve à ceux qui combattent avec intrépidité, et qui auront persévéré jusqu'à la fin. De Notre côté, Nous ne cessons pas, dans l'humilité de Notre cœur, d'offrir au Dieu tout-puissant des prières et des supplications avec des actions de grâce, afin que vous vous distinguiez de plus en plus par votre fermeté, digne des plus grands éloges, et en même temps pour obtenir que le jour de la consolation arrive plus tôt, et que la paix Nous soit rendue. Nous avons une grande confiance dans le **zèle unanime des fidèles qui conjurent nuit et jour le**

Seigneur par des vœux et des prières ferventes, de hâter l'heure des célestes miséricordes sur son peuple, et d'abréger ces jours de tribulation très-amère. Que ce même Seigneur très-clément daigne exaucer les prières par lesquelles Nous le supplions de consoler par l'effusion de la grâce divine, et de défendre par la force de son saint, bras le clergé et le peuple fidèle de votre diocèse, justement affligés de l'éloignement de leur pasteur. Enfin, comme témoignage de Notre affection toute spéciale pour vous, et comme gage de l'assistance divine, Nous vous donnons avec joie et du fond de Notre cœur, Notre bénédiction apostolique, à vous, Vénérable Frère, ainsi qu'aux fidèles confiés à votre garde.

Donné à Gaëte, le 21 janvier 1849, la troisième année de Notre Pontificat.

PIE IX Pape.

ENCYCLIQUE

DE N. S. P. LE PAPE PIE IX,

Aux Patriarches, Primats, Archevêques et Évêques de l'Église universelle.

(2 février 1849.)

Venerabiles Fratres, salutem et apostolicam benedictionem.

Ubi primum nullis certe Nostris meritis, sed arcano divinæ Providentiæ consilio, ad sublimem Principis Apostolorum Cathedram evecti totius Ecclesiæ gubernacula tractanda suscepimus, summa quidem consolatione affecti fuimus, Venerabiles Fratres, cum noverimus quomodo in Pontificatu recol : me : Gregorii XVI Prædecessoris Nostri ardentissimum in catholico orbe mirifice revixerit desiderium, ut ab Apostolica Sede tandem aliquando solemni judicio decerneretur, Sanctissimam Dei Genitricem, omniumque Nostrum amantissimam matrem Immaculatam Virginem Mariam absque labe originali fuisse conceptam. Quod pientissimum desiderium clare aperteque testantur, atque demonstrant, postulationes tum ad eumdem Prædecessorem Nostrum, tum ad Nos ipsos continenter perlatæ, quibus et clarissimi Antistites, et illustria Canonicorum Collegia, et Religiosæ Familiæ, inter quas inclytus Prædicatorum Ordo certatim efflagitarunt, ut in Sacra Liturgia, ac præsertim in Præfatione Missæ de Beatissimæ Virginis Conceptione vocem illam *Immaculatam* palam publiceque enunciare et addere liceret. Quibus postulationibus ab eodem Prædecessore Nostro, atque a Nobis ipsis quam libentissime fuit obsecundatum. Accedit etiam, Venerabiles Fratres, ut quamplurimi e vestro ordine suas litteras ad ipsum Decessorem Nostrum, et ad Nos dare non destiterint, per quas iteratis petitionibus, atque ingeminatis studiis expo stularunt, ut veluti Catholicæ Ecclesiæ doctrinam definire vellemus, Beatissimæ Virginis Mariæ conceptum immaculatum omnino fuisse, atque ab omni prorsus originalis culpæ labe immunem. Neque vero hac nostra etiam ætate defuere viri ingenio, virtute, pietate, doctrina præstantes, qui doctis ac laboriosis eorum scriptis hujusmodi argumentum, pientissimamque sententiam ita illustrarunt, ut non pauci mirentur, quod nondum ab Ecclesia et Apostolica Sede hic Sanctissimæ Virgini decernatur honor, quem communis fidelium pietas Virgini ipsi ex solemni ejusdem Ecclesiæ et Sedis judicio, atque auctoritate tribui tantopere exoptat. Equidem hujusmodi vota pergrata, perque jucunda Nobis fuere, qui vel a teneris annis nihil potius, nihil antiquius habuimus, quam singulari pietate, et obsequio, atque intimo cordis affectu, Beatissimam Virginem Mariam colere, et ea peragere quæ ad majorem ipsius Virginis gloriam, et laudem procurandam, cultumque promovendum, conducere posse videantur. Itaque vel ab ipso supremi Nostri Pontificatus exordio summa quidem alacritate in tanti momenti negotium curas cogitationesque Nostras serio convertimus, atque humiles fervidasque Deo Optimo Maximo preces adhibere haud omisimus, ut cœlestis suæ gratiæ lumine mentem Nostram collustrare velit, quo cognoscere possimus quid in hac re a Nobis sit peragendum. Etenim ea potissimum spe nitimur fore, ut Beatissima Virgo, quæ *meritorum verticem supra omnes Angelorum choros usque ad solium Deitatis erexit* (1),

______

(1) S. Gregor. Pap. *de Exposit.* in libros *Regum*.

atque antiqui serpentis caput virtutis pede contrivit, quæque *inter Christum et Ecclesiam constituta* (1), ac tota suavis et plena gratiarum Christianum populum a maximis quibusque calamitatibus, omniumque hostium insidiis, et impetu semper eripuit, atque ab interitu vindicavit, tristissimas quoque ac luctuosissimas nostras vicissitudines, acerbissimasque angustias, labores, necessitates amplissimo, quo solet, materni sui animi miserans affectu, velit præsentissimo, æque ac potentissimo suo apud Deum patrocinio, et divinæ iracundiæ flagella, quibus propter peccata nostra affligimur, avertere, et turbulentissimas malorum procellas, quibus cum incredibili animi Nostri dolore ubique jactatur Ecclesia, compescere, dissipare, et luctum Nostrum convertere in gaudium. Optime enim nostis, Venerabiles Fratres, omnem fiduciæ Nostræ rationem in Sanctissima Virgine esse collocatam; quandoquidem Deus *totius boni plenitudinem posuit in Maria ; ut proinde si quid spei in nobis est, si quid gratiæ, si quid salutis, ab Ea noverimus redundare... quia sic est voluntas Ejus, qui totum nos habere voluit per Mariam* (2).

Hinc aliquos ecclesiasticos viros pietate spectatos, ac theologicis disciplinis apprime excultos, et nonnullos Venerabiles Fratres Nostros Sanctæ Romanæ Ecclesiæ Cardinales virtute, religione, consilio, prudentia, ac rerum divinarum scientia illustres selegi-

----

(1) S. Bernard. *Serm.* in cap. XII. *Apocalyps.*
(2) S. Bernard. *in Nativit. S. Mariæ.*

mus, eisque commisimus, ut pro eorum prudentia atque doctrina gravissimum argumentum omni ex parte accuratissime examinandum curarent, ac subinde eorum sententiam ad nos diligentissime deferrent. Dum autem ita se res habent, illustria Decessorum Nostrorum vestigia sectari, exempla æmulari censuimus.

Quamobrem has vobis, Venerabiles Fratres, scribimus Litteras, quibus egregiam vestram pietatem, atque episcopalem sollicitudinem magnopere excitamus, vobisque etiam, atque etiam inculcamus, ut quisque vestrum pro suo arbitrio, atque prudentia in propria Diœcesi publicas preces indicendas, ac peragendas curet, quo clementissimus luminum Pater Nos superna divini sui Spiritus luce perfundere, numine afflare dignetur, ut in tanti momenti re illud consilium suscipere valeamus, quod ad majorem tum sancti sui Nominis gloriam, tum Beatissimæ Virginis laudem, tum militantis Ecclesiæ utilitatem possit pertinere. Optamus autem vehementer, ut majore, qua fieri potest, celeritate Nobis significare velitis qua devotione vester clerus, populusque fidelis erga Immaculatæ Virginis Conceptionem sit animatus, et quo desiderio flagret, ut ejusmodi res ab Apostolica Sede decernatur, atque in primis noscere vel maxime cupimus quid vos ipsi, Venerabiles Fratres, pro eximia vestra sapientia de re ipsa sentiatis quidque exoptetis. Et quoniam Romano clero jam concessimus, ut peculiares canonicas horas de Beatissimæ Virginis Conceptione recentissime compositas, ac typis editas recitare valeat loco earum quæ in communi Breviario continentur, iccirco hisce Litteris facultatem vobis tribuimus, Vénerabiles Fratres, ut, si ita placuerit, universus vestræ diœceseos clerus easdem de Sanctissimæ Virginis Conceptione canonicas horas, quibus nunc Romanus utitur clerus, persolvere libere et licite possit, quin ejusmodi veniam a Nobis, vel a Nostra Sacrorum Rituum Congregatione implorare debeatis.

Plane non dubitamus, Venerabiles Fratres, quin pro singulari vestra in Sanctissimam Virginem Mariam pietate hisce Nostris desideriis omnia cura et studio quam libentissime obsequi gaudeatis, atque opportuna responsa, quæ a vobis exposcimus, Nobis dare properetis. Interim vero cœlestium omnium munerum auspicem, et præcipuæ Nostræ in vos benevolentiæ testem accipite Apostolicam Benedictionem, quam ex imo corde profectam vobis ipsis, Venerabiles Fratres, cunctisque clericis, laicisque fidelibus vigilantiæ vestræ commissis amantissime impertimur.

Datum Cajetæ, die 2ª februarii anno 1849, Pontificatus Nostri anno tertio.

TRADUCTION.

Vénérables Frères, salut et bénédiction apostolique.

Dès les premiers jours, où, élevé sans aucun mérite de Notre part, mais par un secret dessein de la divine Providence, sur la Chaire suprême du Prince des Apôtres, Nous avons pris en main le gouvernail de l'Église entière, Nous avons été touché d'une souveraine consolation, Vénérables Frères, lorsque Nous avons su de quelle manière merveilleuse sous le Pontificat de Notre Prédécesseur Grégoire XVI, de vénérable mémoire, s'est réveillé dans tout l'univers catholique l'ardent désir de voir enfin décréter, par un jugement solennel du Saint-Siége, que la très-sainte Mère de Dieu, qui est aussi Notre tendre Mère à tous, l'Immaculée Vierge Marie, a été conçue sans la tache originelle. Ce très-pieux désir est clairement et manifestement attesté et démontré par les demandes incessantes présentées tant à Notre Prédécesseur qu'à Nous-même, et dans lesquelles les plus illustres Prélats, les plus vénérables Chapitres canoniaux et les Congrégations religieuses, notamment l'Ordre insigne des Frères Prêcheurs, ont sollicité à l'envi qu'il fût permis d'ajouter et de prononcer hautement et publiquement dans la Liturgie sacrée, et surtout dans la Préface de la Messe de la Conception de la Bienheureuse Vierge, ce mot : *Immaculée*. A ces instances, Notre Prédécesseur et Nous-même avons accédé avec le plus grand empressement. Il est arrivé en outre, Vénérables Frères, qu'un grand nombre d'entre vous n'ont cessé d'adresser à Notre Prédécesseur et à Nous des Lettres par lesquelles, exprimant leurs vœux redoublés et leurs vives sollicitations, ils Nous pressaient de vouloir définir comme doctrine de l'Église catholique que la Conception de la B. Vierge Marie avait été entièrement immaculée et absolument exempte de toute souillure de la faute originelle. Et il n'a pas manqué aussi dans Notre temps d'hommes éminents par le génie, la vertu, la piété et la doctrine, qui dans leurs savants et laborieux écrits ont jeté une lumière si éclatante sur ce sujet et sur cette très-pieuse opinion, que beaucoup de personnes s'étonnent que l'Église et le Siége apostolique n'aient pas encore décerné à la très-sainte Vierge cet honneur que la commune piété des fidèles désire si ardemment lui voir attribué par un solennel jugement et par l'autorité de cette même Église et de ce même Siége. Certes, ces vœux ont été singulièrement agréables et pleins de consolation pour Nous, qui, dès Nos plus tendres années, n'avons rien eu de plus cher, rien de plus précieux que d'honorer la Bienheureuse Vierge Marie d'une piété particulière, d'une vénération spéciale, et du dévouement le plus intime de Notre cœur, et de faire tout ce qui Nous paraîtrait pouvoir contribuer à sa plus grande gloire et louange et à l'extension de son culte. Aussi, dès le commencement de Notre Pontificat, avons-Nous tourné avec un extrême empressement Nos soins et Nos pensées les plus sérieuses vers un objet d'une si haute importance, et n'avons-Nous cessé d'élever vers le Dieu très-bon et très-grand d'humbles et ferventes prières, afin qu'il daigne éclairer Notre esprit de la lumière de sa grâce céleste, et Nous faire connaître la détermination que Nous avions à prendre à ce sujet. Nous

Nous confions surtout dans cette espérance que la Bienheureuse Vierge, qui a été élevée *par la grandeur de ses mérites au-dessus de tous les chœurs des anges jusqu'au trône de Dieu* (1), qui a brisé sous le pied de sa vertu la tête de l'antique serpent, et qui, *placée entre le Christ et l'Église* (2), toute pleine de grâces et de suavité, a toujours arraché le peuple chrétien aux plus grandes calamités, aux embûches et aux attaques de tous ses ennemis, et l'a sauvé de la ruine, daignera également, Nous prenant en pitié avec cette immense tendresse qui est l'effusion habituelle de son cœur maternel, écarter de Nous par son instante et toute-puissante protection auprès de Dieu les tristes et lamentables infortunes, les cruelles angoisses, les peines et les nécessités dont Nous souffrons, détourner les fléaux du courroux divin qui Nous affligent à cause de Nos péchés, apaiser et dissiper les effroyables tempêtes de maux dont l'Église est assaillie de toutes parts, à l'immense douleur de Notre âme, et changer enfin Notre deuil en joie. Car vous savez parfaitement, Vénérables Frères, que le fondement de notre confiance est en la Très-sainte Vierge ; puisque c'est en elle que Dieu a placé *la plénitude de tout bien, de telle sorte que s'il y a en Nous quelque espérance, s'il y a quelque faveur, s'il y a quelque salut, Nous sachions que c'est d'Elle que nous le recevons...*

(1) S. Greg. Pap., *de Expositione* in lib. *Reg.*
(2) S. Bernard., *Serm.* in cap. xii *Apocalyps.*

*parce que telle est la volonté de Celui qui a voulu
que nous eussions tout par Marie* (1).

En conséquence, Nous avons choisi quelques ecclésiastiques distingués par leur piété et très-versés
dans les études théologiques, et en même temps un
certain nombre de Nos Vénérables Frères les Cardinaux de la Sainte Église Romaine, illustres par leur
vertu, leur religion, leur sagesse, leur prudence, et
par la science des choses divines, et Nous leur avons
donné mission d'examiner avec le plus grand soin
sous tous les rapports, ce grave sujet selon leur prudence et leur doctrine, et de Nous soumettre ensuite
leur avis avec toute la maturité possible. En cet état
de choses, Nous avons cru devoir suivre les traces
illustres de Nos Prédécesseurs, et imiter leurs
exemples.

C'est pourquoi, Vénérables Frères, Nous vous
adressons ces lettres par lesquelles Nous excitons vivement votre insigne piété et votre sollicitude épiscopale, et Nous exhortons chacun de vous, selon sa
prudence et son jugement, à ordonner et à faire réciter dans son propre diocèse des prières publiques
pour obtenir que le Père miséricordieux des lumières
daigne Nous éclairer de la clarté supérieure de son
divin esprit et Nous inspirer du souffle d'en haut, et
que, dans une affaire d'une si grande importance,
Nous puissions prendre la résolution qui doit le plus
contribuer tant à la gloire de son saint nom qu'à la

(1) S. Bern. in *Nativ. S. M.*

louange de la Bienheureuse Vierge et au profit de l'Église militante. Nous souhaitons vivement que Vous Nous fassiez connaître le plus promptement possible de quelle dévotion votre clergé et le peuple fidèle sont animés envers la Conception de la Vierge Immaculée, et quel est leur désir de voir le Siége apostolique porter un décret sur cette matière. Nous désirons surtout savoir, Vénérables Frères, quels sont à cet égard les vœux et les sentiments de votre éminente sagesse. Et comme Nous avons déjà accordé au clergé romain l'autorisation de réciter un office canonique particulier de la Conception de la Très-sainte Vierge, composé et imprimé tout récemment, à la place de l'office qui se trouve dans le Bréviaire ordinaire, Nous vous accordons aussi par les présentes Lettres, Vénérables Frères, la faculté de permettre, si vous le jugez convenable, à tout le clergé de votre diocèse, de réciter librement et licitement le même office de la Conception de la très-sainte Vierge, dont le clergé romain fait actuellement usage, sans que vous ayez à demander cette permission à Nous ou à Notre Sacrée Congrégation des Rites.

Nous ne doutons nullement, Vénérables Frères, que votre singulière piété envers la Très sainte Vierge Marie ne vous fasse obtempérer avec le plus grand soin et le plus vif empressement aux désirs que Nous vous exprimons et que vous ne vous hâtiez de Nous transmettre en temps opportun les réponses que Nous vous demandons. En attendant, recevez comme gage de toutes les faveurs célestes, et surtout comme un témoignage de Notre bienveillance envers vous, la bénédiction apostolique que Nous vous donnons du fond de Notre cœur, à vous, Vénérables Frères, ainsi qu'à tout le clergé et tous les fidèles laïques confiés à votre vigilance.

Donné à Gaëte, le deuxième jour de février de l'année 1849, l'an IIIe de Notre Pontificat.

DISCOURS

DE S. S. LE PAPE PIE IX

POUR LE DÉCRET

Constatant les vertus héroïques du vénérable serviteur de Dieu A. M. Zaccaria.

(2 février 1849.)

Le jour de la fête de la Purification de Marie très-sainte, S. S. s'est rendue à la cathédrale, où Elle a été reçue par Mgr l'archevêque, à la tête de son clergé. Après avoir vénéré le Saint Sacrement, le Saint-Père a été conduit au maître autel et y a célébré la messe, assisté de LL. EE. les cardinaux Riario-Sforza et Antonelli.

Après la messe, S. S. se rendit dans la sacristie, s'assit sur le trône qui Lui avait été préparé, et

entouré de LL. EE. les cardinaux Macchi, Lambrus-
chini, Patrizi, Della Genga, Altieri, Giraud, Vizzar-
delli, Riario-Sforza et Antonelli (lesquels font partie
de la S. Congrégation des Rites). Elle assista à la
lecture du décret qui déclare « qu'*il conste des vertus*
« *héroïques du vénérable serviteur de Dieu Antoine-*
« *Marie* ZACCARIA, *fondateur de la Congrégation des*
« *Clercs Réguliers de Saint-Paul, dits Barnabites.* »
La lecture du décret étant terminée, le R. P. Varenna,
procureur général des Barnabites, adressa à Sa Sainteté, au nom de sa Congrégation, le discours de re-
mercîment suivant :

« Elle est grande la joie qui inonde mon âme, au
moment où je me prosterne à vos pieds, Très-saint
Père, au nom de ma Congrégation et de celui qui la
dirige ; mais combien cette joie n'est-elle pas tempé-
rée par la douleur qui depuis quelque temps me tour-
mente et m'accable !

« Mais je dépose pour un instant, avec résignation
et en silence, les motifs de cette cruelle douleur dans
la plaie ouverte du cœur de Jésus-Christ, dans cette
plaie d'où est sortie l'Église, son Épouse immaculée,
pour combattre en tous temps contre les puissances
de ténèbres et en triompher avec les armes qu'elle
tient de Lui ; et je viens seulement Vous offrir avec
humilité les sentiments de la consolation que j'é-
prouve ainsi que ma Congrégation et son chef, consolation que nous devons tout entière à Vous, Père
vraiment saint, à Vous qui, avec la charité de Jésus-
Christ, pensez à encourager et à soutenir les disci-

ples, alors même que Vous souffrez une sueur de sang et que Vous subissez l'agonie pour accomplir la volonté du Père céleste !

« C'était au commencement du seizième siècle ; et bien qu'on eût vu naître de la prostituée de Babylone des antechrists qui venaient corrompre la foi et les mœurs du peuple chrétien, on vit encore sortir de la phalange choisie des élus un grand nombre de héros qui, formés à toutes les vertus apostoliques, réparaient les désastres de l'impiété, faisaient revivre les justices du Seigneur et ne quittaient la terre pour aller recevoir la couronne de gloire dans le ciel qu'après avoir laissé de nombreux héritiers de leur esprit pour continuer à travers les siècles à venir leurs saintes entreprises. Le second de ces champions, modèles des plus hautes vertus, restaurateurs intrépides de la gloire de Dieu et de son Église, est mon Père, le fondateur de ma Congrégation, le vénérable Antoine-Marie Zaccaria, né en 1502 et mort à la fleur de l'âge en 1539.

« Adorons les desseins de Dieu, qui, après avoir placé cette lampe sur le chandelier pour briller pendant près de cent vingt ans près de l'arche vivante du Testament, a décidé qu'elle en fût enlevée et placée sous le boisseau. Il voulait voir si l'humilité du Père avait passé aux fils, et si, comme leur Père, les fils préféraient à tout les humiliations qui ont été sur terre l'apanage de Jésus-Christ ; et quand il en a eu des preuves irrécusables, il a suscité deux Pontifes éprouvés au feu d'une tribulation presque semblable :

l'un Pie VII, comme Néhémias, après la captivité de Babylone, a ordonné de rechercher le feu sacré caché par les prêtres pour savoir si cette lampe brûlait encore et avec quelle ardeur ; et l'autre, Vous, Très-saint Père, à peine arrivé à respirer librement sur cette terre hospitalière, grâce aux soins délicats d'un souverain qui enseigne aux Fils aînés de l'Église. comment il faut aimer le Père commun des fidèles, Vous l'avez présentée au monde resplendissante de cette lumière extraordinaire qui n'attend que d'être touchée et vivifiée par les rayons du soleil, pour être transportée et brûler immuablement devant l'arche du Testament.

« Le moment où Vous accomplissez cet acte, Très-saint Père, est un des plus solennels dans l'histoire de l'Église, et tel qu'il impose plus étroitement et plus doucement à mon Institut la douce obligation de Vous rendre les actions de grâces les plus vives d'un cœur qui, sincèrement religieux, sent toute la grandeur de Votre bienfait, et de Vous promettre qu'on nous verra pleins de sollicitude pour marcher sur les traces de notre glorieux Père, honorant de plus en plus, par la science et les vertus invincibles de la croix, l'école à laquelle nous avons été conviés par l'apôtre saint Paul.

« Ce qu'attestant devant Vous avec toute la sincérité et de toute la force de mon âme, au nom de mon Général et de toute ma Congrégation, je Vous supplie, Très-saint Père, de m'admettre avec mes compagnons à baiser Votre pied sacré, et de nous per-

mettre de reporter à nos confrères Votre bénédiction apostolique. »

A ce discours Sa Sainteté a répondu en ces termes :

« Chaque fois que je me trouve appelé par la di-
« vine miséricorde à présider ces réunions sacrées où
« se doivent discuter, et mieux encore, où se doivent
« porter, avec l'aide de l'Esprit-Saint, les décisions
« sur les actes des héros de l'Église de Jésus-Christ,
« je sens mon cœur se remplir de joie, de confiance
« et en même temps d'admiration pour les merveil-
« leuses dispositions de Dieu, qui, avec les inventions
« que lui suggère son amour pour les hommes, sus-
« cite de temps à autre son divin esprit dans quel-
« ques-uns de ses serviteurs, afin que, déclarant la
« guerre à l'enfer, bons et fidèles comme ils sont, ils
« assaillent les ennemis de la vérité et combattent
« contre eux les combats du Seigneur. L'homme de
« Dieu, dont nous publions aujourd'hui qu'il a hé-
« roïquement pratiqué les vertus chrétiennes, fut
« suscité de Dieu même pour réveiller et ranimer le
« clergé, en le rendant capable de guérir les peuples
« d'une plaie lamentable qui semblait résister à tout
« remède, parce qu'elle était étalée sans honte ni
« répugnance et portée par une déplorable habitude.

« Cette pensée me réconforte dans mes angoisses
« présentes ; elle ouvre mon cœur à cette confiance
« dans le Seigneur, qu'il suscitera parmi ses minis-
« tres de nouveaux serviteurs, bons et fidèles, qui se
« consacreront à éclairer et à instruire les peuples

« pour éloigner d'eux la plaie qui tend chaque jour à
« se dilater, à leur grand dommage et à leur grand
« péril. L'orgueil, l'impatience de toute subordina-
« tion, et la passion véritablement éhontée chez
« quelques-uns du commandement et de la domina-
« tion, préparent un joug bien plus pesant et plus fu-
« neste que celui qu'on a voulu détruire.

« Et puisque cet esprit d'orgueil s'attaque directe-
« ment à Dieu, il peut bien arriver que Dieu lui-
« même y résiste immédiatement, comme il y a ré-
« sisté autrefois dans les champs de Babel. La prière
« humble est le remède le plus efficace pour travail-
« ler au soulagement de cette maladie présente; la
« prière, qui, en commençant par le toit domestique
« des familles, s'étend ensuite sous les voûtes de la
« maison du Seigneur.

« La Très-sainte Marie nous offre, dans la solen-
« nité de ce jour, un exemple de la manière dont nous
« devons résister à l'orgueil du siècle, à savoir, par
« l'humilité des actions et de la prière. Puissent les
« nôtres, modelées sur un si grand exemple, mériter
« sa médiation et celle de ce serviteur de Dieu, afin
« que le Seigneur hâte l'accomplissement de ses mi-
« séricordes, tournant promptement son regard pa-
« ternel sur la misère de tous ses enfants, et spécia-
« lement sur ceux qui, dans la capitale de la chrétienté,
« se sont laissé surprendre par les paroles séduc-
« trices des hommes qui, en les appelant au bonheur,
« les ont misérablement trompés.

« O Rome ! Rome, Dieu m'en est témoin, chaque

« jour j'élève ma voix vers le Seigneur, et, prosterné
« comme un suppliant, je le prie avec ardeur de faire
« cesser le fléau qui te désole et qui chaque jour
« s'aggrave pesamment sur toi ! Je le prie d'arrêter
« les suggestions des doctrines les plus perverses, et
« d'éloigner de tes murs et de tout l'État les parleurs
« politiques qui abusent du nom du peuple. Je le
« prie également de protéger et de sauver ce roi, cette
« royale famille et ce royaume de la commotion gé-
« nérale ; il le mérite par sa piété, et la foi de son
« peuple le mérite aussi ! »

LL. MM. et la famille royale ont assisté à toute
la cérémonie, après laquelle le Saint-Père est re-
tourné au palais qu'il habite.

BREF

DE S. S. LE PAPE PIE IX

AU CONSEIL CENTRAL

De la propagation de la Foi, à Lyon.

(2 février 1849.)

Chers Fils, salut et bénédiction apostolique.

La lettre, en date du 26 du mois de décembre
passé, que Nous avons reçue de vous, témoigne de
l'esprit de zèle sincère, de piété et de dévouement

dont vous êtes animés à l'égard de Notre personne et
de Notre dignité suprême. Nous y avons vu la douleur profonde et la tristesse dont vous avez été saisis
aussitôt que vous est parvenue la nouvelle des actes
impies et du bouleversement des choses publiques
qui ont eu lieu à Rome, par lesquels Nous avons été
contraint de Nous éloigner de la ville, et de Nous arrêter ici sous l'impulsion, sans aucun doute, de la Providence divine. Mais béni soit Dieu qui, au milieu
de Notre si grande affliction, Nous console d'une manière merveilleuse, par vos sentiments de piété et
d'amour, Chers Fils, et par ceux des autres fidèles,
puisque Nous avons appris avec quel empressement
on adressait au Seigneur des supplications et des
prières pour Nous et toute l'Église catholique confiée
à nos soins. Nous avons la confiance que Dieu en sera
apaisé, et que Notre tribulation présente fera place à
un nouveau et plus noble triomphe de l'Église catholique sur les sectes de perdition et les machinations des plus méchants des hommes. Continuez
donc, Chers Fils, d'adresser pour cette fin, au Trône
de la grâce, des supplications et des prières ferventes
dans ce même esprit avec lequel vous avez commencé.
Par ce moyen, vous augmenterez certainement encore notre charité paternelle envers vous, et vous
accroîtrez la gloire de votre très-illustre institution,
dont les mérites, à l'égard de l'Église catholique,
sont si nombreux et si insignes. Cependant Nous ne
cesserons, par Nos vœux et Nos humbles prières, de
conjurer le Seigneur très-bon qu'il vous réjouisse

tous par l'abondance féconde de ses dons célestes, et, comme augure de cette faveur et en témoignage de Notre charité paternelle envers vous, Nous vous donnons à tous, Chers Fils, Notre bénédiction apostolique avec un grand amour et dans la plus intime affection de notre cœur.

Donné à Gaëte, le 2 février 1849, troisième année de Notre Pontificat.

PIE IX PAPE.

BREF

DE S. S. PIE IX

A NN. SS. LES ARCHEVÊQUES DE PISE, DE FLORENCE
ET DE SIENNE.

(6 février 1849.)

Vénérables Frères, salut et bénédiction apostolique.

Parmi les très-graves sollicitudes et les très-amères angoisses qui, chaque jour, de plus en plus Nous oppressent et Nous affligent au milieu de cette grande tempête déchaînée contre Notre très-sainte Religion, Nous avons reçu une grande consolation et un allégement tout particulier de la fermeté sacerdotale avec laquelle vous, Nos vénérables Frères, au nom de vos suffragants et des autres Évêques de la Toscane, qui vous ont confié ce soin, vous avez su défendre courageusement la cause de cette même Religion, et combattre pour elle de toutes vos forces devant la chambre des députés du grand-duché. Nous savons encore avec quel zèle et avec quelle vigueur vous avez réclamé devant cette assemblée contre tant d'écrits empoisonnés que les plus habiles et les plus captieux artisans de mensonges, regorgeant de leur propre venin, et couvant dans leur cœur toutes sortes de crimes, y mettent chaque jour en lumière et ne cessent d'y répandre de tous les côtés pour la plus grande perte des âmes. Des écrits aussi dangereux, aussi évidemment inspirés par la fraude et la malice de l'enfer, sont autant de coupables agressions contre les dogmes vénérés, les lois, les institutions de l'Église catholique; ils dénaturent les faits, les mots, le sens des divines Écritures; ils livrent à la raillerie et au mépris la dignité et le pouvoir suprême du Pontife romain, auquel le Christ, Notre-Seigneur, a confié le gouvernement de son Église; ils outragent l'autorité des saints Prélats, foulent aux pieds les lois divines et humaines, et ne négligent rien, au plus grand détriment de la Religion, pour que la licence la plus effrénée de penser et d'agir soit de plus en plus partout fomentée et propagée, ce qui ne peut manquer de dépraver, d'infecter misérablement de toutes sortes d'erreurs une jeunesse imprévoyante, des masses inexpérimentées, et de mettre en péril leur salut éternel.

" C'est pourquoi, Vénérables Frères, Nous vous avons écrit cette Lettre, afin de vous donner, à vous, à vos suffragants et aux autres Évêques de la Toscane, le témoignage de Nos plus énergiques approbations de ce que, animés des devoirs du ministère pastoral, pleins de sollicitude pour la conservation de Notre très-sainte Religion et pour le salut des fidèles, vous n'avez pas hésité à élever la voix contre les écrits d'où Nous sont venus et ces fléaux redoutables, que Nous ne pourrons jamais assez déplorer, et ces dangers qui affligent et agitent si douloureusement à cette heure l'Église catholique. Tout en donnant de justes éloges à votre sollicitude pastorale et à votre constance, Nous nous proposons d'augmenter votre courage, afin qu'appuyés sur le bras de Dieu, vous persistiez, avec tous les autres Évêques de la Toscane, à faire de la vivacité de votre zèle comme un rempart pour la maison d'Israël, à combattre les combats du Seigneur, à élever votre voix, avec autant de force que de sagesse, pour évangéliser le troupeau confié à votre garde. Continuez à dévoiler et à fouler aux pieds les fraudes, les astuces, les erreurs de ces hommes pleins d'embûches, afin que votre peuple poursuive de son exécration ces détestables écrits, afin qu'immobile dans la vérité catholique et dans le culte, il ne soit point ébranlé, et que jamais il ne puisse tomber dans aucun piége ni dans aucune erreur. Vous ne cesserez donc pas d'adresser avec Nous, dans l'humilité du cœur, d'assidues et ferventes prières au Dieu très-bon et très-grand, afin qu'il daigne, par les mérites de son Fils, N. S. Jésus-Christ, détourner du chemin de perdition les prévaricateurs, venir en aide à la défaillance des faibles, augmenter le courage et la foi des forts, orner enfin et dilater son Église par les victoires de ses enfants.

En conséquence, Nous désirons que cette Lettre soit communiquée, tant à vos suffragants qu'aux autres Évêques de la Toscane, afin qu'eux aussi puissent connaître Nos sentiments. Enfin, Vénérables Frères, comme une marque de Notre très-ardente affection, et en gage de toutes les récompenses célestes, Nous vous donnons, du fond du cœur, Notre bénédiction apostolique, à vous, à tous les autres Évêques de la Toscane, et Nous l'étendons très-affectueusement au clergé et aux fidèles.

Donné à Gaëte, le 6 février, la troisième année de Notre Pontificat.

PIUS PP. IX.

PROTESTATION

DE S. S. LE PAPE PIE IX.

(14 février 1849.)

La serie non interrotta degli attentati commessi contro il Dominio temporale degli Stati della Chiesa preparati da molti per cecità, ed eseguiti da quelli che più maligni e più scaltri avevano da gran tempo predisposta la docile cecità dei primi, questa serie avendo oggi toccato l'ultimo grado di fellonia con un decreto della sedicente Assemblea costituente romana in data 9 febbraio corrente, nel quale si dichiara il Papato decaduto di diritto e di fatto dal governo temporale dello Stato Romano, erigendosi un così detto Governo di democrazia pura col nome di Repubblica romana; Ci mette nella necessità di alzare nuovamente la Nostra voce contro un atto, il quale si presenta al cospetto del mondo col moltiplice carattere della ingiustizia, della ingratitudine, della stoltezza e della empietà; e contro il quale Noi circondati dal Sacro Collegio e alla vostra presenza, degni rappresentanti delle potenze e governi amici della Santa Sede protestiamo nei modi più solenni, e ne dichiariamo la nullità, come abbiamo fatto degli atti precedenti. Voi foste, o Signori, i testimonii degli avvenimenti non mai abbastanza deplorabili dei giorni 15 e 16 novembre dell'anno scorso, e insieme con Noi li deploraste e li condannaste; Voi confortaste il Nostro spirito in quei giorni funesti; Voi Ci seguiste in questa terra, ove Ci guidò la mano di Dio, la quale innalza ed umilia, ma che però non abbandona mai quello che in Lui confida; Voi Ci fate anche in questo momento nobile corona, e perciò a Voi Ci rivolgiamo, affinche vogliate ripetere i Nostri sentimenti e le nostre proteste alle vostre corti e ai vostri governi.

Precipitati i sudditi Pontificii per opera sempre della stessa artita fazione, nemica funesta della umana

società, nell' abisso più profondo di ogni miseria,
Noi come Principe temporale, e molto più come Capo
e Pontefice della cattolica Religione, esponiamo i
pianti e le suppliche della massima parte dei nominati
sudditi Pontificii, i quali chiedono di veder sciolte le
catene che li opprimono. Domandiamo nel tempo
stesso che sia mantenuto il sacro diritto del temporale dominio alla Santa Sede, del quale gode da tanti
secoli il legittimo possesso universalmente ricono-
sciuto, diritto che nell' ordine presente di Provvidenza
si rende necessario e indispensabile pel libero esercizio dell' Apostolato cattolico di questa Santa Sede.
L' interesse vivissimo che in tutto l'orbe si è mani-
festato a favore della Nostra causa, è una prova lu-
minosa che questa è la causa della giustizia, e perciò
non osiamo neppur dubitare che essa non venga ac-
colta con tutta la simpatia e con tutto l'interesse
dalle rispettabili nazioni che rappresentate.

TRADUCTION.

La série non interrompue des attentats commis
contre le domaine temporel des États de l'Église,
attentats préparés par l'aveuglement de plusieurs,
et exécutés par ceux dont la malice et la ruse
avaient, de longue date, prédisposé la docilité des
aveugles, ayant atteint le dernier degré de félonie
par un décret de la soi-disant Assemblée constituante romaine, en date du 9 février courant, où

l'on déclare la Papauté déchue de droit et de fait
du gouvernement temporel de l'État pontifical,
pour ériger un prétendu gouvernement de démo-
cratie pure, sous le nom de République romaine,
Nous met dans la nécessité d'élever de nouveau la
voix contre un acte qui se présente à la face du
monde avec les caractères multiples de l'injustice,
de l'ingratitude, de la folie et de l'impiété. Entouré
du Sacré Collége et en votre présence, dignes
représentants des puissances et des gouvernements
amis du Saint-Siége, Nous protestons de la manière
la plus solennelle contre cet acte, et Nous en dé-
nonçons la nullité comme Nous l'avons fait pour
les actes précédents. Vous fûtes, Messieurs, témoins
des événements à jamais déplorables des journées
des 15 et 16 novembre dernier, et, avec Nous, vous
les avez déplorés et condamnés. Vous avez fortifié
Notre esprit dans ces jours funestes; vous Nous
avez suivi sur cette terre où Nous a guidé la main
de Dieu, qui élève et abaisse, mais n'abandonne jamais
l'homme qui se confie en Lui; en ce moment encore
vous Nous entourez d'une noble assistance; c'est
pourquoi Nous Nous tournons vers vous, afin que
vous vouliez bien redire Nos sentiments et Nos protestations à vos cours et à vos gouvernements.

Les sujets pontificaux étant précipités par les
manœuvres toujours plus audacieuses de cette faction, ennemie funeste de la société humaine, dans
l'abîme le plus profond de toutes les misères, Nous,
comme Prince temporel et plus encore comme Chef

et Pontife de la Religion catholique, Nous exprimons les plaintes et les supplications de la plus grande partie d'entre eux, qui demande de voir briser les chaînes dont ils sont écrasés. Nous demandons en même temps que l'on maintienne au Saint-Siége le droit sacré du domaine temporel dont il est depuis tant de siècles le légitime possesseur, universellement reconnu, droit qui, dans l'ordre présent de la Providence, est rendu nécessaire et indispensable pour le libre exercice de l'Apostolat catholique de ce Saint-Siége. L'intérêt si vif qui s'est manifesté dans l'univers entier, en faveur de Notre cause, est une preuve éclatante qu'elle est la cause de la justice; c'est pourquoi Nous n'oserions même pas douter qu'elle ne soit accueillie avec toute sympathie et une bienveillance entière par les respectables nations dont vous êtes les représentants.

BREF

DE S. S. LE PAPE PIE IX

A M. L'ABBÉ DUPANLOUP.

(17 février 1849.)

Dilecte Fili, salutem et apostolicam benedictionem.

Tristissimis hisce Ecclesiæ et Nostri Pontificatus

temporibus, nihil certe Nobis gratius, nihil optabilius, quam ut viri pietate, ingenio, ac doctrina præstantes ejusdem Ecclesiæ et Summi Pontificatus jura strenue sapienterque tueri contendant. Itaque libentissimo animo tuas obsequentissimas accepimus litteras cum pluribus exemplaribus Opusculi gallice a te nuper scripti, et Parisiensibus typis in lucem editi, quo, Dilecte Fili, egregium tuum animum catholico viro plane dignum ostendens, civilem Apostolicæ Sedis principatum, ejusque libertatem, incolumitatemque ab impiorum hominum erroribus, conatibus, deliramentis vindicandum curasti. Quamobrem dum ejusmodi tuum consilium meritis laudibus prosequimur, debitas tibi agimus gratias pro ejusmodi Opusculi exemplaribus, quæ Nobis dono mittere voluisti, ac te summopere hortamur, ut alacriori usque studio pergas tuas omnes curas in iis scriptis conficiendis impendere quibus de Catholica Ecclesia, deque Apostolica Sede magis in dies præclare mereri possis. Egregiis autem singularis tuæ erga Nos pietatis, ac filialis devotionis sensibus, quos ipsæ tuæ præseferunt litteræ mutua paternæ Nostræ in te caritatis testificatione respondemus. Cujus quoque pignus esse volumus apostolicam benedictionem, quam cum omnis veræ felicitatis voto conjunctam intimo cordis affectu tibi ipsi, Dilecte Fili, amanter impertimur.

Datum Cajetæ, die 17 februarii anno 1849, Pontificatus Nostri anno tertio.

PIUS PP. IX.

TRADUCTION.

Très-cher Fils, salut et bénédiction apostolique.

Dans ces temps si tristes pour l'Église et pour Notre Pontificat, rien certainement ne Nous est plus consolant, rien n'est plus dans Nos vœux que de voir des hommes éminents par la piété, l'esprit et la doctrine, combattre avec intrépidité et avec sagesse pour défendre les droits de cette même Église et du Souverain Pontificat. Aussi, avons-nous reçu avec une très-grande satisfaction l'hommage respectueux de votre lettre, à laquelle se trouvaient joints plusieurs exemplaires d'un Opuscule écrit récemment par vous en français, imprimé et publié à Paris, et dans lequel, Très-cher Fils, montrant l'excellent esprit qui vous anime et qui est si digne d'un cœur catholique, vous vous êtes attaché à soutenir et à venger la souveraineté temporelle du Siége apostolique, son indépendance, et le maintien de tous ses droits, contre les erreurs, les efforts et les emportements insensés des impies. C'est pourquoi, en même temps que Nous donnons à votre dessein la louange qu'il mérite, Nous vous adressons aussi Nos justes remercîments pour les exemplaires de cet Opuscule dont vous Nous avez fait hommage; et Nous vous exhortons grandement à continuer et à consacrer, avec un zèle toujours plus ardent, tous vos soins à la composition d'ouvrages semblables, qui vous fassent de jour en jour davantage glorieusement mériter de l'Église catholique et du Siége apostolique. Quant aux sentiments si distingués de votre piété singulière envers Nous et de votre filial dévouement, que votre lettre même Nous exprime, Nous y répondons par le témoignage mutuel de Notre paternelle tendresse envers vous; et Nous voulons que vous en ayez pour gage la bénédiction apostolique que Nous répandons sur vous avec amour, Très-cher Fils, en y joignant, du plus intime de Notre cœur, le vœu de toute félicité durable.

Donné à Gaëte, le 17 février de l'année 1849, la troisième année de Notre Pontificat.

PIUS PP. IX.

NOTE

DE S. ÉM. LE CARDINAL ANTONELLI,

PRO-SECRÉTAIRE D'ÉTAT,

Au corps diplomatique.

(18 février 1849.)

Sa Sainteté, depuis les premiers jours de son Pontificat, n'a eu rien autre chose en vue que de prodiguer des bienfaits à ses sujets, selon les temps, et en pourvoyant à leur plus grand bien. Aussi, après avoir prononcé les paroles du pardon sur ceux qui, à

6.

cause des délits politiques, étaient exilés ou se trouvaient en prison, après avoir érigé la Consulte d'État et institué le Conseil des ministres, ayant sous 'impérieuse nécessité des circonstances accordé l'institution de la garde civique, une nouvelle loi pour une honnête liberté de presse, et enfin un Statut fondamental pour les États de la sainte Église; Sa Sainteté avait bien droit à la reconnaissance que des sujets doivent à un prince qui ne les regardait que comme des fils et ne leur promettait qu'un règne d'amour. Mais bien différent fut le retour qu'Elle reçut en échange de tant de bontés et d'une si prodigue condescendance. A la suite de courtes démonstrations d'applaudissements, démonstrations dirigées par ceux qui avaient déjà dans le cœur les plus coupables intentions (et que le Saint-Père s'efforça de faire cesser par tous les moyens que lui suggérait son cœur paternel), bientôt Il recueillit le fruit amer de l'ingratitude. Poussé par la violence effrénée d'une faction à entrer en guerre contre l'Autriche, Il se trouva contraint de prononcer une allocution dans le Consistoire du 29 avril de l'année écoulée, allocution où Il déclara au monde entier que son devoir et sa conscience ne pouvaient consentir à cette guerre. C'est alors que les machinations préparées d'avance éclatèrent en atteintes ouvertes portées à l'exercice de son plein et libre pouvoir, en le forçant à diviser le ministère d'État en ecclésiastique et civil, division qu'Il n'a jamais reconnue. Toutefois, le Saint-Père espérait que, plaçant dans les divers ministères des

personnes capables et amies de l'ordre, les choses
pourraient prendre une meilleure tournure, et qu'Il
verrait s'arrêter en partie les maux qui menaçaient
déjà. Mais un poignard homicide, guidé par la main
d'un assassin, brisa, par la mort du ministre Rossi,
les espérances que le Saint-Père avait conçues. Ce
crime, exalté comme un triomphe, inaugura impru-
demment le règne de la tyrannie. Le Quirinal fut entouré de gens armés : des tentatives d'incendie furent
essayées; des coups de fusil tirés contre les appartements qu'occupait le Souverain Pontife; et le Saint-
Père eut la douleur de voir un de ses secrétaires
tomber victime des agresseurs. Enfin, on voulut
forcer le palais par le canon, pendant qu'Il refusait
d'admettre le ministère qu'on voulait lui imposer.

Ayant dû, par une série de faits épouvantables,
comme chacun sait, céder à la violence de la force,
le Pontife se vit dans la dure nécessité de s'éloigner
de Rome et de l'État Pontifical, afin de recouvrer la
liberté qui lui était ravie et dont Il devait jouir dans
le plein usage de sa puissance suprême. Par une disposition de la divine Providence, Il se retira à Gaëte,
et accueilli par l'hospitalité d'un prince éminemment
catholique, entouré d'une grande partie du Sacré
Collége et des représentants de toutes les puissances
avec lesquelles Il est dans des relations amicales, Il
ne tarda pas un moment à élever la voix et à proclamer dans l'acte pontifical du 27 novembre dernier les
motifs de sa séparation momentanée d'avec ses sujets, la nullité et l'illégalité de tous les actes émanés

du ministère issu de la violence, et à nommer une commission de gouvernement qui devait prendre la direction des affaires publiques durant son absence de ses États.

Sans avoir aucun égard à la manifestation des volontés du Saint-Père, et parvenant par des prétextes mensongers à tromper sur leur valeur la multitude inexpérimentée, les auteurs des violences sacriléges passèrent à de plus coupables attentats, s'arrogeant les droits qui n'appartiennent qu'au souverain, en instituant un illégitime fantôme de gouvernement, sous le nom de Junte provisoire et suprême d'État. C'est contre ce grave et sacrilége forfait que le Saint-Père a protesté par son acte du 17 décembre dernier, où Il déclare que cette junte d'État n'est autre chose qu'une usurpation du pouvoir souverain et ne peut avoir aucune autorité.

Le Saint-Père espérait que ces protestations rappelleraient ses sujets égarés à leur devoir de fidélité et d'obéissance ; mais, au contraire, un nouvel et plus monstrueux acte de félonie patente et de rébellion ouverte vint mettre le comble à son affliction. Ce fut la convocation d'une Assemblée générale nationale des États romains, ayant pour but d'établir les nouvelles formes politiques à donner aux États du Saint-Siége. Aussitôt, par un *motu proprio* du 1er janvier dernier, le Saint-Père protesta contre cet acte, et le condamna comme un énorme et sacrilége attentat commis au préjudice de son indépendance et de sa souveraineté, digne des châtiments décernés par les lois divines et humaines; et Il défendit à chacun de ses sujets d'y prendre part, les avertissant que quiconque oserait attenter à la souveraineté temporelle des Pontifes romains encourrait les censures et spécialement l'excommunication majeure, peine qu'Il déclara être encourue déjà par ceux qui, en quelque manière que ce fût, et sous des prétextes mensongers, avaient violé et usurpé son autorité pontificale.

Lorsque ces protestations et ces condamnations si solennelles furent connues du parti anarchique, il fit tous les efforts possibles pour en empêcher la divulgation; il soumit à des peines ceux qui osaient les faire connaître au peuple et qui ne secondaient pas ses détestables vues. Toutefois, à la honte d'une si odieuse violence, la majorité des sujets demeura fidèle à son souverain, et s'exposa aux sacrifices et au péril même de la vie, plutôt que de manquer à ses devoirs de sujet et de catholique. De plus en plus exaspéré en voyant ses desseins avortés, ce même parti multiplia de mille manières la violence et la terreur, sans avoir égard ni à la condition, ni à la dignité, ni au rang; mais voulant consommer jusqu'au bout l'œuvre de sa félonie, il eut recours aux plus viles et plus misérables trames. Passant ainsi d'excès en excès, abusant des bienfaits et des concessions du Pontife, et spécialement convertissant la liberté de la presse en une ignoble licence; après les plus impies malversations destinées à solder leurs complices, et à repousser les hommes d'honneur et de conscience; après tant de meurtres commis sous leur égide; après avoir répandu partout la rébellion, l'immoralité, l'irréligion; après avoir séduit une jeunesse imprudente; ne respectant ni les lieux sacrés, ni les asiles de la paix et de la retraite, ni même les écoles d'enseignement public, et les convertissant en casernes à l'usage de la milice la plus indisciplinée, ramas de réfugiés et de scélérats des pays étrangers; ces malheureux ont voulu réduire la capitale du monde catholique, le siége des Pontifes, à n'être qu'un repaire d'impiété, en détruisant, s'il était possible, l'idée même de la souveraineté de Celui que la divine Providence a placé au gouvernement de l'Église universelle, et qui, pour exercer librement cette autorité qui lui appartient sur tout l'univers catholique, jouit d'un État comme patrimoine de l'Église.

A la vue de cette désolation et de ces ruines, le Saint-Père n'a pas pu ne pas demeurer profondément affligé, en même temps qu'il était touché des cris de ses fidèles sujets, qui réclamaient son aide et son secours pour être délivrés de la plus atroce tyrannie.

Sa Sainteté, comme on le sait, peu de temps après son arrivée à Gaëte, éleva la voix le 4 décembre dernier, et s'adressa à tous les souverains avec qui Il est en relation, en leur faisant part de son éloignement de sa capitale et de l'État pontifical, des causes qui l'avaient déterminé, et invoqua leur protection pour la défense des domaines du Saint-Siége. Il a la douce satisfaction de déclarer qu'Il a reçu les plus affectueuses réponses, et que tous les souverain l'ont assuré qu'ils prenaient la part la plus vive à ses afflictions et à sa situation pénible, lui témoignaient les plus favorables dispositions et lui exprimaient en même temps les sentiments les plus profonds de dé vouement et d'attachement.

Dans l'expectative de si heureuses et de si généreuses dispositions, et pendant que S. M. la reine d'Espagne, avec tant de sollicitude, provoquait un congrès des puissances catholiques pour arrêter les moyens les plus prompts de rétablir le Saint-Père dans ses États et dans sa pleine liberté et indépendance, proposition à laquelle avaient adhéré les diverses puissances catholiques, et pour laquelle on attendait l'adhésion des autres ; il est triste de dire que les affaires de l'État pontifical sont demeurées en proie à un incendie dévastateur et livrées à un parti subversif de toute institution sociale, lequel, sous de spécieux prétextes de nationalité et d'indépendance, n'a rien négligé pour atteindre le comble de l'iniquité. Le décret soi-disant fondamental, émané le 9 courant de l'Assemblée constituante romaine, est un acte qui respire en tout la plus noire trahison et la plus abominable impiété. Il déclare particulièrement la Papauté déchue de fait et de droit du gouvernement temporel de l'État romain, il proclame une République, et un autre décret ordonne la destruction des insignes du Saint-Père. Sa Sainteté, en voyant ainsi outragée sa suprême dignité de Pontife et de souverain, a protesté à la face de toutes les

puissances, de toutes les nations, et de tous et de
chacun des catholiques du monde entier, contre cet
excès d'irréligion, contre un crime si violent de spoliation de ses droits imprescriptibles et sacrés. Si cet
attentat n'est pas suivi d'une prompte réparation, le
secours n'arriverait que quand les États de l'Église,
en proie aujourd'hui à leurs plus acharnés ennemis,
seraient complétement réduits en cendres.

C'est pourquoi le Saint-Père, ayant épuisé tous
les moyens qui étaient en son pouvoir, poussé par le
devoir qui le presse, en face de tout le monde catholique, de conserver dans son intégrité le patrimoine de l'Église et la souveraineté qui y est annexée
comme indispensable pour maintenir sa pleine liberté et indépendance de Chef suprême de cette
Église; touché d'ailleurs des gémissements des gens
de bien qui réclament hautement aide et secours, et
qui ne peuvent supporter plus longtemps un joug de
fer et une main tyrannique; le Saint-Père se tourne
e nouveau vers ces mêmes puissances, et spécialement vers celles qui sont catholiques, et qui, avec
une si grande générosité de cœur, et d'une façon
non équivoque, ont manifesté leur volonté arrêtée de
défendre sa cause, tenant pour certain qu'elles vou-
dront concourir avec la plus vive sollicitude, par leur
ntervention morale, à le rétablir sur son siége et
dans la capitale de ces domaines qui lui ont été cons-
titués pour maintenir sa pleine liberté et indépendance, et qui sont garantis d'ailleurs par tous les
traités qui forment la base du droit public européen.

Et puisque l'Autriche, la France, l'Espagne et le royaume des Deux-Siciles se trouvent par leur position géographique en situation de pouvoir promptement concourir par leurs armes à rétablir dans les domaines du Saint-Siége l'ordre troublé par une horde de sectaires, le Saint-Père, se fiant à l'intérêt religieux de ces puissances, filles de l'Église, demande avec une entière assurance leur intervention armée pour délivrer principalement l'État du Saint-Siége de la faction des misérables qui y exercent par toutes sortes de crimes le plus atroce despotisme.

De cette manière seule, l'ordre pourra être restauré dans les États de l'Église, et le Saint-Père, rétabli dans le libre exercice de sa suprême autorité, ainsi que l'exigent impérieusement son auguste et sacré caractère, les intérêts de l'Église universelle et la paix des peuples ; c'est ainsi qu'Il pourra conserver ce patrimoine qu'Il a reçu à son avénement au Pontificat, pour le transmettre dans son intégrité à ses successeurs.

Sa cause est celle de l'ordre et du Catholicisme. C'est pourquoi le Saint-Père a la confiance que, tandis que toutes les puissances avec lesquelles Il entretient des relations amicales, et qui, dans les diverses phases de la situation où il a été réduit par un parti de factieux, lui ont manifesté leur plus vif intérêt, donneront leur appui moral à l'intervention armée que la gravité des circonstances l'oblige à invoquer, les quatre puissances ci-dessus nommées n'hésiteront pas un moment à lui prêter la coopération qu'Il requiert d'elles, rendant ainsi un immense service à l'ordre public et à la Religion.

Le soussigné, Cardinal pro-secrétaire d'État de Sa Sainteté, réclame de Votre Excellence qu'elle ait l'obligeance de porter la présente note, le plus promptement possible, à la connaissance de son gouvernement, et dans la confiance du bienveillant accueil qu'il attend, il a l'honneur de Vous confirmer ses sentiments de considération distinguée.

Gaëte, le 18 février 1849.

G. Card. ANTONELLI.

NOTE

DE S. ÉM. LE CARDINAL ANTONELLI

AU CORPS DIPLOMATIQUE,

Contre la confiscation des biens ecclésiastiques.

(19 février 1849.)

Quella riunione di faziosi, che usurpando il nome di Deputati del popolo, si è stabilita nella capitale dello Stato Pontificio sotto il titolo di Assemblea costituente romana, progredendo con ardore di forsennati nel suo sistema d'empietà, di ingiustizia e di distruzione, si è affrettata in questi ultimi giorni ad occuparsi di un doppio progetto di legge, in cui tutti i beni posseduti dalle mani morte sono dichiarati proprietà dello Stato, con adottare intanto alcune disposizioni dirette ad assicurare l'effetto di quello stesso sacrilego spoglio d'ogni proprietà mobile ed immobile, che da essa vuol decretarsi contro le Chiese, e contro i pii stabilimenti senza veruna eccezione. Questo non meno che qualunque altro passato e futuro attentato de' faziosi stessi, trovansi già nella loro radice condannati colle procedenti pubblicazioni del Santo Padre, e principalmente col solenne atto da esso emanato il primo gennaio. Ma, prevedendosi le diaboliche arti ed astuzie delle quali si farà uso dagli autori del suddetto spoglio per trarne al più presto un profitto conforme all'interessate loro voglie, si è dal Santo Padre giudicato opportuno, nella doppia sua rappresentanza di Sommo Pontefice e di Sovrano degli Stati Romani, diffidare tutti coloro che ora o in avvenire si trovassero nella circostanza di trattare in ordine alle proprietà suddette col sedicente Governo di Roma, o con chiunque abbia causa da esso. Le disposizioni della romana Assemblea, delle quali si tratta importano una violazione la più rivoltante delle immutabili regole di naturale giustizia, sulle quali è basato ogni dritto di proprietà, una violazione delle leggi civili antiche e moderne che ne' Pontificj Domini principalmente han sempre garantito le proprietà delle chiese e delle cause pie; una violazione infine dei sacri diritti della Chiesa di Gesù Cristo e delle sanzioni da essa emanate, per mantenere le sue proprietà ed impedire che vengano distratte dagli usi religiosi o pii ai quali sono destinate. Che se la sedicente Assemblea, nelle generalità delle parole colle quali si è espressa, avesse voluto ferire le proprietà non solo pie od ecclesiastiche, ma quelle pure di università o fondazioni meramente laicali e civili, anche in questa parte le sue disposizioni sono sempre nulle di pieno diritto, perchè emanate da una mano di faziosi, i quali con ogni maniera di violenze, d'inganni di ingratitudini, hanno usurpato la legittima sovrana autorità per opprimere anzichè governare gli Stati di S. Chiesa.

Vuole pertanto Sua Santità che si porti a notizia di tutti, e specialmente degli stranieri di qualunque Stato o nazione, che le vendite, enfiteusi, alienazioni qualunque, come pure le costituzioni d'ipoteche ed altri contratti di ogni natura, che dalla sedicente Assemblea e governo romano, o dagli aventi causa da esso, si facessero intorno ai beni ecclesiastici stabili o mobili, e sulle altre qualunque siansi proprietà delle mani morte, sono e saranno pienamente nulli e di niun valore, e dovranno considerarsi fatte da chi con latrocinio pubblico e manifesto aveva usurpato le altrui sostanze. Quindi non vi sarà causa, pretesto o motivo qualunque, che valga in veruna parte a convalidarle, ancorchè si trattasse di contratti soliti a farsi dalle chiese o stabilimenti cui detti beni appartengono, o di atti già iniziati dalla Pontificia autorizzazione, o da quella dei Vescovi od altri legittimi superiori nei limiti delle rispettive competenze; mentre da ciò e da qualsivoglia altra circostanza, non potrà mai inserirsi che un usurpatore manifesto possa fare o seguire o consumare quanto poteva unicamente effetuirsi dal proprietario o dal legittimo amministratore. Quindi le chiese e gli altri stabilimenti di mani morte avranno in ogni tempo il diritto di repetere le loro proprietà, e mobili e stabili immuni e libere da qualunque peso che vi si fosse voluto imporre dagli usurpatori, non che i frutti da esse prodotti nell'intervallo; nè quelli che le avessero comprate e fatto su di esse altra convenzione potranno richiedere dai legittimi proprietarj il prezzo sforzato od altro compenso, pel quale non rimarrà loro altra via che quella di rivolgere la loro azione contro gli usurpatori con cui avranno fatto i contratti.

In conseguenza di questa Pontificia manifestazione, il sottoscritto Cardinale pro-segretario di Stato mentre per espresso comando di Sua Santità ne rende consapevole Vostra Eccellenza, la prega altresì a volerne dare sollecita communicazione al suo Governo, affinchè il contenuto della presente Nota abbia le maggiore possibile pubblicità, mediante la quale diffidati coloro che si lasciassero mai indurre a far contratti intorno ai beni in discorso non possano allegarne ignoranza.

Il sottoscritto si pregia di repetere all'E. V. i sensi della sua distinta considerazione.

Gaeta, 19 febbraio 1849.

G. Card. ANTONELLI

TRADUCTION.

La réunion de factieux qui, usurpant le nom de Députés du peuple, s'est établie dans la capitale de l'État pontifical sous le titre d'Assemblée constituante romaine, avançant avec une audace ardente dans l'application de son système d'impiété, d'injustice et de destruction, s'est empressée, ces jours derniers, de s'occuper d'un double projet de loi par lesquels tous les biens dits de mainmorte sont déclarés propriétés de l'État, sous réserve de certaines dispositions à prendre pour assurer l'effet de cette spoliation sacrilége de toute propriété mobilière et immobilière que la faction prétend décréter contre les églises et contre les établissements pieux, sans aucune exception. Cet attentat des factieux, ainsi que tous leurs autres attentats passés et à venir, se trouvent déjà condamnés dans leur source par les précédentes publications du Saint-Père, et principalement par l'acte solennel émané de lui le 1ᵉʳ janvier. Mais, prévoyant les artifices et les ruses diaboliques que ne manqueront pas d'employer les auteurs de cette spoliation pour en tirer le plus tôt possible un profit conforme à leurs vues intéressées, le Saint-Père, en sa double qualité de Souverain Pontife et de Souverain des États romains, a jugé opportun d'avertir tous ceux qui, à cette heure ou dans l'avenir, auraient occasion de traiter des propriétés susdites avec le soi-disant gouvernement de Rome ou avec ses ayants cause. Les dispositions en question de l'Assemblée romaine impliquent une violation des lois civiles antiques et modernes qui, surtout dans les États pontificaux, ont toujours garanti les propriétés des églises et des établissements pieux, et une violation des droits sacrés de l'Église de Jésus-Christ, ainsi que des lois portées par elle pour maintenir ses propriétés et pour empêcher qu'on ne les distraie des usages religieux ou pieux auxquels elles sont destinées. Si la soi-disant Assemblée constituante a prétendu, par la généralité des paroles dont elle se sert, atteindre non-seulement les propriétés pieuses et ecclésiastiques, mais encore les propriétés d'universités ou fondations purement laïques et civiles, les dispositions prises par elle sont encore en ce point nulles de plein droit, comme émanant d'une troupe de factieux, qui, par toutes sortes de violences, de fourberies et d'ingratitudes, ont usurpé l'autorité légitime pour opprimer bien plus que pour gouverner les États de la Sainte Église.

La volonté de Sa Sainteté est donc que l'on porte à la connaissance de tous, et spécialement des étrangers de tout État ou nation, que les ventes, emphytéoses, aliénations quelconques, constitutions d'hypothèques et autres contrats, quelle qu'en 'soit la nature, que pourraient consentir les soi-disant assemblée et gouvernement romain, ou leurs ayants cause, et dont les biens ecclésiastiques meubles ou immeubles, ou toutes autres propriétés de mainmorte seraient l'objet, sont et seront complétement nuls et sans aucune valeur, et devront être considérés comme l'œuvre de gens qui, par un brigandage public et manifeste, ont usurpé les biens d'autrui. En conséquence, il n'y aura ni cause, ni motif, ni prétexte d'aucune sorte qui puisse jamais en rien les rendre valides, lors même qu'il s'agirait de contrats que les églises et établissements propriétaires de ces biens ont coutume de faire ou d'actes déjà commencés en vertu de l'autorisation pontificale, ou de l'autorisation des Évêques ou autres légitimes supérieurs, dans la limite de leur compétence respective; car, de semblables autorisations ou de toute autre circonstance analogue, on ne pourrait jamais inférer qu'un usurpateur manifeste puisse faire poursuivre ou consommer ce qui ne peut être effectué que par le propriétaire ou l'administrateur légitime. C'est pourquoi les églises et autres établissements de mainmorte auront en tout temps le droit de répéter leurs propriétés immobilières et mobilières, libres et franches de toute servitude dont auraient prétendu les grever les usurpateurs, ainsi que les fruits produits dans l'intervalle; ceux qui les auraient achetées ou qui auraient fait sur elles quelque autre convention, ne pourront réclamer des légitimes propriétaires ni le prix convenu, ni aucune autre compensation; ils n'auront de recours que contre les usurpateurs avec lesquels ils auront contracté.

En conséquence de cette volonté manifestée du Souverain Pontife, le soussigné Cardinal pro-secrétaire d'État la fait connaître par exprès commandement du Saint-Père à Votre Excellence, et vous prie en même temps de vouloir bien vous empresser d'en donner communication à votre gouvernement, afin que le contenu de la présente note ait la plus grande publicité possible, de telle sorte que les personnes qui se laisseraient entraîner à des contrats dont les biens en question seraient l'objet ne puissent prétexter cause d'ignorance.

Le soussigné se félicite de pouvoir exprimer de nouveau à Votre Excellence ses sentiments d'estime et de considération distinguée.

CARD. ANTONELLI.

Gaëte, 19 février 1849.

BREF

DE S. S. LE PAPE PIE IX

AUX VICAIRES APOSTOLIQUES DE HOLLANDE.

(20 février 1849.)

Vénérables Frères, cher Fils, salut et bénédiction apostolique.

Elle est vraiment le signe de vos sentiments religieux et de votre si affectueuse piété envers Nous, la douleur très-amère avec laquelle vous, Vénérables Frères, cher Fils, et les fidèles confiés à votre garde, vous Nous dites avoir appris les œuvres criminelles

7.

de ces hommes pervers qui ont violé et foulé aux pieds la dignité apostolique, en même temps qu'ils forçaient le Pontife romain à quitter son siége pour l'exil. Car, comme vous l'avez très-bien pensé, cette horrible tempête a été excitée par ceux-là même qui, prenant place dans le conseil des impies et préférant les ténèbres à la lumière, déclarent la guerre la plus cruelle à notre Très-sainte Religion, et ne craignent pas de tout oser pour détruire et renverser partout de fond en comble, si jamais pareil malheur pouvait arriver, la Religion elle-même. Mais, parce que nous avons du Seigneur Jésus la promesse qu'il sera avec son Église jusqu'à la consommation des siècles, et que dans aucun temps les portes de l'enfer ne prévaudront contre elle, il nous est tout à fait impossible de douter que, Dieu commandant enfin aux vents et à la mer, il ne se fasse quelque jour un grand calme, et que cette tempête ne paraisse avoir été soulevée pour la plus grande gloire de son nom et pour orner l'Église par de nouveaux et plus éclatants triomphes. C'est surtout dans cette foi que Nous puisons la force, non-seulement de supporter avec constance et avec joie les calamités qui Nous affligent, mais encore de rendre au Christ Notre-Seigneur de très-humbles actions de grâces de ce qu'il Nous a jugé digne de souffrir l'injure pour son nom, et d'être rendu conforme en quelque manière à l'image de sa passion. Et parce que, comme saint Léon le Grand, Notre Prédécesseur, l'écrivait à Flavien, il est nécessaire que Nous pleurions sur les ruines de ceux qui font la guerre à la vérité et qui ébranlent les fondements mêmes de l'Église, Nous vous conjurons de ne cesser jamais, Vénérables Frères, cher Fils, vous et les fidèles confiés à votre vigilance, de répandre d'assidues et ferventes prières devant Notre-Seigneur Jésus-Christ, qui veut que tous les hommes soient sauvés, afin qu'il daigne sauver de tant de périls ceux qu'il a rachetés de son sang, et qu'il ne permette pas qu'à l'égard d'un si grand nombre de prévaricateurs exposés à la perdition son sacrifice ait été consommé en vain. Continuez donc à déployer toute la vivacité de votre zèle, tous vos efforts, tous vos soins, toutes vos pensées, dans le but de procurer le salut des âmes, et, appuyés sur le secours d'en haut, ne négligez rien pour que notre Très-sainte Religion reçoive chaque jour dans ces contrées de plus grands accroissements. Recevez, dès à présent, comme un gage de toutes les récompenses célestes et de Notre très-affectueuse charité envers vous, et aussi comme un témoignage de Notre reconnaissance, la bénédiction apostolique que Nous vous donnons avec la plus vive tendresse et du plus profond de Notre cœur, à vous-mêmes, Vénérables Frères, cher Fils, ainsi qu'à tout le clergé et à tous les fidèles de vos diocèses.

Donné à Gaëte, le 20 février 1849, de Notre Pontificat la troisième année.

PIE IX.

NOTE

DE S. ÉM. LE CARDINAL ANTONELLI

ADRESSÉE AU CORPS DIPLOMATIQUE

Contre la vente des objets d'art du Vatican.

(27 février 1849.)

—

Fra i meditati eccessi del sedicente Governo di Roma per ridurre lo Stato Pontificio nella estrema miseria, dopo aver esauste tutte le casse pubbliche, e creati enormi debiti, e decretate gravissime imposte, avvi pur quello di trattare presso qualche casa bancaria un considerevole impronto di denaro, offrendo in garanzia i monumenti di arte esistenti nel Vaticano. Si conosce dippiù essersi a tale effetto inviato a Londra un commissario.

Non è d'uopo di qualificare qui siffatto progetto di nuovo spoglio, mentre riguardandolo sotto tutt'i lati ne presenta di per se chiaramente l'enorme mostruosità.

Il Santo Padre, come legittimo Sovrano degli Stati della Chiesa dovendo per obbligo di sua coscienza preservarli per quanto Gli è possibile da ulteriore distruzione, sebbene con le precedenti sue pubblicazioni date in Gaeta abbia già dichiarato di niun valore qualunque atto si emanasse dal sedicente Governo di Roma, non di meno vuole oggi che siano nuovamente diffidati tutti coloro, i quali ora o in avvenire si trovassero nella circostanza di trattare col medesimo, o con chiunque ne abbia un mandato circa le proprietà di cui è parola.

A tale effetto intende far noto a tutti di qualunque nazione che le vendite o costituzioni d'ipoteche o altri contratti di qualsivoglia natura che si eseguissero intorno ai monumenti predetti, come pure su tutti gli altri che esistono nello Stato Pontificio, sono e saranno pienamente nulli e di niun valore, e dovranno considerarsi come fatti da chi con pubblico latrocinio ha usurpato le altrui proprietà.

Consentaneamente a questa sovrana dichiarazione, il sottoscritto Cardinale pro-segretario di Stato per espresso comando di Sua Santità ne rende intesa l'E. V., e la prega altresì a volerne dare sollecita comunicazione al suo Governo, affinchè la presente Nota abbia la maggiore possibile pubblicità.

Il sottoscritto si pregia di confermare a V. E. i sensi della sua più distinta considerazione.

Gaeta, 27 febbraio 1849.

G. CARD. ANTONELLI.

TRADUCTION.

Entre les excès prémédités par le soi-disant gouvernement de Rome pour réduire l'État pontifical

aux extrémités de la misère, après avoir épuisé toutes les caisses publiques, créé des dettes énormes,
décrété des impôts écrasants, il faut compter le projet de traiter avec une maison de banque d'un em-
prunt considérable dont la garantie serait les monuments d'art qui se trouvent au Vatican. On sait que
déjà un commissaire a été pour cela envoyé à Lon-
dres.

Il n'est pas nécessaire de qualifier un pareil projet
de spoliation nouvelle, dont la monstruosité saute aux
yeux, sous quelque aspect qu'on le considère.

Le Saint-Père, comme légitime souverain des États
de l'Église, est obligé en conscience de les préserver,
autant que cela dépend de lui, de toute dévastation
ultérieure; c'est pourquoi, bien que par ses précédentes déclarations publiques, en date de Gaëte, ait
été déclaré nul et sans valeur tout acte émané du
soi-disant gouvernement de Rome, Sa Sainteté veut
aujourd'hui qu'un nouvel avertissement soit donné à
tous ceux qui, maintenant ou plus tard, se trouve-
raient dans l'occasion de traiter avec ce prétendu
gouvernement, ou avec ses chargés de pouvoirs, de
la propriété des objets d'art en question.

Dans ce but, la volonté du Saint-Père est de porter à la connaissance de tous, chez toute nation,
que les ventes ou constitutions d'hypothèques ou
autres contrats de quelque nature que ce soit, qui
auraient pour objet les monuments susdits ou tous
autres existant dans l'État pontifical, sont et seront
entièrement nuls et de nulle valeur, et devront être

considérés comme l'œuvre de gens qui, par un brigandage public, ont usurpé les propriétés d'autrui.

Conformément à cette déclaration souveraine, le soussigné Cardinal pro-secrétaire d'État, par exprès commandement de Sa Sainteté, en informe Votre Excellence, et vous prie de vouloir bien en donner avec sollicitude communication à votre gouvernement, afin que la présente note ait la plus grande publicité.

Le soussigné est heureux d'exprimer à Votre Excellence les sentiments de la considération la plus distinguée.

G. CARD. ANTONELLI.

BREF

DE S. S. PIE IX

A M. CHAPOT,

Représentant à l'Assemblée constituante de France.

(23 mars 1849.)

Notre cher Fils, salut et bénédiction apostolique.

Nous avons reçu votre lettre du 24 janvier dernier, dans laquelle Nous avons reconnu le zèle qui vous a animés, vous, Notre cher Fils, et un grand nombre de vos collègues de l'Assemblée française, lorsque vous avez entendu dire qu'après un déplorable changement dans les affaires publiques, obligé de quitter Rome, Nous nous dirigions vers la France.

Nul n'ignore et ne saurait assez louer les nobles qualités qui distinguent la nation française, et parmi lesquelles brille surtout l'excellence de sa foi, de sa piété et de son respect envers Notre Siége apostolique; c'est pourquoi Nous n'eussions rien désiré davantage que d'aller chercher des consolations au milieu de vous et de témoigner à cette illustre nation Notre affection paternelle et toute spéciale.

Aussi bien, ne faisons-Nous qu'un acte de justice en vous comblant d'éloges, vous, Notre cher Fils, et vos honorables collègues, et en vous adressant à tous Nos actions de grâces pour le témoignage de bienveillance dont vous avez pris l'initiative envers Nous.

Cependant, Nous ne cessons d'offrir au Ciel nos ardentes prières, afin qu'il entretienne et perpétue chez toutes les nations ce zèle dont ont fait preuve surtout celles qui se glorifient du nom de Catholique, en entourant de leurs sympathies le principat temporel de Notre Siége apostolique.

Recevez, Notre cher Fils, ainsi que vos collègues, comme un gage de toutes les grâces célestes et de Notre affection paternelle envers vous, Notre bénédiction apostolique, que Nous vous donnons dans l'intime effusion de Notre cœur.

Donné à Gaëte, le 23 mars 1849, de Notre Pontificat la troisième année.

PIUS P. P. IX.

—

Voici la lettre et la pièce auxquelles S. S. a daigné faire la réponse qu'on vient de lire,

«Très-saint Père,

« En même temps que nous apprenions les douloureux événements qui forçaient Votre Sainteté à s'éloigner de Rome, tout nous faisait espérer qu'Elle viendrait se confier à l'hospitalité de la France.

« Nos cœurs s'en émurent, et je rédigeai aussitôt le projet de décret que Votre Sainteté trouvera ci-joint, et au bas duquel un grand nombre de représentants s'empressèrent d'apposer leur signature. Ce nombre eût été bien plus grand, Très-saint Père, car l'Assemblée nationale tout entière se serait, je n'en doute pas, associée à cet élan généreux, si la nouvelle du séjour de Votre Sainteté à Gaëte n'avait fait pressentir l'inutilité de ce décret.

« Tel que ce projet se trouve en mes mains, que Votre Sainteté me permette de le lui adresser ; Elle y trouvera peut-être un élément de consolation pour les douleurs immenses dont Son cœur est accablé.

« Tout en demandant votre bénédiction, Très-saint Père, j'ai l'honneur d'être, avec un profond respect, l'un de vos enfants les plus humbles et les plus dévoués.

« F. CHAPOT. »

Voici le texte du projet de décret avec la liste des représentants qui l'avaient signé :

« Au moment où le Souverain Pontife se confie à l'hospitalité française, l'Assemblée nationale, voulant lui donner un témoignage solennel de sa vénération et de ses vives sympathies, décrète :

« Une députation de représentants se rendra auprès du Souverain Pontife pour lui porter les hommages de l'Assemblée nationale et du peuple français.

« Elle se composera de vingt-cinq membres tirés au sort parmi ceux qui demanderont à remplir cette mission.

« La députation ira au-devant du Saint-Père et l'accompagnera jusqu'au lieu de sa résidence.

« Signé : MM. Chapot, Pascal (d'Aix), Buchez, Roux-Carbonnel, Reboul, Astouin, Arnaud (Ariége), Roux-Lavergne, Jouin, Vesin, Turck, Fauveau, Forel, Cormenin, Mathieu Bodet, Bavoux, Houël, Degousée, Puységur, Pioger, Vernhette, Charamaule, Mouton, de Dampierre, Lacrosse, Champvans, de Tonnac, Tréveneuc, Buffet, Laboulie, Saint-Victor, de Larochejacquelein, François Marrast, Kerdrel, Decouvrant, Larochette, Clément Thomas, Pradié, Larcy, Carayon-Latour, Legeard de la Diriays, Camus de la Guibourgère, Sauvaire Barthélemy, Granville, Desmare, Favre (Ferdinand), Poujoulat, Desèze, de Prébois, Boissier, Servière, d'Hauteville, Casse, de Tinguy, Dubruel (Aveyron), Champanhet, Sibour, de Voisins, d'Audigné de la Chasse, Cazalès, Lespinasse, de Montalembert, Rouveure, de Lépinai.

Bedeau, Dufougeroux, Defontaine, Braheix, Crespel de la Touche, Brunet, Chaix, de Saint-Georges, Hubert de Lisle, de Vogué, Montreuil, Saint-Priest, Corbon, Larieux, Jobez, Arène, Bérard, Culmann, Blin de Bourdon, Vaudoré, Couvreux. »

BREF

DE S. S. LE PAPE PIE IX

A MGR L'ÉVÊQUE DE NÎMES.

(3 avril 1849.)

Vénérable Frère, salut et bénédiction apostolique.

Quoique le dévouement de votre foi, de votre piété et de votre déférence envers Nous et ce Siége apostolique que Nous occupons, Nous soit parfaitement connu, et depuis longtemps, cependant, Vénérable Frère, Nous avons reçu, avec une grande joie, la confirmation de tous ces sentiments de votre cœur, dans les lettres que vous Nous avez adressées, en date du 13 du mois dernier. Ces lettres Nous ont fait connaître le profond chagrin que vous aviez éprouvé à la nouvelle de Nos premières tribulations.

Dès lors, vous avez encore été plus vivement émus, vous qui Nous êtes si particulièrement dévoué et le troupeau confié à votre sollicitude pastorale, de telle sorte que tous, de concert, vous vous êtes mis aussitôt à adresser à Dieu de ferventes prières, afin qu'il daignât prendre Notre défense et Nous protéger de son tout-puissant secours. Nous vous rendons, Vénérable Frère, mille actions de grâces de ce témoignage de bien vive affection que vous Nous avez donné; et Nous vous en offrirons de plus grandes encore, si, unanimement avec votre clergé et votre peuple fidèle, vous continuez à implorer, dans le même but, la bonté infinie du Seigneur. Dans ce mouvement rapide et brusque des choses et des temps, seul, le Seigneur, par l'éclat de sa puissance, peut dissiper cette horrible tempête; commandant aux vents et à la mer, il peut Nous défendre, Nous et tout le peuple chrétien, de toute espèce d'adversités.

C'est donc en lui que Nous mettons toute Notre confiance. Il permet, il est vrai, qu'en passant l'adversité Nous frappe; mais par là il ne veut point abattre la constance de Notre foi : il ne veut que l'éprouver. Aussi, appuyé sur ses divines promesses, Nous attendons d'heureux jours pour Nous et pour l'Église catholique. Quant à vous, Vénérable Frère, ayez bon courage, et, au milieu des fatigues de la charge pastorale si lourde à porter, pensez souvent à la couronne que le Prince éternel des pasteurs, Jésus-Christ, vous donnera un jour.

En attendant, Nous vous pressons entre Nos bras avec une charité de prédilection, et Nous vous accordons particulièrement à vous, Vénérable Frère, et à tout le clergé et au peuple fidèle de l'Église de Nîmes, du fond de Notre cœur, et avec une tendre affection, la bénédiction apostolique, gage de toutes les grâces célestes.

Donné à Gaëte, le troisième jour d'avril de l'an 1849, la troisième année de Notre Pontificat.

PIE IX, Pape.

BREF

DE S. S. PIE IX

A MGR L'ARCHEVÊQUE DE PARIS.

(19 avril 1849.)

Vénérable Frère, salut et bénédiction apostolique.

Nous avons reçu votre lettre du 21 mars dernier, dans laquelle vous Nous donnez un nouveau témoignage de vôtre amour, de votre foi et de votre dévouement envers Notre Personne et envers le Siége apostolique. Car bien qu'il Nous en coûte infiniment de permettre que quelqu'un s'impose pour Nous même les plus légers sacrifices, l'offrande des sommes recueillies parmi vous, et dont votre lettre précitée Nous annonce l'envoi, Nous fait une juste obligation de vous rendre les actions de grâce qui vous sont dues. Nous n'avons pu voir, en effet, sans un attendrissement mêlé de larmes, sans Nous y arrêter longtemps et avec une grande joie, la filiale émulation de dévotion et de zèle qui a éclaté de toutes parts, en France, à la nouvelle des douloureuses épreuves auxquelles la Providence Nous a soumis. Oui, Notre cœur a été profondément touché du vif et religieux empressement avec lequel, par votre impulsion et à la suite de leurs curés, des dames respectables et une jeunesse d'élite se sont mis à recueillir pour Nous l'argent des riches et l'obole des pauvres.

En conséquence, Nous vous donnons, Vénérable Frère, à vous et à eux les plus grands éloges pour avoir bien voulu profiter de cette occasion d'exciter et de stimuler le plus possible la piété des fidèles à l'égard du Vicaire de Jésus-Christ.

Nous leur exprimons aussi à tous la plus vive reconnaissance, et Nous leur en offrons un gage dans la bénédiction apostolique que Nous puisons au fond de Notre cœur, et que Nous accordons, dans toute l'effusion de Notre amour, en l'accompagnant du vœu de toutes sortes de prospérités, à vous, Vénérable Frère, à tout le clergé de l'Église de Paris, à tous les fidèles laïques, ainsi qu'à la pieuse duchesse (1) dont vous Nous parlez dans votre lettre.

Donné à Gaëte, le 19 du mois d'avril de l'an 1849, troisième année de Notre Pontificat.

PIE IX. PAPE.

____

(1) Madame la duchesse d'Harcourt.

ALLOCUTION

DE N. T. S. P. LE PAPE PIE IX,

PRONONCÉE DANS LE CONSISTOIRE SECRET DE GAETE.

(20 avril 1849.)

Venerabiles Fratres,

Quibus, quantisque malorum procellis summo cum animi Nostri dolore Pontificia Nostra ditio, omnisque fere Italia, miserandum in modum jactetur ac perturbetur, nemo certe ignorat, Venerabiles Fratres. Atque utinam homines tristissimis hisce rerum vicibus edocti, aliquando intelligant, nihil ipsis perniciosius esse posse, quam a veritatis, justitiæ, honestatis et religionis semitis deflectere, ac nequissimis impiorum consiliis acquiescere, eorumque insidiis, fraudibus et erroribus decipi atque irretiri! Equidem universus terrarum orbis probe noscit, atque testatur, quæ quantaque fuerit paterni atque amantissimi animi Nostri cura sollicitudo in vera solidaque Pontificiæ Nostræ ditionis populorum utilitate, tranquillitate, prosperitate procuranda, et quis tantæ Nostræ indulgentiæ et amoris fructus extiterit. Quibus quidem verbis callidissimos tantorum malorum artifices dumtaxat damnamus, quin ullam maximæ populorum parti culpam tribuere velimus. Verumtamen deplorare cogimur multos etiam e populo ita misere fuisse deceptos, ut aures suas a Nostris vocibus ac monitis avertentes, illas fallacibus quorumdam magistrorum doctrinis præbuerint, qui, relinquentes *iter rectum et per vias tenebrosas* ambulantes (1), eo unice spectabant, ut imperitorum præsertim animos mentesque magnificis falsisque promissis in fraudem et in errorem inducerent, ac plane compellerent. Omnes profecto norunt, quibus laudum præconiis fuerit ubique concelebrata memoranda illa et amplissima venia a Nobis ad familiarum pacem tranquillitatem, felicitatemque procurandam concessa. Ac neminem latet, plures ea venia donatos non solum suam mentem vel minimum haud immutasse, quemadmodum sperabamus, verum etiam eorum consiliis et molitionibus acrius in dies insistentes, nihil umquam inausum, nihilque intentatum reliquisse, ut civilem Romani Pontificis Principatum, ejusque regimen, uti jamdiu machinabantur, labefactarent et funditus everterent, ac simul acerrimum sanctissimæ Nostræ Religioni bellum inferrent. Ut autem id facilius consequi possent, nihil antiquius habuere, quam multitudines in primis convocare, inflammare, easque assiduis magnisque motibus agitare, quos vel Nostrarum concessionum prætextu continenter fovere, et in dies augere summopere studebant. Hinc concessiones in ipso Nostri Pontificatus initio a Nobis

(1) Prov., c. 2, v. 13.

ultro ac libenter datæ non solum optatos fructus haud emittere, sed ne radices quidem agere umquam potuere, cum peritissimi fraudum architecti iisdem concessionibus ad novas concitandas agitationes abuterentur. Atque in hoc vestro Consessu, Venerabiles Fratres, facta ipsa vel leviter attingere, ac raptim commemorare ea sane mente censuimus, ut omnes bonæ voluntatis homines clare aperteque cognoscant, quid Dei et humani generis hostes velint, quid optent, quidque ipsis in animo semper fixum destinatumque sit.

Pro singulari Nostro in subditos affectu dolebamus, ac vehementer angebamur, Venerabiles Fratres, cum assiduos illos populares motus tum publicæ tranquillitati et ordini, tum privatæ familiarum quieti ac paci tantopere adversos videremus, nec perferre poteramus crebras illas pecuniarias collectas, quæ variis nominibus non sine levi civium incommodo, et dispendio postulabantur. Itaque mense aprili anno MDCCCXLVII per publicum Edictum Nostri Cardinalis a publicis negotiis omnes monere haud omisimus, ut ab ejusmodi popularibus conventibus et largitionibus sese abstinerent, atque ad propria pertractanda negotia animum mentemque denuo converterent, omnemque in Nobis fiduciam collocarent, ac pro certo haberent, paternas Nostras curas cogitationesque ad publica commoda comparanda unice esse conversas, quemadmodum jam pluribus ac luculentissimis argumentis ostenderamus. Verum salutaria hæc Nostra monita, quibus tantos populares motus

compescere, et populos ipsos ad quietis et tranquillitatis studia revocare nitebamur, pravis quorumdam
hominum desideriis et machinationibus vehementer
adversabantur. Itaque indefessi agitationum auctores, qui jam alteri ordinationi jussu Nostro ab eodem
Cardinali ad rectam utilemque populi educationem
promovendam editæ obstiterant, vix dum monita
illa Nostra noverunt, haud destitere contra ipsa
ubique inclamare, et acriori usque studio incautas
multitudines commovere, eisque callidissime insi-
nuare, ac persuadere, ne illi tranquillitati a Nobis
tantopere exoptatæ se umquam dare vellent, cum
insidiosum in ea lateret consilium, ut populi quodammodo indormirent, atque ita in posterum duro
servitutis jugo facilius opprimi possent. Atque ex eo
tempore plurima scripta typis quoque edita, atque
acerbissimis quibusque contumeliis, conviciis, mi-
nisque plenissima ad Nos missa fuere, quæ oblivione
sempiterna obruimus, flammisque tradidimus. Ut
autem inimici homines fidem aliquam facerent falsis
periculis, quæ in populum impendere clamitabant,
haud reformidarunt mentitæ cujusdam conjurationis
ab ipsis apposite excogitatæ rumorem, ac metum in
vulgus spargere, ac turpissimo mendacio vociferari,
ejusmodi conjurationem initam esse ad urbem Romam civili bello, cædibus ac funeribus funestandam,
ut, novis institutionibus penitus sublatis atque dele-
tis, pristina gubernandi forma iterum revivisceret.
Sed hujus falsissimæ conjurationis prætextu inimici
homines eo spectabant, ut populi contemptum, in-

vidiam, furorem contra quosdam lectissimos quoque viros virtute, religione præstantes, et ecclesiastica etiam dignitate insignes nefarie commoverent atque excitarent. Probe nostis, in hoc rerum æstu civicam militiam fuisse propositam, ac tanta celeritate colle- ctam, ut rectæ illius institutioni et disciplinæ consuli minime potuerit.

Ubi primum ad publicæ administrationis prospe- ritatem magis magisque procurandam opportunum fore censuimus Status Consultationem instituere, inimici homines occasionem exinde statim arripuere, ut nova Gubernio vulnera imponerent ac simul effi- cerent, ut hujusmodi institutio, quæ publicis populo- rum rationibus magnæ utilitati esse poterat, in damnum ac perniciem cederet. Et quoniam eorum opinio impune jam invaluerat, ea institutione et Pon- tificii regiminis indolem, ac naturam immutari, et Nostram auctoritatem Consultorum judicio subjici, idcirco, eo ipso die quo illa Status Consultatio inau- gurata fuit, haud omisimus turbulentos quosdam homines, qui Consultores comitabantur, gravibus severisque verbis serio monere, eisque verum hujus institutionis finem clare aperteque manifestare. Ve- rum perturbatores numquam desinebant deceptam populi partem majore usque impetu sollicitare, et quo facilius asseclarum numerum habere et augere pos- sent, tum in Pontificia Nostra ditione, tum apud exteras quoque gentes insigni prorsus impudentia atque audacia evulgabant, eorum opinionibus et con- siliis Nos plane assentire. Memineritis, Venerabiles

Fratres, quibus verbis in Nostra Consistoriali Allocatione die IV mensis octobris anno MDCCCXLVII ad Vos habita universos populos serio commonere, et exhortari haud omiserimus, ut ab ejusmodi veteratorum fraude studiosissime caverent. Interim vero pervicaces insidiarum et agitationum auctores, ut turbas metusque continenter alerent et excitarent, mense januario superioris anni incautorum animos inani externi belli rumore territabant, atque in vulgus spargebant, bellum idem internis conspirationibus et malitiosa gubernantium inertia foveri ac sustentatum iri. Nos ad tranquillandos animos, et insidiantium fallacias refellendas, nulla quidem interposita mora, die X februarii ipsius anni voces ejusmodi omnino falsas et absurdas esse declaravimus illis Nostris verbis, quæ omnes probe cognoscunt. Atque in eo tempore carissimis nostris subditis, quod nunc Deo bene juvante eveniet, prænuntiavimus, futurum scilicet, ut innumerabiles filii ad communis omnium fidelium Patris domum, ad Ecclesiæ nempe Statum propugnandum convolarent, si arctissima illa grati animi vincula, quibus Italiæ principes populique intime inter se obstringi debebant, dissoluta fuissent, ac populi ipsi suorum principum sapientiam, eorumque jurium sanctitatem vereri, ac totis viribus tueri, et defendere neglexissent.

Etsi vero Nostra illa verba nuper commemorata tranquillitatem brevi quidem temporis spatio iis omnibus attulere, quorum voluntas continuæ adversabatur perturbationi, nihil tamen valuere apud infensissimos Ecclesiæ et humanæ societatis hostes, qui novas jam turbas, novos tumultus concitaverant. Siquidem calumniis insistentes, quæ ab ipsis eorumve similibus contra Religiosos viros divino ministerio addictos, et bene de Ecclesia meritos disseminatæ fuerant, populares iras omni impetu adversus illos excitarunt, atque inflammarunt. Neque ignoratis, Venerabiles Fratres, nihil valuisse Nostra verba ad populum die x martii superioris anni habita, quibus religiosam illam familiam ab exilio et dispersione eripere magnopere studebamus.

Cum inter hæc notissimæ illæ rerum publicarum conversiones in Italia et Europa evenirent, Nos iterum Apostolicam Nostram attollentes vocem die xxx martii ejusdem anni haud omisimus universos populos etiam atque etiam monere, hortari, ut et Catholicæ Ecclesiæ libertatem vereri, et civilis societatis ordinem tegere, et omnium jura tueri, et sanctissimæ Nostræ Religionis præcepta exequi, et in primis christianam in omnes caritatem exercere omnino studerent, quandoquidem si hæc ipsi agere neglexissent, pro certo haberent, quod Deus ostenderet se populorum dominatorem esse.

Jam vero quisque vestrum plane noscit quomodo in Italiam constitutionarii regiminis forma fuerit invecta, et quomodo Statutum a Nobis die xiv martii superioris anni Nostris subditis concessum in lucem prodierit. Cum autem implacabiles publicæ tranquillitatis et ordinis hostes nihil antiquius haberent, quam omnia contra Pontificium Gubernium conari, et populum assiduis motibus, suspicionibus exagitare, tum qua scriptis in lucem editis, qua circulis, qua societatibus, et aliis quibusque artibus numquam intermittebant Gubernium atrociter calumniari, eique inertiæ, doli et fraudis notam inurere, licet Gubernium ipsi omni cura et studio in id incumberet, ut Statutum tantopere exoptatum majore, qua fieri posset, vulgaretur celeritate. Atque hic universo terrarum orbi manifestare volumus eo ipso tempore homines illos in suo constantes proposito subvertendi Pontificiam ditionem, totamque Italiam Nobis proposuisse non jam Constitutionis, sed Reipublicæ proclamationem, veluti unicum tum Nostræ, tum Ecclesiæ Status incolumitatis perfugium atque præsidium. Subit adhuc nocturna illa hora, et versantur Nobis ante oculos quidam homines, qui a fraudum architectis misere illusi ac decepti, illorum ea in re causam agere atque eamdem Reipublicæ proclamationem Nobis proponere non dubitabant. Quod quidem præter innumera alia et gravissima argumenta magis magisque demonstrat, novarum institutionum petitiones et progressum ab hujusmodi hominibus tantopere prædicatum eo unice spectare, ut assiduæ foveantur agitationes, ut omnia justitiæ, virtutis, honestatis, religionis principia usquequaque penitus tollantur, atque horrendum et luctuosissimum, ac vel ipsi naturali rationi et juri maxime adversum *Socialismi*, vel etiam *Communismi*, uti appellant, systema cum maximo totius humanæ societatis detrimento, et exitio quaqua-

\ersus inducatur, propagetur, ac longe lateque dominetur.

Sed quamvis hæc teterrima conspiratio, vel potius hæc diuturna conspirationum series clara esset et manifesta, tamen, Deo sic permittente, multis illorum fuit ignota, quibus communis tranquillitas tot sane de causis cordi summopere esse debebat. Atque etsi indefessi turbarum moderatores gravissimam de se suspicionem darent, tamen non defuere quidam bonæ voluntatis homines, qui amicam illis manum præbuere, ea forsitan spe freti fore, ut eos ad moderationis et justitiæ semitam reducere possent.

Interim belli clamor per universam Italiam extemplo pervasit, **quo Pontificiæ Nostræ ditionis subditorum pars commota atque abrepta ad arma convola\it, ac Nostræ voluntati obsistens, ejusdem Pontificiæ ditionis fines prætergredi voluit.** Nostis, Venerabiles Fratres, quomodo debitas tum Summi Pontificis, tum Supremi Principis partes obeuntes injustis illorum desideriis obstiterimus, qui Nos ad illud bellum gerendum pertrahere volebant, quique postulabant, ut inexpertam juventutem subitario modo collectam, ac militaris artis peritia et disciplina numquam excultam, et idoneis ductoribus bellicisque subsidiis destitutam, ad pugnam, id est ad certam cædem, compelleremus. Atque id a Nobis expetebatur qui licet immerentes inscrutabili Divinæ Providentiæ consilio ad Apostolicæ Dignitatis fastigium evecti, ac vicariam Christi Jesu hic in terris operam gerentes a Deo, qui est auctor pacis, et amator caritatis, missionem accepimus, ut omnes populos, gentes, nationes pari paterni amoris studio prosequentes, omnium saluti totis viribus consulamus, et non jam ut homines ad clades mortemque impellamus. Quod si quicumque Princeps nonnisi justis de causis bellum aggredi numquam potest, ecquis tam consilii, et rationis expers umquam erit, qui plane non videat, catholicum orbem merito atque optimo jure longe majorem justitiam, gravioresque causas a Romano Pontifice requirere, si Pontificem ipsum alicui bellum indicere et inferre conspiciat? Quamobrem nostra allocutione die xxix aprilis superiori anno ad vos habita, palam publiceque declaravimus, Nos ab illo bello omnino esse alienos. Atque eodem tempore insidiosissimum profecto munus tum voce, tum scripto Nobis oblatum, ac non solum Personæ Nostræ vel maxime injuriosum, verum etiam Italiæ perniciosissimum repudiavimus, rejecimus, ut scilicet Italiæ cujusdam Reipublicæ regimini præsidere vellemus. Equidem singulari Dei miseratione gravissimum loquendi, monendi, hortandique munus a Deo ipso Nobis impositum implendum curavimus, atque adeo confidimus, Nobis illud Isaiæ improperari non posse : *Væ mihi, quia tacui!* Utinam vero paternis Nostris vocibus, monitis, hortationibus suas nostri omnes filii præbuissent aures !

Memineritis, Venerabiles Fratres, qui clamores, quique tumultus a turbulentissimæ factionis hominibus excitati fuere post allocutionem a Nobis nunc commemoratam, et quomodo civile ministerium Nobis fuerit impositum Nostris quidem consiliis, ac principiis, et Apostolicæ Sedis juribus summopere adversum. Nos quidem jam inde infelicem Italici belli exitum futurum animo prospeximus, dum unus ex illis ministris asserere non dubitabat, bellum idem, Nobis licet invitis, ac reluctantibus, et absque Pontificia benedictione, esse duraturum. Qui quidem minister, gravissimam Apostolicæ Sedi inferens injuriam, haud extimuit proponere civilem Romani Pontificis principatum a spirituali ejusdem potestate omnino esse separandum. Atque idem ipse haud multopost ea de Nobis palam asserere non dubitavit, quibus Summum Pontificem ab humani generis consortio ejiceret quodammodo et dissociaret. Justus et misericors Dominus voluit Nos humiliare sub potenti manu Ejus, cum permiserit, ut plures per menses veritas ex una parte, mendacium ex altera, acerrimo inter se dimicarent certamine, cui attulit finem novi ministerii electio, quod postea alteri locum cessit, in quo ingenii laus cum peculiari tum publici ordinis tutandi, tum legum observandarum studio erat conjuncta. Verum effrænata pravarum cupiditatum licentia et audacia in dies caput altius extollens longe grassabatur, ac Dei hominumque hostes diuturna ac sæva dominandi, diripiendi, ac destruendi siti incensi, nihil jam aliud optabant, quam jura quæque divina et humana subvertere, ut eorum desideria possent explere. Hinc machinationes jamdiu comparatæ palam publiceque emicuere, et viæ humano sanguine respersæ, et sacrilegia numquam satis deploranda commissa, et inaudita prorsus violentia in Nostris ipsis Quirinalibus ædibus infando ausu Nobis illata.

Quocirca tantis oppressi angustiis, cum nedum Principis, sed ne Pontificis quidem partes libere obire possemus, non sine maxima animi Nostri amaritudine a Sede Nostra discedere debuimus. Quæ luctuosissima facta in publicis Nostris protestationibus enarrata hoc loco iterum recensere præterimus, ne funesta illorum recordatione communis Noster recrudescat dolor. Ubi vero seditiosi homines Nostras illas noverunt protestationes majore furentes audacia, et omnia omnibus minitantes, nulli neque fraudis, neque doli, neque violentiæ generi pepercerunt, ut bonis omnibus jam pavore prostratis majorem usque terrorem injicerent. Ac postquam novam illam gubernii formam ab ipsis *Giunta di Stato* appellatam invexere, ac penitus sustulerunt duo Consilia a Nobis instituta, totis viribus allaborarunt, ut novum cogeretur Consilium, quod *Constituentis Romanæ* omine nuncupare voluerunt. Refugit quidem animus, ac dicere reformidat, quibus quantisque fraudibus ipsi usi fuerint, ut ejusmodi rem ad exitum perducerent. Hic vero haud possumus, quin meritas majori Pontificiæ ditionis Magistratuum parti laudes tribuamus, qui proprii honoris et officii memores munere se abdicare maluerunt, quam ullo modo manum operi admovere, quo eorum Princeps et amantissimus Pater legitimo suo civili Principatu spoliabatur. Illud tamdem Consilium fuit coactum.

et quidam Romanus Advocatus vel in ipso suæ primæ orationis exordio ad congregatos habitæ, omnibus clare aperteque declaravit, quid ipse cunctique alii sui socii horribilis agitationis auctores sentirent, quid vellent, et quo spectarent. *Lex*, ut ille inquiebat, *moralis progressus* est *imperiosa et inexorabilis*, ac simul addebat, sibi ceterisque jamdiu in animo fixum esse, temporale Apostolicæ Sedis dominium ac regimen funditus evertere, licet modis omnibus eorum desideriis a Nobis fuisset obsecundatum. Quam declarationem in hoc vestro consessu Commemorare voluimus, ut omnes intelligant, pravam hujusmodi voluntatem non conjectura, aut suspicione aliqua a Nobis turbarum auctoribus fuisse attributam, sed eam universo terrarum orbi palam publiceque ab illis ipsis manifestatam, quos vel ipse pudor ab eadem proferenda declaratione revocare debuisset. Non liberiores igitur institutiones, non utiliorem publicæ administrationis procurationem, non providas cujusque generis ordinationes hujusmodi homines cupiebant, sed civilem Apostolicæ Sedis principatum, potestatemque impetere, convellere, ac destruere omnino volebant. Ac ejusmodi Consilium, quantum in ipsis fuit, ad exitum deduxerunt illo Romanæ, uti vocant, *Constituentis* decreto die ix februarii hujus anni edito, quo nescimus, an majori injustitia contra jura Romanæ Ecclesiæ, adjunctamque illis Apostolici obeundi muneris libertatem, vel majori subditorum Pontificiæ ditionis damno et calamitate, Romanos Pontifices a temporali Gubernio tum jure, tum facto decidisse declararunt. Non levi quidem mœrore ob tam tristia facta confecti fuimus, Venerabiles Fratres, atque illud in primis vel maxime dolemus, quod urbs Roma, Catholicæ veritatis et unitatis centrum, virtutis ac sanctitatis Magistra, per impiorum ad eam quotidie confluentium hominum operam, omnibus gentibus, populis, nationibus tantorum malorum auctrix appareat. Verumtamen in tanto animi Nostri dolore pergratum Nobis est posse affirmare, longe maximam tum Romani Populi, tum aliorum Pontificiæ Nostræ ditionis populorum partem Nobis et Apostolicæ Sedi constanter addictam a nefariis illis machinationibus abhorruisse, licet tot tristium eventuum spectatrix extiterit. Summæ quoque consolationi Nobis fuit Episcoporum et Cleri Pontificiæ Nostræ ditionis sollicitudo, qui in mediis periculis et omne genus difficultatibus ministerii et officii sui partes obire non destiterunt, ut populos ipsos qua voce, qua exemplo a motibus illis, nefariisque factionis consiliis, averterent.

Nos certe, in tanto rerum certamine atque discrimine, nihil intentatum reliquimus, ut publicæ tranquillitati et ordini consuleremus. Multo enim tempore antequam tristissima illa novembris facta evenirent, omni studio curavimus, ut Helvetiorum copiæ Apostolicæ Sedis servitio addictæ, atque in Nostris provinciis degentes, in urbem deducerentur, quæ tamen res contra Nostram voluntatem ad exitum minime fuit perducta, eorum opera qui mense majo ministrorum munere fungebantur. Neque id solum, verum etiam ante illud tempus, nec non et postea tum publico praesertim Romae ordini tuendo, tum inimicorum hominum audaciae comprimendae curas, Nostras convertimus ad alia militum praesidia comparanda, quae, Deo ita permittente, ob rerum ac temporum vicissitudines Nobis defuere. Tandem, post ipsa luctuosissima novembris facta, haud omisimus Nostris litteris die quinta januarii datis omnibus indigenis Nostris militibus etiam atque etiam inculcare ut, Religionis et militaris honoris memores, juratam suo Principi fidem custodirent, ac sedulam impenderent operam, quo ubique tum publica tranquillitas, tum debita erga legitimum Gubernium obedientia ac devotio servaretur. Neque id tantum, verum etiam Helvetiorum copias Romam petere jussimus, quae huic Nostrae voluntati haudquaquam obsequutae sunt, cum praesertim supremus illarum ductor in hac re haud recte atque honorifice se gesserit.

Atque interim factionis moderatores, majore in dies audacia et impetu opus urgentes, tum Nostram Personam, tum alios qui nostro adhaerent lateri, horrendis cujusque generis calumniis et contumeliis lacerare non intermittebant; ac vel ipsis Sacrosancti Evangelii verbis et sententiis nefarie abuti non dubitabant, ut in vestimentis ovium cum intrinsecus sint lupi rapaces, imperitam multitudinem ad prava quaeque eorum consilia et molimina pertraherent, atque incautorum mentes falsis doctrinis imbuerent. Subditi vero temporali Apostolicae Sedis ditioni, et Nobis immobili fide addicti merito atque optimo jure a Nobis exposcebant, ut eos a tot gravissimis, quibus undique premebantur, angustiis, periculis, calamitatibus et jacturis eriperemus. Et quoniam nonnulli ex ipsis reperiuntur qui Nos veluti causam (innocuam licet) tantarum perturbationum suscipiunt, idcirco isti animadvertant velimus, Nos quidem ut primum ad Supremam Apostolicam Sedem evecti fuimus, paternas Nostras curas et consilia quemadmodum supra declaravimus, eo certe intendisse, ut Pontificiæ Nostræ ditionis populos omni studio in meliorem conditionem adduceremus, sed inimicorum ac turbulentorum hominum opera factum esse, ut consilia illa Nostra in irritum cederent, contra vero factiosis ipsis, Deo permittente, contigisse ut ad exitum perducere possent quæ a longo ante tempore moliri ac tentare omnibus quibus malitiæ artibus numquam destiterant. Itaque id ipsum, quod jam alias ediximus, hic iterum repetimus in tam gravi scilicet ac luctuosa tempestate, qua universus fere terrarum orbis tantopere jactatur, Dei manum esse agnoscendam, Ejusque vocem audiendam, qui ejusmodi flagellis hominum peccata et iniquitates punire solet, ut ipsi ad justitiæ semitas redire festinent. Hanc igitur vocem audiant qui erraverunt a veritate, et derelinquentes vias suas convertantur ad Dominum; audiant etiam illi, qui in hoc tristissimo rerum statu magis de privatis propriis commodis quam de Ecclesiæ bono, et rei catholicæ prosperitate solliciti sunt, ac meminerint nihil prodesse homini si *mundum universum lucretur, animæ vero suæ detri-*

mentum patiatur; audiant et pii Ecclesiæ filii, ac præstolantes in patientia salutare Dei, et majore usque studio emundantes conscientias suas ab omni inquinamento peccati, miserationes Domini implorare, Eique magis magisque placere, ac jugiter famulari contendant.

Atque inter hæc Nostra ardentissima desideria haud possumus eos non monere speciatim, et redarguere, qui decreto illi, quo Romanus Pontifex omni civilis sui Imperii honore ac dignitate est spoliatus, plaudunt, ac decretum idem ad ipsius Ecclesiæ libertatem, felicitatemque procurandam vel maxime conducere asserunt. Hic autem palam publiceque profitemur, nulla Nos dominandi cupiditate, nullo temporalis Principatus desiderio hæc loqui, quandoquidem Nostra indoles, et ingenium a quavis dominatione profecto est alienum. Verumtamen officii Nostri ratio postulat, ut in civili Apostolicæ Sedis Principatu tuendo jura possessionesque Sanctæ Romanæ Ecclesiæ, atque ejusdem Sedis libertatem, quæ cum totius Ecclesiæ libertate et utilitate est conjuncta, totis viribus defendamus. Et quidem homines, qui commemorato plaudentes decreto tam falsa, et absurda affirmant, vel ignorant vel ignorare simulant, singulari prorsus divinæ Providentiæ consilio factum esse, ut Romano Imperio in plura regna, variasque ditiones diviso, Romanus Pontifex, cui a Christo Domino totius Ecclesiæ regimen et cura fuit commissa, civilem Principatum hac sane de causa haberet, ut ad ipsam Ecclesiam regendam, ejusque

unitatem tuendam plena illa potiretur libertate, quæ
ad Supremi Apostolici ministerii munus obeundum
requiritur. Namque omnibus compertum est, fideles
populos, gentes, regna numquam plenam fiduciam
et observantiam esse præstitura Romano Pontifici, si
illum alicujus Principis vel Gubernii dominio sub-
jectum, ac minime liberum esse conspicerent. Siquidem fideles populi et regna vehementer suspicari ac
vereri numquam desinerent, ne Pontifex idem sua
acta ad illius Principis vel Gubernii, in cujus ditione
versaretur, voluntatem conformaret, atque idcirco
actis illis hoc prætextu sæpius refragari non dubita-
rent. Et quidem dicant vel ipsi hostes civilis Principatus Apostolicæ Sedis, qui nunc Romæ dominantur,
quanam fiducia et observantia ipsi essent excepturi
hortationes, monita, mandata, constitutiones Summi
Pontificis, cum illum cujusvis Principis aut Gubernii
imperio subditum esse cognoscerent, præsertim vero
si cui subesset Principi, inter quem et Romanam Ditionem diuturnum aliquod ageretur bellum ?

Interea nemo non videt quibus quantisque vulne-
ribus in ipsis Pontificiæ ditionis regionibus immacu-
lata Christi Sponsa nunc afficiatur, quibus vinculis,
qua turpissima servitute magis magisque opprimatur,
quantisque angustiis visibile illius Caput obruatur.
Ecquis enim ignorat, Nobis communicationem cum
Urbe Roma, illiusque Nobis carissimo Clero, et
universo Pontificiæ ditionis Episcopatu, ceterisque
fidelibus ita esse præpeditam, ut ne epistolas quidem
de ecclesiasticis licet ac spiritualibus negotiis agentes

vel mittere, vel accipere libere possimus? Quis nescit, Urbem Romam principem Catholicæ Ecclesiæ Sedem in præsentia, proh dolor! silvam frementium bestiarum esse factam, cum ea omnium nationum hominibus redundet, qui vel apostatæ, vel hæretici, vel *Communismi* uti dicunt aut *Socialismi* Magistri, ac summo contra catholicam veritatem odio animati tum voce, tum scriptis, tum aliisquibusque modis omnigenos pestiferos errores docere, disseminare, omniumque mentes et animos pervertere conantur, ut in Urbe ipsa, si fieri umquam posset, Catholicæ Religionis sanctitas et irreformabilis fidei regula depravetur? Cui jam notum, auditumque non est, in Pontificia ditione, Ecclesiæ bona, reditus, possessiones ausu temerario et sacrilego occupatas, augustissima templa suis ornamentis nudata, religiosa Cœnobia in profanos usus conversa, Virgines Deo sacras vexatas, lectissimos atque integerrimos Ecclesiasticos, Religiososque viros crudeliter insectatos, in vincula conjectos, et occisos, sacros clarissimos Antistites vel ipsa Cardinalitia dignitate insignes a propriis gregibus dure avulsos et in carcerem abreptos?

Atque hæc tanta facinora contra Ecclesiam, ejusque jura libertatem admittuntur tum in Pontificiæ ditionis locis, tum alibi, ubi homines illi, vel eorum similes dominantur, eo scilicet tempore, quo iidem ipsi libertatem ubique proclamant, ac sibi in votis esse confingunt, ut Suprema Summi Pontificis potestas a quovis prorsus vinculo expedita, omni libertate fruatur.

Jam porro neminem latet in qua tristissima ac deploranda conditione Carissimi Nostri versentur Subditi corumdem hominum opera, qui tanta adversus Ecclesiam flagitia committunt. Publicum enim ærarium dissipatum, exhaustum, commercium intermissum ac pene extinctum, ingentes pecuniæ summæ optimatibus viris aliisque impositæ, privatorum bona ab illis, qui se populorum rectores et effrænatarum cohortium ductores appellant, direpta, bonorum omnium tremefacta libertas, eorumque tranquillitas in summum discrimen adducta, ac vita ipsa sicarii pugioni subjecta et alia maxima et gravissima mala ac damna, quibus continenter cives tantopere affliguntur atque terrentur. Hæc scilicet sunt illius prosperitatis initia, quam Summi Pontificatus osores Pontificiæ Ditionis populis annunciant, atque promittunt.

In magno igitur, et incredibili dolore, quo ob tantas tum Ecclesiæ, tum Pontificiæ Nostræ ditionis populorum calamitates intime excruciabamur, probe noscentes officii Nostri rationem omnino postulare, ut ad calamitates ipsas amovendas ac propulsandas omnia conaremur, jam inde a die quarta Decembris proximi superioris anni omnium Principum, et Nationum opem, auxiliumque implorare et exposcere haud omisimus. Ac Nobis temperare non possumus, quin Vobiscum, Venerabiles Fratres, nunc communicemus singularem illam consolationem, qua affecti fuimus, cum iidem Principes, et populi etiam illi qui Catholicæ unitatis vinculo Nobis minime sunt

conjuncti, propensissimam eorum erga Nos voluntatem luculentis sane modis testari ac declarare stu-
duerint. Quod quidem dum acerbissimum animi
Nostri dolorem mirifice lenit atque solatur, magis magisque demonstrat quomodo Deus Ecclesiæ suæ Sanctæ
semper propitius adsistat. Atque in eam spem erigimur fore ut omnes intelligant, gravissima illa mala,
quibus in hac tanta temporum asperitate populi ac
regna vexantur, ex Sanctissimæ Nostræ Religionis
contemptu suam duxisse originem, nec aliunde solatium ac remedium habere posse, quam ex divina
Christi doctrina, Ejusque Sancta Ecclesia, quæ virtutum omnium fœcunda parens et altrix, atque ex-
pultrix vitiorum, dum homines ad omnem veritatem
ac justitiam instituit, eosque mutua caritate constringit, publico civilis Societatis bono et ordini miran-
dum in modum consulit ac prospicit.

Postquam vero omnium Principum opem implora-
vimus, ab Austria, quæ Pontificiæ Nostræ ditioni ad
Septentrionem finitima est, auxilium eo sane liben-
tius efflagitavimus, quod ipsa non solum temporali
Apostolicæ Sedis dominio tuendo egregiam suam
semper operam navaverit, verum etiam quod nunc
ea profecto spes affulgeat fore, ut ab illo Imperio
juxta ardentissima Nostra desideria, justissimasque
Nostras postulationes, notissima quædam eliminentur
principia ab Apostolica Sede perpetuo improbata, ac
propterea inibi Ecclesia in suam restituatur libertatem cum maximo illorum fidelium bono atque utilitate. Quodquidem dum non mediocri animi Nostri

consolatione significamus, plane non dubitamus, quin id Vobis non leve afferat gaudium.

Idem auxilium a Gallica Natione expostulavimus, quam singulari paterni animi Nostri benevolentia, et affectu prosequimur, cum illius Nationis Clerus, Populusque fidelis, omnibus quibusque filialis devotionis et observantiæ significationibus, Nostras calamitates et angustias lenire ac solari studuerit.

Hispaniæ quoque opem invocavimus, quæ de Nostris angustiis vehementer anxia atque sollicita, alias Catholicas Nationes primum excitavit, ut filiali quodam fœdere inter se inito communem fidelium Patrem ac Supremum Ecclesiæ Pastorem in propriam Sedem reducere contenderent.

Hanc denique opem ab utriusque Siciliæ Regno efflagitavimus, in quo hospitamur apud illius Regem, qui in veram solidamque suorum populorum felicitatem promovendam totis viribus incumbens, tanta religione ac pietate refulget, ut suis ipsis populis exemplo esse possit. Etsi vero nullis verbis exprimere possimus quanta cura, et studio idem Princeps eximiam suam filialem in Nos devotionem omnium officiorum genere et egregiis factis assidue testari et confirmare lætatur, tamen præclara ejusdem Principis in Nos merita nulla unquam delebit oblivio. Neque taciti ullo modo præterire possumus pietatis, amoris et obsequii significationes, quibus ejusdem Regni Clerus et Populus Nos prosequi numquam destitit, ex quo Regnum ipsum attigimus.

Quamobrem in eam spem erigimur fore ut, Deo

bene juvante, Catholicæ illæ gentes Ecclesiæ, ejusque Summi Pontificis communis omnium fidelium Patris, causam præ oculis habentes, ad civilem Apostolicæ Sedis Principatum vindicandum, ad pacem et tranquillitatem subditis Nostris restituendam quamprimum accurrere properent, ac futurum confidimus ut Sanctissimæ Nostræ Religionis et civilis Societatis hostes ab urbe Roma totoque Ecclesiæ statu amoveantur. Atque id ubi contigerit, omni certe vigilantia, studio, contentione a Nobis erit curandum, ut illi omnes errores et gravissima propulsentur scandala, quæ cum bonis omnibus tam vehementer dolere debuimus. Atque in primis vel maxime allaborandum, ut hominum mentes ac voluntates impiorum fallaciis, insidiis et fraudibus miserandum in modum deceptæ collustrentur sempiternæ veritatis lumine, quo homines ipsi funestissimos errorum et vitiorum fructus agnoscant, atque ad virtutis, justitiæ et religionis semitas amplectendas excitentur et inflammentur. Optime enim noscitis, Venerabiles Fratres, horrenda illa et omnigena opinionum monstra, quæ ex abyssi puteo ad exitium et vastitatem emersa longe jam lateque cum maximo religionis, civilisque Societatis detrimento invaluere ac debacchantur, quas perversas, pestiferasque doctrinas inimici homines seu voce, seu scriptis, seu publicis spectaculis in vulgus disseminare numquam intermittunt, ut effrænata cujusque impietatis, cupiditatis, libidinis licentia magis in dies augeatur et propagetur. Hinc porro illæ omnes calamitates, exitia et luctus, quibus humanum genus, ac universus fere terrarum orbis, tantopere est funestatus et funestatur. Neque ignoratis cujusmodi bellum contra Sanctissimam Nostram Religionem in ipsa quoque Italia nunc geratur, quibusque fraudibus et machinationibus teterrimis ipsius Religionis et civilis societatis hostes imperitorum præsertim animos a fidei sanctitate, sanaque doctrina avertere, eosque æstuantibus incredulitatis fluctibus demergere, atque ad gravissima quæque peragenda facinora compellere conentur. Atque ut facilius eorum consilia ad exitum perducere, et horribiles cujusque seditionis et perturbationis motus excitare, ac fovere possint hæreticorum hominum vestigiis inhærentes, suprema Ecclesiæ auctoritate omnium despecta, plane non dubitant Sacrarum Scripturarum verba, testimonia, sententias privato, proprio, pravoque sensu invocare, interpretari, invertere, detorquere, ac per summam impietatem sanctissimo Christi nomine nefarie abuti non reformidant. Neque eos pudet palam publiceque asserere, tum cujusque sanctissimi juramenti violationem, tum quamlibet scelestam, flagitiosamque actionem sempiternæ ipsi naturæ legi repugnantem non solum haud esse improbandam, verum etiam omnino licitam, summisque laudibus efferendam, quando id pro patriæ amore, ut ipsi dicunt, agatur. Quo impio ac præpostero argumentandi genere ab ejusmodi hominibus omnis prorsus honestas, virtus, justitia penitus tollitur, atque nefanda ipsius latronis et sicarii agendi ratio per inauditam impudentiam defenditur et commendatur.

Ad ceteras innumeras fraudes, quibus Catholicæ Ecclesiæ inimici continenter utuntur, ut incautos præsertim et imperitos ab ipsius Ecclesiæ sinu avellant et abripiant, acerrimæ etiam ac turpissimæ accedunt calumniæ, quas in Personam Nostram intendere et comminisci non erubescunt. Nos quidem nullis licet Nostris meritis Illius hic in terris vicariam gerentes operam, *qui cum malediceretur non maledicebat, cum pateretur non comminabatur*, acerbissima quæque convicia in omni patientia ac silentio perferre, et pro persequentibus et calumniantibus Nos orare numquam omisimus. Verum cum debitores simus sapientibus et insipientibus, omniumque saluti consulere debeamus, haud possumus, quin ad præcavendam præsertim infirmorum offensionem, in hoc vestro Consessu a Nobis rejiciamus falsissimam illam et omnium teterrimam calumniam, quæ contra Personam humilitatis Nostræ per recentissimas quasdam ephemeridas est evulgata. Etsi vero incredibili horrore affecti fuimus ubi illud commentum legimus, quo inimici homines Nobis et Apostolicæ Sedi grave vulnus inferre commoliuntur, tamen nullo modo vereri possumus, ne ejusmodi turpissima mendacia vel leviter offendere queant supremam illam veritatis Cathedram, et Nos, qui nullo meritorum suffragio in ea collocati sumus. Et quidem singulari Dei misericordia divinis illis Nostri Redemptoris verbis uti possumus — *Ego palam loquutus sum mundo... et in occulto loquutus sum nihil.* — Atque hic, Venerabiles Fratres, opportunum ducimus ea ipsa iterum dicere et inculcare, quæ in Nostra præsertim Allocutione ad vos die 17 Decembris anno 1847, habita declaravimus, inimicos scilicet homines, quo facilius veram, germanamque Catholicæ Religionis doctrinam corrumpere, aliosque decipere, et in errorem inducere queant, omnia comminisci, omnia moliri, omnia conari, ut vel ipsa Apostolica Sedes eorum stultitiæ particeps et fautrix quodammodo appareat. Nemini autem ignotum est, quæ tenebricosissimæ æque ac perniciosissimæ societates, et sectæ a fabricatoribus mendacii et perversorum dogmatum cultoribus, fuerint variis temporibus coactæ, et institutæ, ac variis nominibus appellatæ, quo eorum deliramenta, systemata, molimina in aliorum animos tutius instillarent, incautorum corda corrumperent, ac latissimam quibusque sceleribus impune patrandis viam munirent. Quas abominabiles perditionis sectas non solum animarum saluti, verum etiam civilis Societatis bono et tranquillitati vel maxime infestas atque a Romanis Pontificibus Decessoribus Nostris damnatas Nos ipsi jugiter detestati sumus, ac Nostris Encyclicis Litteris die 9 Novembris anno 1846 ad universos Catholicæ Ecclesiæ Antistites datis condemnavimus, et nunc pariter suprema Nostra Apostolica Auctoritate iterum damnamus, prohibemus atque proscribimus.

At hac Nostra Allocutione haud sane voluimus vel omnes errores enumerare, quibus populi misere decepti ad tantas impelluntur ruinas, vel singulas percensere machinationes, quibus inimici homines, et

Catholicæ Religionis perniciem moliri, et arcem Sion usquequaque impetere et invadere contendunt. Quæ hactenus dolenter commemoravimus satis superque ostendunt ex perversis grassantibus doctrinis, atque ex justitiæ et religionis contemptu eas oriri calamitates et exitia, quibus nationes et gentes tantopere jactantur. Ut igitur tanta amoveantur damna, nullis neque curis, neque consiliis, neque laboribus, neque vigiliis est parcendum, quo tot perversis doctrinis radicitus evulsis, omnes intelligant, veram, solidamque felicitatem virtutis, justitiæ ac religionis exercitio inniti. Itaque et Nobis, et Vobis, atque aliis Venerabilibus Fratribus totius Catholici Orbis Episcopis summa cura, studio, contentione in primis est allaborandum, ut fideles populi ab venenatis pascuis amoti, atque ad salutaria deducti, ac magis in dies enutriti verbis fidei et insidiantium hominum fraudes et fallacias agnoscant, devitent, ac plane intelligentes, timorem Domini bonorum omnium esse fontem, et peccata atque iniquitates provocare Dei flagella, studeant omni cura declinare a malo et facere bonum. Quocirca inter tantas angustias non levi certe lætitia perfundimur, cum noscamus quanta animi firmitate et constantia Venerabiles Fratres Catholici Orbis Antistites Nobis et Petri Cathedræ firmiter addicti, una cum obsequente sibi Clero ad Ecclesiæ causam tuendam, ejusque libertatem propugnandam strenue connitantur, et qua sacerdotali cura et studio omnem impendant operam, quo et bonos magis magisque in bonitate confirment, et errantes ad justitiæ semitas reducant, et pervicaces Religionis hostes tum voce, tum scriptis, redarguant atque refellant. Dum autem has meritas, debitasque laudes ipsis Venerabilibus Fratribus tribuere lætamur, eisdem animos addimus, ut divino auxilio freti pergant alacriori usque zelo ministerium suum implere, ac præliari prælia Domini, et exaltare vocem in sapientia et fortitudine ad evangelizandam Jerusalem, ad sanandas contritiones Israel. Juxta hæc non desinant adire cum fiducia ad thronum gratiæ, ac publicis, privatisque precibus insistere, et fidelibus populis sedulo inculcare, ut omnes ubique pœnitentiam agant, quo misericordiam a Deo consequantur, et gratiam inveniant in auxilio opportuno. Nec vero intermittant viros ingenio, sanaque doctrina præstantes hortari, ut ipsi quoque sub eorum et Apostolicæ Sedis ductu populorum mentes illustrare, et serpentium errorum tenebras dissipare studeant.

Hic etiam Carissimos in Christo Filios Nostros Populorum Principes et Rectores obtestamur in Domino atque ab ipsis exposcimus, ut serio, ac sedulo considerantes quæ et quanta damna ex tot errorum ac vitiorum colluvie in civilem societatem redundent, omni cura, studio, consilio in id potissimum incumbere velint, ut virtus, justitia, religio ubique dominentur, ac majora in dies incrementa suscipiant. Atque universi populi, gentes, nationes, earumque moderatores assidue ac diligenter cogitent, et meditentur, omnia bona in justitiæ exercitio consistere, omnia vero mala ex iniquitate prodire. Siquidem *justitia elevat gentem, miseros autem facit populos peccatum* (1).

Antequam autem dicendi finem faciamus, haud possumus, quin gratissimi animi Nostri sensus illis omnibus carissimis atque amantissimis Filiis palam publiceque testemur, qui de Nostris calamitatibus vehementer solliciti singulari prorsus erga Nos pietatis affectu suas Nobis oblationes mittere voluerunt. Etsi vero piæ hujusmodi largitiones non leve Nobis afferant solatium, tamen fateri debemus, paternum cor Nostrum non mediocri angi angustia, cum summopere timeamus, ne in tristissima hac rerum publicarum conditione iidem carissimi filii sui in Nos caritati nimium indulgentes, largitiones ipsas proprio etiam incommodo ac detrimento facere velint.

Denique, Venerabiles Fratres, Nos quidem investigabilibus sapientiæ Dei consiliis, quibus gloriam suam operatur, plane acquiescentes; dum in humilitate cordis Nostri maximas Deo agimus gratias, quod Nos dignos habuerit pro nomine Jesu contumeliam pati, et aliqua ex parte conformes fieri imagini Passionis Ejus, parati sumus in omni fide, spe, patientia et mansuetudine acerbissimos quosque labores, ærumnas perferre, atque ipsam animam Nostram pro Ecclesia ponere, si per nostrum sanguinem ipsius Ecclesiæ calamitatibus consulere possemus. Interim vero Venerabiles Fratres, ne intermittamus dies, noctesque assiduis, fervidisque precibus divi-

(1) Prov., c. 14, v. 34.

tem in misericordia Deum humiliter orare et obsecrare, ut per merita Unigeniti Filii sui omnipotenti sua dextera Ecclesiam Suam Sanctam a tantis, quibus jactatur procellis, eripiat, utque divinæ Suæ Gratiæ lumine omnium errantium mentes illustret, et in multitudine misericordiæ suæ omnium prævaricantium corda expugnet, quo cunctis ubique erroribus depulsis, cunctisque amotis adversitatibus, omnes veritatis et justitiæ lucem adspiciant, agnoscant, atque occurrant in unitatem fidei et agnitionis Domini Nostri Jesu Christi. Atque ab Ipso, qui facit pacem in sublimibus, quique est pax Nostra, suppliciter etiam exposcere numquam desinamus, ut malis omnibus, quibus Christiana Respublica vexatur, penitus avulsis, optatissimam ubique pacem et tranquillitatem facere velit. Ut vero facilius annuat Deus precibus Nostris suffragatores apud Eum adhibeamus, atque in primis Sanctissimam Immaculatam Virginem Mariam, quæ Dei mater et Nostra, quæque mater misericordiæ, quod quærit invenit, et frustrari non potest. Suffragia quoque imploremus Beati Petri Apostolorum Principis, et Coapostoli ejus Pauli, omniumque Sanctorum cœlitum, qui jam facti amici Dei cum ipso regnant in cœlis, ut clementissimus Dominus, eorum intervenientibus meritis ac precibus, fidelem populum ab iracundiæ suæ terroribus liberet, semperque protegat, ac divinæ suæ propitiationis abundantia lætificet.

TRADUCTION.

Vénérables Frères,

Personne assurément n'ignore au milieu de quelles tempêtes et de quelles effroyables perturbations sont jetés, à la profonde douleur de Notre âme, Nos États pontificaux et l'Italie presque tout entière. Et plaise au Ciel que les hommes, instruits un jour par ces lamentables bouleversements, comprennent que rien ne peut leur être plus pernicieux que d'abandonner les sentiers de la vérité, de la justice, de l'honneur et de la Religion, d'écouter les détestables conseils des impies, et de se laisser tromper et enlacer par leurs insidieuses et perfides erreurs! Tout l'univers sait et atteste combien grande a été la sollicitude de Notre cœur paternel et de Notre ardent amour pour procurer aux peuples de Notre domaine pontifical le bien solide et véritable, la paix et la prospérité; et quel a été ensuite le prix de tant d'indulgence et de tendresse de Notre part. En condamnant par ces paroles les perfides artisans de tant de malheurs, loin de Nous de vouloir en attribuer aucunement la faute à la plus grande partie de la population. Toutefois, Nous sommes forcé de déplorer que plusieurs parmi le peuple aient été abusés au point d'avoir fermé l'oreille à Nos avis et à Nos exhortations, et d'avoir écouté les fallacieuses doctrines de ces maîtres qui, s'écartant du *droit chemin* et marchant dans les *voies ténébreuses*, tendaient uniquement à séduire par de fausses et magnifiques promesses les esprits et les cœurs inexpérimentés, et à les jeter dans l'erreur et le mensonge. Chacun sait parfaitement par quels concerts de louanges a été célébrée partout cette mémorable et si large amnistie accordée par Nous pour la paix, la sécurité et le bonheur des familles ; et personne n'ignore que plusieurs de ceux à qui s'appliquait ce pardon, non-seulement n'ont en rien changé d'esprit, ainsi que Nous l'espérions, mais, au contraire, multipliant de jour en jour leurs trames et leurs complots, ont tout tenté, tout osé pour ébranler et pour renverser de fond en comble, comme ils le méditaient depuis longtemps, la souveraineté temporelle du Pontife romain, et pour faire en même temps à Notre très-sainte Religion la guerre la plus acharnée. Afin d'atteindre plus facilement ce but, ils se sont surtout empressés d'abord de convoquer les multitudes, de les enflammer et de les agiter par de grandes et fréquentes manifestations qu'ils s'étudiaient à réitérer et à augmenter sans cesse, en prenant pour prétexte les Actes mêmes que Nous octroyions. Aussi, les concessions que dès l'origine de Notre Pontificat Nous avions librement et volontairement accordées, non-seulement ne purent produire les fruits que Nous avions désirés, mais même ne purent jeter aucune racine, puisque ces habiles artisans de fraude n'en usèrent que pour exciter de nouvelles agitations. C'est pourquoi, Vénérables Frères, Nous nous sommes proposé, dans cette assemblée, de rappeler brièvement les faits et de les remettre rapidement en votre mémoire, afin que tous les hommes de bonne volonté puissent voir avec évidence ce que veulent les ennemis de Dieu et du genre humain, ce qu'ils souhaitent, et ce qui est le but fixe et permanent de leur ambition.

Notre singulière affection envers Nos sujets, Nous faisait regretter vivement ces fréquentes agitations populaires, si contraires à l'ordre, à la tranquillité publique, à la paix et au repos des familles; et Nous ne pouvions supporter ces fréquentes souscriptions pécuniaires qui étaient demandées, sous des prétextes différents, au grand détriment de tous les citoyens. C'est pourquoi, au mois d'avril 1847, Nous avons, par un édit de Notre Cardinal secrétaire d'État, averti tous Nos sujets de s'abstenir de ces réunions populaires et de ces souscriptions, les engageant à tourner enfin leur attention et leurs efforts vers leurs propres affaires, à placer toute leur confiance en Nous, à se persuader que Nos soins et Notre sollicitude paternelle étaient uniquement consacrés au bien public, comme Nous l'avions déjà montré par de nombreux et irrécusables témoignages. Mais ces salutaires avis qui tendaient à calmer les mouvements populaires, à faire rentrer les peuples dans l'ordre et la tranquillité, contrariaient les désirs et les desseins de quelques hommes pervers. Aussi, à peine les infatigables auteurs de ces agitations, qui déjà s'étaient opposés à un autre édit publié d'après Nos ordres par le même Cardinal pour la bonne éducation du peuple, connurent-ils Nos avertissements,

qu'ils ne cessèrent de faire entendre de violentes clameurs, d'exciter avec plus d'ardeur les multitudes
imprévoyantes et de les entraîner par de trompeuses
insinuations à ne pas rentrer dans ce calme, objet de
tous Nos vœux, comme si ce conseil cachait le pernicieux dessein d'endormir les peuples, et de leur faire
accepter plus facilement dans la suite le joug d'une
dure servitude. Dès lors, un grand nombre d'écrits
pleins d'outrages, d'insultes amères et de menaces
Nous furent adressés ; Nous les avons ensevelis dans
un éternel silence et livrés aux flammes. Or, pour
que ces hommes ennemis pussent faire croire aux
faux dangers dont ils menaçaient le peuple, ils ne
craignirent pas d'accréditer le bruit forgé par eux
d'une conjuration mensongère ; ils jetèrent la crainte
dans le peuple, et, par le plus odieux mensonge, ils
proclamèrent que cette conjuration avait pour objet
d'ensanglanter la ville de Rome par la guerre civile,
le meurtre et le carnage, d'anéantir les institutions
nouvelles, et de faire revivre la forme ancienne du
gouvernement. Mais, sous le faux prétexte de cette
conjuration, ces factieux n'avaient d'autre but que de
provoquer et d'exciter indignement le mépris, l'envie,
la fureur contre des personnages illustres par leur
vertu, leur religion, et revêtus des dignités ecclésiastiques. Vous savez qu'au milieu de cette effervescence, l'institution de la garde civique fut proposée
et réalisée avec tant de précipitation, qu'il ne fut pas
possible de lui donner une forme et une discipline
régulières.

Lorsque ensuite Nous avons pensé qu'il serait utile, pour l'accroissement de la prospérité de l'administration publique, d'établir une consulte d'État, ces implacables adversaires saisirent aussitôt cette occasion de frapper de nouveaux coups contre le gouvernement, de dénaturer et d'anéantir cette institution, qui pouvait être d'une grande utilité pour les intérêts publics. Et comme déjà ils avaient impunément répandu cette opinion que l'institution de la consulte changeait le caractère et la nature du gouverment pontifical, et que Notre autorité était soumise aux décisions des consulteurs, le jour même de l'inauguration de cette consulte, Nous n'avons pas manqué d'avertir sérieusement, par de sévères paroles, certains hommes qui accompagnaient les membres de l'assemblée, et de leur déclarer clairement et ouvertement le but véritable de cette institution. Mais les perturbateurs ne cessaient aucunement de soliiciter par des appels plus ardents la portion abusée de la multitude ; et pour augmenter plus aisément le nombre de leurs adeptes, ils publiaient, tant dans Nos États pontificaux qu'auprès des nations étrangères, avec la plus insigne et la plus audacieuse impudence, que Nous donnions un plein assentiment à leurs desseins et à leurs opinions. Vous vous souvenez, Vénérables Frères, par quelles paroles, dans Notre allocution consistoriale prononcée le 4 octobre 1847 en votre présence, Nous avons eu soin d'avertir sérieusement tous les peuples, et de les exhorter à se garder avec la plus grande vigilance de la perfidie de ces pervers. Cependant ces misérables fauteurs de troubles, pour alimenter et exciter incessamment les craintes et l'agitation, épouvantaient, au mois de janvier de l'année dernière, les esprits sans défiance par de vains bruits de guerre extérieure, et ils répandaient dans le public que cette guerre serait appuyée et soutenue par des conspirations intérieures et par la malveillante inertie des gouvernants. Afin de tranquilliser les esprits et de repousser les odieuses embûches des traîtres, Nous nous hâtâmes sans retard, le 10 février de cette même année, de déclarer ces rumeurs entièrement fausses et absurdes, et Nous le fîmes en des termes qui sont connus de tout le monde. Et dans ce même temps Nous annoncions d'avance, à Nos bien-aimés sujets, ce qui arrivera maintenant avec l'aide de Dieu, à savoir que d'innombrables enfants accourraient pour défendre la demeure du Père commun de tous les fidèles, c'est-à-dire l'État de l'Église, si les liens étroits de la reconnaissance qui devaient unir intimement entre eux les princes et les peuples de l'Italie venaient à se rompre, et si les peuples avaient le malheur de mépriser la sagesse des princes et la sainteté de leurs droits, et cessaient de les protéger et de les défendre de toutes leurs forces.

Que si les paroles que Nous venons de rappeler apportèrent pour un court espace de temps la tranquillité à tous ceux dont la volonté était opposée aux perturbations, elles ne purent rien cependant auprès de ces ennemis irréconciliables de l'Église et de la société humaine, qui excitèrent de nouveaux troubles et de nouveaux tumultes. Redoublant en effet les calomnies qui avaient été propagées par eux et par leurs semblables contre des Religieux dévoués au divin ministère et ayant bien mérité de l'Église, ils soufflèrent et allumèrent contre eux la violence des colères populaires. Et vous n'ignorez pas, Vénérables Frères, que Nos paroles adressées au peuple le 10 mars ont été impuissantes, malgré tous nos efforts, pour arracher à l'exil et à la dispersion cette religieuse famille.

Sur ces entrefaites, les révolutions politiques que tout le monde connaît étant arrivées en Italie et en Europe, Nous élevâmes de nouveau Notre voix apostolique le 30 mars de cette année, et Nous prîmes soin d'exhorter plus vivement que jamais tous les peuples à respecter la liberté de l'Église catholique, à défendre l'ordre dans la société civile, à protéger tous les droits, à suivre les préceptes de Notre très-sainte Religion, et surtout à exercer envers tous la charité chrétienne, puisque, s'ils négligeaient d'agir ainsi, ils devaient être assurés que Dieu montrerait qu'il est le maître des peuples.

Chacun de vous sait ensuite comment la forme du gouvernement constitutionnel fut importée en Italie, et comment le Statut accordé le 14 mars de l'an dernier par Nous à Nos sujets fut mis au jour. Comme les adversaires implacables du repos et de l'ordre public n'avaient rien tant à cœur que de tenter les derniers efforts contre le gouvernement pontifical, d'agiter le peuple par des mouvements et par des soupçons continuels, ils ne cessaient soit par des écrits, soit dans les cercles et les associations, et par toute autre sorte d'entreprises, de calomnier le gouvernement et de le flétrir du reproche d'inertie, de dol et de fraude, quoique ce même gouvernement s'appliquât de tous ses soins et de tout son pouvoir à mettre en activité le plus promptement possible ce Statut si désiré. Et ici Nous voulons faire savoir à tout l'univers qu'en ce même temps ces hommes, persévérant dans leur dessein de bouleverser l'État pontifical et toute l'Italie, Nous ont proposé la proclamation non plus seulement de la Constitution, mais de la République, comme l'unique refuge et l'unique ressource de salut pour Nous et pour l'État de l'Église. Elle Nous est encore présente, cette heure de la nuit; Nous les avons encore devant les yeux ces hommes qui, misérablement trompés par les artisans de mensonge, osaient bien prendre leur parti et Nous presser de proclamer la République. Cela seul, indépendamment d'autres preuves innombrables et si graves, démontre évidemment que les demandes d'institutions nouvelles et le progrès si hautement proclamé par les hommes de cette espèce tendent uniquement à exciter des troubles perpétuels, à détruire totalement et partout les principes de la justice, de la vertu, de l'honneur et de la religion; à établir, à propager et à assurer au loin, au grand dommage et à la ruine de toute société humaine, la domination de cet horrible et lamentable système, radicalement contraire à la raison et au droit naturel, et qu'on appelle le *socialisme* ou le *communisme*.

Mais bien que cette noire conspiration, ou plutôt cette série non interrompue de conspirations, fût claire et manifeste, cependant, par la permission de Dieu, elle demeura inconnue à beaucoup de ceux à qui la tranquillité publique devait pour tant de causes être principalement chère. Et bien que les infatigables fauteurs d'anarchie donnassent lieu aux plus graves soupçons, il ne manqua pas de certains hommes de bonne volonté qui leur tendirent une main amie, espérant sans doute qu'ils pourraient les ramener dans le chemin de la modération et de la justice.

Cependant, un cri de guerre éclata tout à coup dans l'Italie entière : une partie de Nos sujets s'en émut et courut aux armes, et voulut, malgré Notre volonté, passer les frontières de l'État Pontifical. Vous savez, Vénérables Frères, comment, remplissant nos devoirs de Souverain Pontife et de Prince, Nous avons résisté aux injustes désirs de ceux qui prétendaient Nous entraîner à faire cette guerre, et qui demandaient que nous envoyassions au combat, c'est-à-dire à une mort certaine, une jeunesse inexpérimentée, recrutée tout d'un coup, sans aucune habitude de l'art militaire, sans discipline, et privée de chefs capables et de subsides de guerre. Et on nous demandait cela, à Nous qui, élevé malgré Notre indignité, et par un impétrable dessein de la Providence, au faîte de la dignité apostolique, à Nous qui, tenant la place de N. S. J. C. sur cette terre, avons reçu de

Dieu, auteur de la paix et ami de la charité, la mission d'embrasser dans l'égale tendresse de Notre paternel amour tous les peuples, toutes les nations, toutes les races, de pourvoir de toutes Nos forces au salut de tous, et de ne jamais appeler les hommes au carnage et à la mort! Que si chaque prince ne peut jamais entreprendre la guerre sans de légitimes motifs, qui donc sera assez privé de jugement et de raison pour ne pas voir évidemment que l'univers catholique exige du Pontife romain, à bien meilleur titre, une bien plus éclatante justice et des causes bien plus graves, lorsqu'il voit ce Pontife lui-même déclarer la guerre? C'est pourquoi, dans Notre allocution prononcée en Votre présence le 29 avril de l'an passé, Nous avons déclaré publiquement que Nous étions complétement étranger à cette guerre. Et dans ce même temps Nous avons répudié et rejeté le rôle qui Nous était insidieusement offert, tant de vive voix que par écrit, et qui était aussi injurieux à Notre personne que pernicieux à l'Italie, à savoir de présider au gouvernement de la République italienne. C'est ainsi que Nous avons pris soin, par une singulière miséricorde de Dieu, d'accomplir la charge que Dieu lui-même Nous a imposée, de parler, d'avertir et d'exhorter; et nous avons la confiance qu'on ne pourra pas Nous adresser comme un reproche la parole d'Isaïe : « Malheur à moi, parce que je me suis tu! » Plût à Dieu qu'à Nos discours, à Nos avertissements, à Nos exhortations paternelles, tous Nos fils eussent prêté l'oreille!

Vous vous souvenez, Vénérables Frères, quelles clameurs, quel tumulte furent excités par les hommes de cette turbulente faction après Notre allocution, et comment on Nous imposa un ministère laïque en opposition, non-seulement à Nos vues et à Nos principes, mais encore aux droits du Siége apostolique. Nous avions prévu l'issue malheureuse de la guerre d'Italie, lorsqu'un de ces ministres n'hésita point à affirmer qu'on prolongerait cette guerre malgré Nous, malgré Notre résistance, et sans la Bénédiction pontificale. Ce ministre, faisant la plus grave injure au Siége apostolique, ne craignit point de proposer la séparation de la puissance temporelle d'avec la puissance spirituelle du Pontife romain. Peu de temps après, ce même ministre alla jusqu'à dire de Nous des choses qui mettaient pour ainsi dire le Souverain Pontife en dehors du droit des gens. Le Seigneur juste et miséricordieux a voulu Nous humilier sous sa main puissante, lorsqu'il permit que pendant plusieurs mois la vérité, d'une part, et le mensonge de l'autre, se livrassent un violent combat, terminé par l'élection d'un ministère nouveau, qui lui-même fit bientôt place à un autre dans lequel se trouvaient réunis le talent, le zèle du bien public et privé, et le respect pour les lois. Mais la licence effrénée et l'audace des passions perverses élevaient de jour en jour une tête plus menaçante; les ennemis de Dieu et des hommes, enflammés du désir insatiable de tout dominer, de tout dévaster, de tout détruire, n'avaient plus d'autre pensée que de fouler aux pieds les lois divines et humaines pour satisfaire leurs passions. De là, ces machinations ourdies d'abord dans l'ombre, puis bientôt éclatant en public, ensanglantant les rues, multipliant des sacriléges à jamais déplorables, et se portant contre Nous, dans le palais du Quirinal, à une violence jusqu'alors inconnue.

C'est pourquoi, opprimé par tant d'angoisses, ne pouvant plus remplir librement ni les devoirs du Prince, ni même ceux du Pontife, Nous avons dû, non sans une amère tristesse, Nous éloigner de Notre siége. Nous ne voulons point ici rappeler ces faits déplorables, déjà rapportés dans Nos solennelles protestations, de peur que leur cruel souvenir n'augmente Notre douleur et la Vôtre. Quand les séditieux connurent Nos protestations, leur audace devint plus furieuse ; ils n'épargnèrent ni les menaces, ni le mensonge, ni la fraude pour augmenter les terreurs des gens de bien, déjà trop frappés de stupeur. Après avoir établi cette nouvelle forme de gouvernement qu'ils appelèrent *Junte d'État,* après avoir supprimé les deux conseils que Nous avions institués, ils firent tous leurs efforts pour réunir un nouveau conseil qu'ils ont voulu appeler *Constituante romaine.* Notre esprit se refuse à redire toutes les fraudes dont ils ont usé pour amener leur dessein à terme. Ici, Nous voulons adresser des éloges mérités à la plus grande partie des magistrats de l'État pontifical qui, fidèles à leur honneur et à leur devoir, aimèrent mieux abdiquer leurs fonctions que de prêter la main à une œuvre qui dépouillait leur Prince et leur Père, qui les aimait si tendrement, de sa légitime puissance temporelle. Mais, enfin, cette assemblée fut réunie, et il se trouva un avocat romain qui, dès le début de son premier discours à cette assemblée, déclara ouvertement ce que pensaient, ce que voulaient, ce qu'ambitionnaient lui-même et ses odieux complices, les fauteurs de cette horrible agitation. « La loi du progrès moral est im-« périeuse et inexorable, » disait-il, et en même temps il déclarait que son intention et celle de ses adhérents étaient de renverser complétement la puissance temporelle du Siége apostolique, quoique Nous eussions condescendu, autant qu'il était en Nous, à leurs désirs. Nous avons voulu faire mention de cette déclaration dans votre assemblée, pour que tous comprennent que Nous n'avons point attribué cette volonté perverse aux auteurs du désordre par un simple soupçon ou une conjecture incertaine, mais qu'ils l'ont eux-mêmes manifesté et proclamé hautement à tout l'univers, quand le respect d'eux-mêmes eût dû suffire pour les empêcher de faire une semblable déclaration. Ce n'étaient donc ni des institutions plus libérales, ni une meilleure administration, ni de plus sages règlements que voulaient ces hommes, mais l'attaque, la ruine, la destruction absolue de la puissance temporelle du Saint-Siége. Autant que cela dépendit d'eux, ils exécutèrent leur dessein par un édit du 9 février de cette année, proclamé par ce qu'ils appellent la Constituante romaine, et dans lequel ils déclarèrent les Pontifes romains déchus en fait et en droit de leur puissance temporelle, sans que l'on puisse dire si cette audacieuse entreprise lésa davantage ou les droits de l'Église romaine et la liberté du ministère apostolique, qui y est unie, ou les intérêts de Nos sujets des domaines pontificaux. Ces faits déplorables ont rempli, Vénérables Frères, Notre âme d'une grande amertume, et Nous fûmes surtout profondément affligé en voyant la ville de Rome, centre de l'unité et de la vérité catholique, maîtresse de la sainteté et de la vertu, devenir, par l'affluence des impies qui y accourent chaque jour, la cause d'une si grande affliction pour les peuples et les nations. Cependant, au milieu de Notre immense douleur, il Nous est doux de pouvoir affirmer que l'immense majorité du peuple romain et des autres sujets pontificaux Nous est restée fidèlement attachée, ainsi qu'au Siége apostolique, ayant dans une profonde horreur ces noirs complots, quoiqu'elle soit restée spectatrice de ces tristes événements.

Nous avons encore trouvé une grande consolation dans le zèle de l'Épiscopat et du clergé de Nos domaines pontificaux : en face des périls et des difficultés de tout genre, ils n'ont pas cessé de remplir les devoirs de leur ministère et de détourner les peuples par leurs discours et leurs exemples de ces mouvements et des conseils impies de la faction.

Pour Nous, au milieu de ces luttes et de ces graves conjonctures, Nous n'avons rien négligé pour veiller au maintien de l'ordre et de la sécurité.

Longtemps avant qu'arrivassent les tristes événements de novembre, Nous employâmes tous nos efforts à faire entrer dans la Ville les troupes suisses engagées au service du Saint-Siége et cantonnées dans Nos provinces ; ordre qui, malgré Notre volonté, ne put être exécuté, par la résistance de ceux qui étaient ministres au mois de mai. Ce n'est pas tout : avant cette époque, et plus tard encore, Nous eûmes soin, soit pour maintenir l'ordre public à Rome, soit pour comprimer l'audace des factieux, de réunir d'autres forces militaires, qui, Dieu l'ayant ainsi permis, Nous ont fait défaut, à cause des vicissitudes des temps et des choses. Enfin, après les très-déplorables événements de novembre, Nous n'avons pas négligé, par Nos lettres en date du 5 janvier, de rappeler à tous Nos soldats indigènes leurs devoirs de religion et d'honneur militaire, les excitant à garder la foi jurée à leur Prince, et à faire les plus énergiques efforts pour maintenir partout la tranquillité publique, l'obéissance et le dévouement envers le gouvernement légitime. De plus, Nous ordonnâmes à Nos troupes suisses de venir à Rome ; Nous ne fûmes point obéi, et leur chef, dans cette circonstance, manqua à son devoir et à l'honneur.

Cependant, les chefs de la faction, poussant leur entreprise avec une audace plus persistante, ne cessèrent de déchirer Notre Personne, et les personnages qui Nous entouraient, par d'odieuses calomnies et des injures de toute nature. Et par un coupable abus des paroles et des pensées du très-saint Évangile, ils n'ont pas craint, loups ravisseurs déguisés en agneaux, d'entraîner la multitude inexpérimentée dans leurs desseins et leurs entreprises, et de verser dans les esprits imprévoyants le poison de leurs fausses doctrines. Les sujets fidèles de Notre domaine temporel pontifical Nous ont à juste titre demandé de les délivrer des angoisses, des périls, des calamités et des dommages auxquels ils étaient exposés. Et, puisqu'il s'en trouve parmi eux qui Nous regardent comme la cause (innocente, il est vrai) de tant d'agitations, Nous les prions de considérer qu'à peine élevé sur le Siége Apostolique, Notre paternelle sollicitude et toutes Nos entreprises n'ont eu d'autre objet, comme Nous l'avons déclaré plus haut, que d'améliorer par tous les moyens la condition des peuples soumis à Notre autorité pontificale, mais que les menées d'hommes ennemis et séditieux ont rendu inutiles tous Nos efforts ; et qu'au contraire, par la permission du ciel, ces factieux sont parvenus à mener à leur fin les desseins que dès longtemps ils ne cessaient de méditer et d'essayer avec toutes les ressources de leur malice. C'est pourquoi Nous répétons ici ce que Nous avons dit ailleurs, à savoir, que, dans cette violente et funeste tempête qui ébranle l'univers presque entier, il faut reconnaître la main de Dieu et entendre la voix de Celui qui a coutume de punir par de tels châtiments les iniquités et les crimes des hommes, afin de hâter leur retour dans les sentiers de la justice. Qu'ils écoutent donc cette parole, ceux qui se sont écartés de la vérité, et qu'abandonnant leurs voies impies, ils reviennent au Seigneur ; qu'ils l'écoutent aussi ceux qui, au milieu de ces funestes événements, sont plus inquiets de leurs propres intérêts que du bien de l'Église et du bonheur de la chrétienté, et qu'ils se souviennent « qu'il ne sert de rien à l'homme de gagner tout l'univers, s'il vient à perdre son âme. » Qu'ils l'écoutent encore, les pieux enfants de l'Église ; qu'attendant avec la patience le salut de Dieu, et purifiant chaque jour avec plus de soin leurs consciences de toute souillure du péché, ils s'efforcent d'implorer les miséricordes du Seigneur, de lui plaire de plus en plus, et de le servir avec persévérance.

Cependant, malgré l'ardeur de Nos désirs, Nous ne pouvons Nous dispenser d'adresser, en particulier, Nos plaintes et Nos reproches à ceux qui applaudissent à ce décret par lequel le Pontife de Rome est dépouillé de toute dignité et de toute puissance temporelle, et qui affirment que ce même décret est le moyen le plus efficace de procurer le bonheur et la liberté de l'Église. Mais Nous déclarons ici hautement que ni le désir du commandement, ni le regret de la perte de Notre pouvoir temporel, ne Nous dictent ces paroles, puisque Notre nature et Notre inclination sont entièrement éloignées de tout esprit de domination. Néanmoins, les devoirs de Notre charge réclament que, pour protéger l'autorité temporelle du Siége Apostolique, Nous défendions de tous Nos efforts les droits et les possessions de la Sainte Église Romaine et la liberté de ce Siége qui est inséparable de la liberté et des intérêts de toute l'Église. Et les hommes qui, applaudissant à ce décret, affirment tant d'erreurs et d'absurdités, ignorent ou feignent d'ignorer que ce fut par un dessein singulier de la Providence divine que, dans le partage de l'empire romain en plusieurs royaumes et en diverses puissances, le Pontife de Rome, auquel Notre-Seigneur Jésus-Christ a confié le gouvernement et la conduite de toute l'Église, eut un pouvoir civil, afin sans doute que, pour gouverner l'Église et protéger son unité, il pût jouir de cette plénitude de liberté nécessaire à l'accomplissement de son ministère apostolique. Tous savent, en effet, que les peuples fidèles, les nations, les royaumes n'auraient jamais une pleine confiance, une entière obéissance envers le Pontife romain, s'ils le voyaient soumis à la domination d'un prince ou gouvernement étranger et privé de sa liberté. En effet, les peuples fidèles et les royaumes ne cesseraient de craindre que le Pontife ne conformât ses actes à la volonté du prince ou de l'État dans le domaine duquel il se trouverait, et ils ne manqueraient pas de s'opposer souvent à ces actes sous ce prétexte. Que les ennemis mêmes du pouvoir temporel du Siége Apostolique, qui règnent en maîtres à Rome, disent avec quelle confiance et quel respect ils recevraient les exhortations, les avis, les ordres et les décrets du Souverain Pontife, s'ils le voyaient soumis aux volontés d'un prince ou d'un gouvernement, surtout s'il était sous la dépendance d'une puissance qui fût depuis longtemps en guerre avec le pouvoir pontifical.

Cependant, il n'est personne qui ne voie les cruelles et nombreuses blessures qui accablent maintenant
l'Épouse immaculée du Christ dans le domaine pontifical lui-même, ses chaînes et la honteuse servitude
qui l'oppriment de plus en plus, et les maux qui écra-
sent son chef visible. Qui donc ignore que toute
communication avec la ville de Rome, avec son clergé
bien-aimé, avec tout l'Épiscopat de Nos États, avec
tous les fidèles, a été tellement entravée, que Nous
n'avons pu ni envoyer ni recevoir librement les lettres qui traitaient d'affaires ecclésiastiques ou spirituelles ? Qui donc ignore que maintenant, ô douleur ! la
ville de Rome, siége principal de l'Église catholique,
est devenue une forêt pleine de monstres frémissants,
puisque les hérétiques, les apostats de toutes les nations, les maîtres de ce qu'on appelle le *socialisme*
ou le *communisme*, animés contre la vérité catholique d'une haine profonde, s'efforcent par leurs discours, par leurs écrits, par tous les moyens en leur
pouvoir, d'enseigner, de propager leurs fatales erreurs,
et de corrompre les esprits et les cœurs, afin que dans
Rome même, si cela était possible, la sainteté de la
Religion catholique et la règle irréformable de la Foi
soient perverties ? Qui ne sait, qui n'a entendu dire
que dans Nos États pontificaux les biens, les revenus,
les possessions de l'Église ont été envahis par une
audace téméraire et sacrilége, que les temples les
plus augustes ont été dépouillés de leurs ornements,
que les monastères ont été employés à des usages
profanes, que les vierges consacrées à Dieu ont été

tourmentées, que les ecclésiastiques les plus vertueux, les plus distingués, ont été cruellement persécutés, que les religieux ont été poursuivis, jetés dans les fers ou mis à mort, que d'illustres évêques, revêtus même du cardinalat, ont été violemment enlevés à leurs troupeaux et plongés dans les cachots?

Ces attentats contre l'Église, contre ses droits et sa liberté, sont commis soit dans Nos États, soit au dehors, partout où dominent ces hommes ou leurs pareils, au moment même où ils proclament partout la liberté, et où ils feignent de désirer que la puissance du Souverain Pontife s'exerce en toute liberté et absolument dégagée de toute entrave.

Personne non plus n'ignore l'affreuse et lamentable condition à laquelle, par le fait des hommes qui commettent tant de crimes contre l'Église, se sont trouvés réduits Nos bien-aimés sujets. Le trésor public dissipé, épuisé, le commerce interrompu et presque anéanti, des impôts énormes levés sur les plus riches et bientôt sur tous les citoyens, les propriétés particulières pillées par ceux qui s'appellent les chefs du peuple et les conducteurs de bandes effrénées, la liberté de tous les gens de bien troublée, leur sécurité mise en question, leur vie exposée au poignard des sicaires : voilà les maux intolérables qui sont venus jeter l'épouvante et l'effroi au milieu de Nos sujets. Telles sont les prémices sans doute de cette prospérité que les ennemis du Souverain Pontificat annoncent et promettent aux peuples de Notre État pontifical.

Dans la grande et amère douleur qui Nous accablait à la vue des calamités de l'Église et de Nos États, convaincu que Notre devoir Nous impose la charge d'employer tous les moyens pour prévenir ou repousser tant de malheurs, déjà, dès le 4 décembre de l'année dernière, Nous avons demandé et sollicité le secours de tous les princes et de toutes les nations. Nous ne pouvons donc, Vénérables Frères, Nous empêcher de vous faire part de la consolation singulière que Nous avons éprouvée, lorsque les princes et les peuples, même ceux qui ne Nous sont point unis par le lien de l'Unité catholique, se sont empressés de Nous donner les témoignages les plus éclatants de leur bonne volonté pour Nous. Ce fait, tout en apportant un merveilleux adoucissement à l'amère douleur de Notre âme, Nous a montré de plus en plus comment Dieu veille toujours à l'assistance de sa sainte Église. Nous nous relevons donc dans cette espérance qu'à l'aspect de ces maux terribles, qui dans ces jours si difficiles éprouvent les États et les peuples, tous comprendront que ces calamités sont venues originairement du mépris de Notre sainte Religion, et ne pourront trouver leur remède et leur consolation que dans la divine doctrine de Jésus-Christ, dans sa sainte Église qui, mère féconde, nourricière de toutes les vertus, et ennemie de tous les vices, forme les hommes à la justice et à la vérité, et en les unissant par les liens d'une charité mutuelle, procure et aide admirablement le bien et l'ordre de la société temporelle.

Après avoir imploré le secours de tous les princes, Nous avons demandé l'assistance de l'Autriche, qui touche à nos États du côté du nord. Nous l'avons fait d'autant plus volontiers, que non-seulement elle a toujours mis un grand zèle à défendre le domaine temporel du Saint-Siége, mais encore qu'elle Nous a laissé l'espérance de la voir, suivant Nos très-ardents désirs et Nos très-justes demandes, repousser de son sein des principes bien connus et toujours désapprouvés par le Saint-Siége, et rendre à l'Église sa liberté pour le bien et l'utilité des fidèles. Cette grande consolation de Notre âme sera, Nous n'en doutons pas, une vive satisfaction pour vous.

Nous avons demandé le même secours à la France, nation pour laquelle Nous avons un sentiment spécial de bienveillance et de tendresse paternelle, car le clergé et le peuple fidèle s'y sont étudiés à adoucir et à consoler Nos calamités et Nos angoisses par tous les témoignages de respect et de filial dévouement.

Nous avons invoqué également le secours de l'Espagne qui, très-touchée de Nos malheurs, excita la première, par sa sollicitude, les autres nations catholiques à former un pacte filial pour s'efforcer de ramener sur son siége le Père commun des fidèles et le premier Pasteur de l'Église.

Nous avons enfin demandé ce secours au royaume des Deux-Siciles, dans lequel Nous avons reçu l'hospitalité, auprès d'un monarque dont les efforts pour le vrai et solide bonheur de ses peuples, dont la religion et la piété brillent avec un éclat tel, qu'il peut servir d'exemple à ses sujets. Quoique nous ne puissions par des paroles exprimer le soin, le zèle, les bons offices de tout genre, les actions remarquables par lesquelles il s'est plu sans cesse à témoigner sa filiale dévotion envers Notre personne, cependant Nous n'oublierons jamais les illustres services qu'il Nous à rendus. Nous ne pouvons non plus taire les marques de piété, d'amour, d'obéissance que le clergé et le peuple de ce royaume Nous ont données du moment où Nous avons mis le pied sur son sol.

Nous embrassons donc cette espérance, qu'avec le secours de Dieu, ces nations catholiques, prenant en main la cause de l'Église et du Pasteur, Père commun des fidèles, se hâteront d'accourir pour rétablir la puissance temporelle du Siége Apostolique, ainsi que la paix et la tranquillité de Nos sujets. Nous avons la ferme confiance que les ennemis de Notre sainte Religion, qui sont aussi ceux de la société temporelle, seront éloignés de la ville de Rome et de tous les États de l'Église. Quand cet heureux moment sera arrivé, Nous aurons à consacrer toute Notre vigilance, toute Notre sollicitude et tous Nos efforts à effacer les scandales que Nous avons eus à déplorer si vivement avec tous les gens de bien. Il Nous faudra travailler principalement à ce que les esprits et les volontés des hommes, trompés d'une manière si malheureuse par les mensonges, les piéges et les calomnies des impies, soient éclairés par la lumière de la vérité éternelle, afin qu'ils reconnaissent quels sont les fruits funestes de leurs erreurs et de leurs vices, et qu'elle les excite, qu'elle les enflamme à rentrer dans les sentiers de la vertu, de la justice et de la religion. En effet, Vénérables Frères, ils vous sont parfaitement connus ces monstrueux systèmes de toute nature qui, sortis du puits de l'abîme pour la ruine et la dévastation commune, se sont répandus au loin, au grand détriment de la religion et de la société civile, et se déchaînent aujourd'hui avec fureur. Ces doctrines perverses et empoisonnées, les hommes ennemis les sèment sans relâche parmi les multitudes, soit par la parole, soit par des écrits, soit par des spectacles publics, afin d'accroître de jour en jour et de propager une haine qui s'emporte sans frein à toute espèce d'impiété, de passions et de désordre. De là toutes les calamités, toutes les ruines, toutes les douleurs qui ont ensanglanté et qui ensanglantent encore le genre humain, et presque toute la surface de la terre. Vous n'ignorez pas non plus quelle sorte de guerre on fait à notre Très-sainte Religion, même au sein de l'Italie; par quels artifices, par quelles machinations ces implacables ennemis de la religion et de la société civile s'efforcent de détourner les âmes inexpérimentées de la sainteté de notre foi et de la pureté de la doctrine, de les plonger dans le tourbillon de l'incrédulité, et de les pousser à l'accomplissement des plus exécrables forfaits. Et, afin de parvenir plus facilement aux fins qu'ils se proposent, pour exciter plus de séditions et déchaîner plus de tempêtes, marchant sur les pas des hérétiques, et affichant le mépris le plus absolu pour l'autorité souveraine de l'Eglise, ils ne craignent pas d'invoquer, d'interpréter, de pervertir et de détourner de leur sens véritable les paroles, les témoignages et les déclarations des saintes Écritures, pour les appliquer à leur sens privé et criminel; et dans l'excès de leur impiété, ils ne reculent pas devant le sacrilége abus du très-saint nom de Jésus-Christ. Il y a plus : ils n'ont pas honte d'affirmer ouvertement et en public que la violation du serment le plus sacré, que l'action la plus criminelle, la plus honteuse, et en opposition avec la nature elle-même de la loi éternelle, non-seulement n'est pas condamnable, mais même est entièrement licite, ou plutôt digne de toute espèce de louanges, lorsque, pour parler leur langage, elle est entreprise pour l'amour de la patrie. Par ce raisonnement impie et pervers, ces sortes d'hommes anéantissent à la fois l'honnêteté, la vertu, la justice; et le vol du brigand ou l'assassinat du meurtrier se trouve défendu et consacré par cet excès inouï d'impudence.

Aux artifices innombrables que les ennemis de l'Église catholique emploient constamment pour enlever et arracher du sein de cette même Église les âmes qui ne sont pas sur leurs gardes et qui manquent d'expérience, viennent se joindre les plus violentes et les plus odieuses calomnies qu'ils ne rougissent pas d'inventer et de diriger contre Notre personne. Pour Nous, appelé sans aucun mérite de Notre part à tenir ici-bas la place de Celui « qui ne maudissait pas lorsqu'il était maudit, et qui ne menaçait pas quand il souffrait. » Nous n'avons opposé aux plus violentes injures que le silence et la patience, et Nous n'avons pas cessé de prier pour ceux qui Nous persécutaient et Nous calomniaient. Mais, comme Nous sommes le débiteur du sage et de l'insensé, comme Nous devons veiller au salut de tous, Nous ne pouvons Nous défendre, surtout pour prévenir la chute des faibles, de repousser loin de Nous, en présence de cette assemblée, l'imputation la plus fausse et la plus révoltante de toutes qu'une feuille publique a récemment avancée contre la personne de Notre Humilité. Sans doute, Nous avons été saisi d'une incroyable horreur en lisant le libelle par lequel ces hommes ennemis essayent de Nous porter un coup funeste à Nous et au Siége Apostolique. Toutefois, Nous ne pouvons craindre que de pareilles infamies puissent atteindre, même légèrement, ce Siége suprême de la vérité, et Nous qui y avons été élevé sans le concours d'aucun mérite. Oui, par une singulière miséricorde de Dieu, Nous pouvons redire avec Notre divin Rédempteur : « J'ai parlé publiquement au monde ; je n'ai jamais rien dit en secret. » Et ici, Vénérables Frères, Nous croyons à propos d'insister de nouveau sur la déclaration que Nous avons faite dans l'Allocution que Nous vous avons adressée le 7 décembre de l'année 1847, à savoir, que les hommes ennemis, pour parvenir plus facilement à corrompre la pure et inaltérable doctrine de la Religion catholique, pour mieux tromper

les autres et les attirer dans le piége de l'erreur,
n'épargnent aucunes manœuvres et aucunes ruses
afin que le Siége Apostolique lui-même paraisse en
quelque sorte le complice et le protecteur de leur
démence. Personne n'ignore combien de sociétés se-
crètes et pernicieuses, combien de sectes créèrent,
établirent et désignèrent, sous différents noms et à
des époques différentes, ces artisans de mensonge et
ces propagateurs de dogmes pervers, aspirant par là
à glisser plus sûrement dans les esprits leurs extra-
vagances, leurs systèmes et la fureur de leurs pensées, à corrompre les cœurs sans défense, et à ou-
vrir à tous les crimes la large voie de l'impunité. Ces
sectes abominables de perdition, aussi fatales au
salut des âmes qu'au bien et à la tranquillité de la
société temporelle, ont été condamnées par les Pontifes romains, Nos prédécesseurs. Nous-même, Nous
les avons eues constamment en horreur. Nous les
avons condamnées dans notre Lettre encyclique du
9 novembre 1846, adressée à tous les évêques de l'É-
glise catholique : et, aujourd'hui encore, en vertu de
Notre suprême autorité apostolique, Nous les con-
damnons, les prohibons et les proscrivons.

Mais, dans cette Allocution, Nous n'avons voulu
certainement ni énumérer toutes les erreurs, qui en
se glissant dans l'esprit des peuples les poussent à
tant de ruines, ni parcourir les unes après les autres
toutes les machinations par lesquelles les hommes
ennemis s'efforcent de renverser la Religion catholique et d'envahir la citadelle de Sion. Les faits que

Nous avons rapportés avec douleur prouvent suffisamment, et plus qu'il n'est nécessaire, que c'est du
progrès des mauvaises doctrines, du mépris de la
justice et de la religion, que sortent les calamités et
les bouleversements qui agitent si cruellement les
peuples. Pour écarter de si grands fléaux, il ne faut
donc épargner ni soins, ni conseils, ni travaux, ni
veilles, afin que, ces pernicieuses doctrines une fois
extirpées jusqu'à la racine, tous reconnaissent que la
véritable et solide félicité repose sur la pratique de
la vertu, de la justice et de la religion.

C'est pourquoi, c'est un devoir pour Nous, pour
vous, et pour tous les autres évêques de l'univers
catholique, Nos Vénérables Frères, de travailler
avant tout, par tous les moyens qui sont en Notre
pouvoir, à ce que les peuples fidèles, retirés par Nos
soins des pâturages empoisonnés pour être conduits
dans des pâturages salutaires et nourris de plus en
plus des paroles de la foi, reconnaissent enfin et évitent les artifices des hommes qui leur tendent des
piéges. Bien convaincus enfin que la crainte de Dieu
est la source de tous les biens, et que le péché et
l'iniquité attirent les fléaux de Dieu, qu'ils s'appliquent de toutes leurs forces à s'éloigner du mal et à
faire le bien.

Aussi, au milieu de tant de douloureuses angoisses, avons-Nous ressenti une joie qui n'a pas été lé-
gère, en apprenant avec quelle constance et quelle
fermeté d'âme Nos Vénérables Frères les évêques du
monde catholique, inébranlablement attachés à la

Chaire de Pierre et à Notre personne, combattent, de concert avec le clergé qui leur est soumis, pour défendre la cause de l'Église, et pour assurer sa liberté, et avec quel zèle sacerdotal ils s'appliquent à affermir de plus en plus dans les voies du bien ceux qui sont bons, à ramener dans les sentiers de la justice ceux qui les ont abandonnés, et à réfuter, soit par leurs discours, soit par leurs écrits, les ennemis acharnés de la Religion. En payant avec joie à Nos Vénérables Frères le tribut de louanges qu'ils ont si bien méritées, Nous ranimerons en même temps leur courage pour qu'appuyés sur l'assistance divine, ils continuent de remplir avec plus de zèle encore leur ministère, de combattre les combats du Seigneur, d'élever la voix avec sagesse et force pour évangéliser Jérusalem, pour guérir les blessures d'Israël. De plus, qu'ils ne cessent pas de s'approcher avec confiance du trône de la grâce, de redoubler l'instance de leurs prières publiques et privées, et d'avertir fréquemment les peuples fidèles de faire pénitence en tous lieux, pour obtenir de Dieu sa miséricorde et trouver grâce en temps opportun. Qu'ils n'oublient pas non plus d'exhorter les hommes éminents par leurs lumières et la pureté de leurs doctrines à travailler sous leur conduite et celle du Siége Apostolique, à éclairer les esprits des peuples et à dissiper les ténèbres que l'erreur a propagées.

Ici, Nous adjurons également dans le Seigneur Nos bien-aimés fils en Jésus-Christ, les princes et chefs des peuples, et Nous leur demandons de réfléchir sérieusement sur tous les maux que produit pour la société l'amas impur des erreurs et des vices ; cela suffira pour leur faire comprendre la nécessité de consacrer tous leurs soins, toute leur étude, tous leurs efforts à assurer partout et à accroître l'empire de la vertu, de la justice et de la Religion. Que tous les peuples, que ceux qui les gouvernent y songent, que cette vérité leur soit toujours présente : Tous les biens sont renfermés dans la pratique de la justice ; tous les maux viennent de l'iniquité : car *la justice élève une nation, mais le péché fait le malheur des peuples.*

Avant de finir, Nous éprouvons le besoin d'exprimer hautement et solennellement Notre profonde gratitude à tous Nos chers et bien-aimés enfants qui, dans leur vive préoccupation pour Nos malheurs, par un sentiment tout particulier de piété filiale, ont voulu Nous envoyer leurs offrandes. Ce pieux tribut est pour Nous bien consolant ; mais Nous devons avouer que Notre cœur paternel ne saurait se défendre d'une peine réelle, parce que Nous craignons fort que, dans la triste situation des affaires publiques, Nos très-chers fils, entraînés par un élan d'amour, n'aillent, dans leurs généreux sacrifices, jusqu'à s'imposer une gêne véritable.

Enfin, Vénérables Frères. acquiesçant entièrement aux impénétrables desseins de la sagesse et de la justice de Dieu, par lesquels il opère sa gloire, et Lui rendant, dans l'humilité de Notre cœur, de très-grandes actions de grâces de ce qu'il Nous a jugé digne d'endurer l'outrage pour le nom de Jésus-Christ, et de devenir en quelque chose conforme au modèle de sa Passion, Nous sommes prêt à supporter, en toute foi, espérance, patience et mansuétude, les plus grandes disgrâces et les plus douloureuses épreuves, et à donner même Notre vie pour l'Église, si l'effusion de Notre sang peut apporter quelque remède aux maux qui l'affligent. En attendant, Vénérables Frères, ne Nous lassons point d'implorer humblement et de conjurer nuit et jour, par les plus ferventes prières, le Seigneur, qui est riche en miséricordes, afin que les mérites de son Fils unique, couvrant son Église sainte de sa main toute-puissante, il la délivre de la violente tempête à laquelle elle est en butte ; afin que d'un rayon de sa grâce il éclaire tous les esprits égarés ; que, dans son infinie miséricorde, il se rende maître de tous les cœurs rebelles : de telle sorte que, toutes les erreurs étant dissipées et tous les malheurs finis, tous voient et reconnaissent la lumière de la vérité et de la justice, et accourent dans l'unité de la foi et de la connaissance de Jésus-Christ. Ne cessons de supplier Celui qui établit la paix dans les hautes régions, et qui lui-même est Notre paix, d'extirper tous les maux qui désolent la république chrétienne, et de ramener partout le calme et la tranquillité, objet de Nos vœux ardents. Pour que Dieu se rende plus propice à Nos supplications, recourons à des intercesseurs, et surtout à l'Immaculée Vierge Marie, qui est la mère de Dieu et la Nôtre, la mère de miséricorde : Elle trouve ce qu'Elle cherche, ses demandes ne peuvent être repoussées. Réclamons aussi les suffrages du bienheureux Pierre, prince des Apôtres, et de saint Paul, le compagnon de son apostolat, ainsi que de tous les Saints, qui, dès à présent, devenus les amis de Dieu, règnent avec lui dans les cieux, afin que, par l'entremise de leurs mérites et de leurs prières, le Seigneur délivre les peuples fidèles des fléaux de sa colère, les protége sans cesse et les réjouisse par l'abondance de sa propitiation divine.

BREF

DE S. S. LE PAPE PIE IX

A M. L'ABBÉ LE COURTIER,

sur sa brochure intitulée : le Denier de saint Pierre.

(22 avril 1849.)

Cher Fils, salut et bénédiction apostolique.

Nous avons reçu votre lettre du 17 février dernier, et avec elle les exemplaires de l'Opuscule que vous venez de publier. Nous avons reconnu, dans cet Opuscule et dans votre lettre, les sentiments de dévouement très-pieux et de piété filiale exemplaire que vous professez excellemment pour Nous et pour le Saint-Siége. Nous vous remercions beaucoup, cher Fils, et Nous conjurons par Nos prières le Souverain Rémunérateur des bonnes œuvres de répandre sur votre piété filiale envers Nous toutes sortes de prospérités spirituelles et temporelles. Mais, dans un esprit contrit, supplions avec toujours plus de zèle le même Dieu de montrer sa protection sur son sanctuaire désolé, de commander aux vents et à la mer, et de rétablir la paix dans l'étendue infinie de sa puissance.

Dans cette attente, et comme gage de Notre affection envers vous, Nous vous donnons avec amour, et dans toute l'affection de Notre cœur paternel, la bénédiction apostolique.

Donné à Gaëte, le 22 avril de l'année 1849, la troisième de Notre Pontificat.

PIE IX, PAPE.

BREF

DE S. S. LE PAPE PIE IX

A S. G. MGR L'ÉVÊQUE DE GRENOBLE.

(25 avril 1849.)

Vénérable Frère, salut et bénédiction apostolique.

La lettre que vous Nous avez adressée le 11 février dernier, est l'expression de votre entier dévouement à Notre personne et au Siége apostolique, ainsi que du vif intérêt que vous inspire Notre situation présente. Elle Nous a fait éprouver une grande consolation ; et Nous devons bien de la reconnaissance à vous, à votre clergé et à votre peuple, pour les vœux et les instantes prières que vous vous êtes empressé de faire monter en Notre faveur au trône du Dieu de clémence. Mais au milieu de ces grandes tribulations, adorons les jugements impénétrables de Celui qui, en permettant tous ces maux, ne veut pas décourager, mais seulement éprouver les fidèles. Adressons-Nous donc avec plus de ferveur que jamais à Jésus-Christ, l'auteur et le consommateur de Notre foi, afin qu'il commande aux vents et à la mer, et qu'il réjouisse Notre âme par le retour de la paix et de la tranquillité si désirées. C'est là ce que Nous demandons nuit et jour dans Nos prières et Nos supplications, attendant avec patience les jours de la consolation. Quant à notre ardent désir de visiter la France, il ne Nous a point quitté ; mais Nous le disons à regret, dans tout ce qui se passe, Nous ne voyons encore rien qui puisse Nous permettre de l'accomplir. Nous vous remercions, Vénérable Frère, de votre sollicitude empressée à Notre égard. Recevez, pour gage de Notre sincère gratitude, et comme un présage de tous les dons célestes, la bénédiction apostolique. Nous l'accordons affectueusement et du fond du cœur à vous, à tout le clergé, et au peuple fidèle de votre Église de Grenoble.

Donné à Gaëte, le 25 avril de l'année 1849, la troisième année de Notre Pontificat.

PIE IX, PAPE.

BREF

DE S. S. LE PAPE PIE IX

A LA SOCIÉTÉ DE SAINT-VINCENT DE PAUL DE BELGIQUE.

(31 mars 1849,)

Cher Fils, salut et bénédiction apostolique.

Nous avons reçu, avec la lettre que vous Nous avez adressée le 28 mai dernier, votre rapport sur l'édifiante œuvre du Patronage de Saint-Vincent de Paul, fondée en faveur de la jeunesse. Nous trouvons cette œuvre méritoire et digne d'éloges, et Nous vous félicitons sincèrement, Cher Fils, ainsi que tous vos confrères, des soins dévoués que vous lui donnez. Mais ce qui Nous réjouit surtout le cœur et surpasse toute expression, c'est l'empressement filial de vos apprentis, qui, à la première nouvelle des cruelles douleurs que Nous avons éprouvées, ont oublié leurs propres besoins et ont voulu prendre sur leur pauvreté pour Nous faire un don. Nous sommes touché de l'affection de ces petits enfants, et Nous les renfermons tous dans les tendresses de Notre cœur paternel. Puisse le Seigneur répandre sur eux ses plus abondantes bénédictions, et les récompenser de leur admirable générosité! Pour appeler sur vous et vos patronés les grâces célestes, et vous donner un gage de Notre affection, Nous vous donnons, Cher Fils, du plus profond de Notre cœur, Notre bénédiction apostolique, ainsi qu'à tous vos confrères et à tous vos apprentis, qui ne Nous sont pas moins chers qu'à vous.

☩ Donné à Gaëte, le 18 juin 1849, la troisième année de Notre Pontificat.

PIE IX, Pape.

BREF

DE S. S. LE PAPE PIE IX

AU MAIRE DE MARSEILLE.

(10 juin 1849.)

Cher Fils, salut et bénédiction apostolique.

La piété et la déférence que vous professez pour Nous et le Siége apostolique, de concert avec l'illustre nation française, se sont manifestées d'une manière toute particulière dans les circonstances déplorables qui Nous ont éloigné de Rome et soumis à la plus grave des tribulations. Aussi acceptons-Nous avec gratitude le devoir dont vous avez voulu, Cher Fils, vous acquitter envers Nous dans cette occurrence, et Nous vous rendons des actions de grâces à vous, qui vous êtes efforcé de consoler Nos angoisses et Nos afflictions par l'expression du sentiment religieux qui vous anime à un si haut degré. Confiant dans le Seigneur qui blesse et guérit, qui, tout en permettant ces adversités, ne veut pas ébranler la foi, mais seulement l'éprouver, Nous n'avons pas cessé d'implorer très-humblement, jour et nuit, son divin secours ; mais Nous craignons bien vivement que Dieu ne veuille punir un jour par quelque calamité publique les désordres de la ville de Rome et les injures faites à l'Église. C'est pour cela, Cher Fils, que vous devez persévérer plus que jamais à prier le Seigneur, afin qu'il détourne son indignation de toute la chrétienté, et qu'il établisse partout la paix et la tranquillité. Nous vous donnons bien tendrement et du fond de Notre cœur, à vous et à tous vos concitoyens, la bénédiction apostolique, comme un présage de la bénédiction divine, et comme un témoignage de l'amour tout particulier que Nous vous portons.

Donné à Gaëte, le 10 juin 1849, la troisième année de Notre Pontificat.

PIUS PP. IX.

BREF

DE S. S. LE PAPE PIE IX

A S. G. MGR L'ÉVÊQUE DE LANGRES.

(14 juin 1849.)

Vénérable Frère, salut et bénédiction apostolique.

Par votre très-respectueuse lettre du 4 de ce mois, vous Nous faites connaître, Vénérable Frère, les inquiétudes actuelles de votre âme. Élu représentant à l'Assemblée nationale, vous êtes obligé de demeurer à Paris, loin de votre cher troupeau, et vous ne pouvez satisfaire régulièrement à la loi de la résidence, comme vous en auriez ardemment le désir. Pour cela, vous Nous demandez avec instance de vous venir en aide dans cette anxiété, attendu que dans cette affaire vous ne désirez rien tant que de vous soumettre entièrement à Notre volonté et de trouver votre repos dans son accomplissement.

Nous vous félicitons avant tout et vous louons de votre sollicitude pastorale, et, dans le désir de pourvoir à votre tranquillité, Nous vous accordons par ces présentes, Vénérable Frère, et, en vertu de Notre autorité apostolique, Nous vous communiquons, pour tout le temps que durera votre mandat de représentant, le droit et la liberté d'être licitement et sans inquiétude absent de votre diocèse. Nous vous accordons bien volontiers cette facilité, Vénérable Frère, car Nous avons la pleine et ferme confiance que dans l'accomplissement de cette charge, appuyé sur le secours de Dieu, vous ne manquerez jamais aucune occasion d'employer tous les moyens que vous suggéreront votre piété, votre prudence, votre courage, pour soutenir et défendre avec ardeur la cause de l'Église, ses droits, sa liberté, tout ce qui est dans ses intérêts.

Du reste, Nous sommes bien persuadé, Vénérable Frère, que, quoique absent de corps, vous ne cessez pas d'être présent d'esprit dans votre diocèse, ni de déployer constamment toutes les ressources de votre active sollicitude pour que pendant votre absence il ne lui arrive aucun dommage.

Nous sommes heureux de cette occasion pour vous donner de nouveaux témoignages et de nouvelles assurances de Nos sentiments particuliers pour vous. Et comme gage de ces sentiments, recevez la bénédiction apostolique, que Nous vous donnons avec amour et toute l'affection de Notre cœur, à vous, Vénérable Frère, et à tout le troupeau confié à vos soins.

Donné à Gaëte, le 14 juin 1849, la troisième année de Notre Pontificat.

PIE IX, Pape.

LETTRES APOSTOLIQUES

DE S. S. LE PAPE PIE IX,

CONTENANT DES DISPOSITIONS RELATIVES AUX CHEVALIERS DE PREMIÈRE CLASSE DE L'ORDRE DE PIE.

(17 juillet 1849.)

Ad perpetuam rei memoriam.

Cum hominum mentes, animique ita sint comparati, ut ad virtutis et justitiæ semitam terendam, atque ad optimas excolendas artes, et pulcherrima quæque peragenda facinora, honorum et laudum gloria vehementer excitentur, tum Romani Pontifices Decessores Nostri provido sane consilio Equestres Ordines instituerunt, quo Viris de christiana et civili republica ob egregia facta optime meritis debitos tribuerent honores, et alios ejusmodi stimulo ad illustria virtutum exempla imitanda inflammarent. Hac quidem mente per similes Nostras Apostolicas Litteras die XVII Junii anno MDCCCXLVII editas Equestrem Ordinem a Nostro nomine Ordinem Pianum appellatum constituimus, illumque in duos gradus divisimus, quorum alterum Equitibus primæ classis, alterum vero Equitibus secundæ classis attribuimus, itemque concessimus, ut primæ tantum classis Equites pollerent privilegio transmittendi in filios nobilitatis titulum. Iisdem in Litteris proprium ejusdem Ordinis insigne statuimus, quod ex auro confectum stellæ instar superficiem haberet in octo cæruleos radios divisam, parvum album numisma in medio referentem, in quo aureis litteris scriptum « PIUS IX » quod numisma aureo circulo clauditur, et in eo inscriptio cæruleis litteris posita « VIRTUTI ET MERITO » atque in parte aversa numismatis scriptum « ANNO MDCCCXLVII. » Statuimus quoque ut primæ classis Equites illud insigne e tænia serica cærulea, duplici linea rubra extremis oris distincta collo inserta dependens gestarent, utque secundæ classis Equites insigne ipsum minoris moduli, atque eadem ex tænia pendens in sinistra vestis parte juxta communem Equitum morem deferrent. Propriam quoque Equitum vestem sancivimus, quæ cæruleo colore, rubris oris, ac variis aureis ornamentis est ornata, pro vario ipsorum Equitum gradu. Insuper manifestavimus, primæ classis Equites consequi posse privilegium gerendi magnum argenteum numisma insigni simile in sinistro pectoris latere innixum, declarantes, nulli ex Equitibus licere ejusmodi uti privilegio, nisi peculiaris et expressa facultas facta fuisset, ac Nobis et Romanis Pontificibus Successoribus Nostris jus reservavimus tum elegendi Equites, tum concedendi primæ classis Equitibus commemorati argentei numismatis usum. Jam vero hisce Nostris Apostolicis Litteris statuimus, atque decernimus, ut ii omnes, qui in posterum Equites Piani Ordinis primæ classis fuerint renunciati pollere debeant privilegio gestandi commemoratum magnum argenteum numiisma in sinistro pectoris latere, utque alterum proprium Ordinis insigne jam primæ classis Equitibus attribútum non amplius e fascia collo inserta dependens velúti antea, sed ita deferant, ut idem insigne fascia serica praelonga cærulei pariter coloris duplici linea rubri coloris extremis oris distincta dextero humero sustineatur. Et quoniam plures clarissimi Viri a Nobis in primam Piani Ordinis classem cooptati fuerunt cum privilegio gerendi memoratum magnum argenteum numisma, iccirco per præsentes Litteras declaramus, ut ii tantum primæ ipsius Ordinis classis Equites, quibus ejusdem numismatis usus a Nobis fuit concessus, alterum Ordinis insigne deferre possint, et debeant quemadmodum Nostris hisce Litteris nunc præscribitur. Insuper primæ Piani Ordinis classis Equites memoratum magnum argenteum numisma coruscantibus quoque gemmis exornatum in posterum deferre poterunt, quando tamen id a Nobis, et Romanis Pontificibus Successoribus Nostris peculiari et expressa facultate fuerit concessum, sine qua nemini unquam licebit magnum numisma gemmis ornare. Hæc statuimus, concedimus et declaramus, non obstantibus quibuscumque in contrarium facientibus, præsertim vero commemoratis Nostris Apostolicis Litteris die XVII Junii anno MDCCCXLVII editis, quas in iis omnibus, quæ præsentibus hisce Litteris minime adversantur, firmas, atque in suo robore permansuras volumus, atque mandamus.

Datum Cajetæ, sub Annulo Piscatoris, die XVII Junii anno MDCCCXLIX.

Pontificatus Nostri anno Tertio.

TRADUCTION.

PIE IX PAPE.

Pour en conserver perpétuellement la mémoire.

Comme l'esprit et le cœur des hommes sont ainsi disposés, que rien ne les excite mieux que la gloire à suivre la voie de l'honneur et des louanges, de la vertu et de la justice, à cultiver les arts libéraux et à faire de grandes choses, Nos prédécesseurs les Pontifes romains ont institué par les plus prévoyantes inspirations des Ordres de chevalerie par lesquels ils accordaient de justes récompenses aux hommes dont les belles actions avaient bien mérité de la république chrétienne et de la société, et s'en servaient comme d'un aiguillon pour enflammer les autres à imiter les illustres exemples de vertu.

C'est dans cette intention que Nous-même, par Nos lettres apostoliques en date du 17 juin 1847, Nous avons constitué un ordre appelé, de Notre nom, Ordre de Pie. Nous l'avons divisé en deux grades, dont l'un est attribué aux chevaliers de première classe et l'autre aux chevaliers de deuxième classe, et Nous avons établi que les chevaliers de la première classe seulement peuvent jouir du privilége de transmettre la noblesse à leurs enfants.

Dans ces mêmes lettres, Nous avons fixé l'insigne propre à cet ordre, qui est une étoile d'or ayant huit rayons bleus et portant au milieu un médaillon blanc où se lit en lettres d'or « Pius IX, » lequel médaillon est enfermé par un cercle d'or où est inscrite cette devise : *Virtuti et merito*, et sur le revers : anno MDCCCXLVII. Nous avons statué aussi que les chevaliers de première classe porteraient cet insigne suspendu au cou par un ruban de soie bleue bordé d'un double liseré rouge, et ceux de la deuxième classe le porteraient d'un module plus petit et avec le même ruban, à la partie gauche de l'habit, selon la coutume ordinaire des chevaliers. Nous avons aussi établi un costume propre aux chevaliers, se composant d'un habit bleu à liserés rouges et orné de broderies d'or différentes selon les grades. De plus, Nous avons déclaré que les chevaliers de première classe pourraient obtenir le privilége de porter une grande croix d'argent, semblable au modèle ci-dessus, attachée sur la partie gauche de la poitrine, déclarant qu'il n'était permis à aucun chevalier de jouir de ce privilége, s'il n'y était autorisé par une concession spéciale et expresse. Nous avons réservé à Nous et aux Pontifes romains, Nos successeurs, le droit tant de créer les chevaliers que de concéder l'usage de la plaque d'argent. Aujourd'hui, par les présentes lettres apostoliques, Nous ordonnons et établissons que tous ceux qui à l'avenir seront nommés chevaliers de première classe de l'ordre de Pie, auront le droit de porter la plaque d'argent sur le côté gauche de la poitrine, et que l'autre décoration, propre à ce grade, ne sera plus portée au cou, comme auparavant, mais suspendue à un large ruban de même couleur passé sur l'épaule droite.

Et comme plusieurs personnes illustres ont été agrégées par Nous à la première classe de l'ordre de Pie, avec privilége de porter la susdite plaque d'argent, Nous déclarons, par ces présentes, que ceux-là seulement à qui ce privilége a été concédé peuvent porter l'autre insigne de l'ordre, tel qu'il vient d'être prescrit.

De plus, les chevaliers de première classe pourront dorénavant porter la plaque d'argent ornée de brillants et de pierreries, lorsque, toutefois, cette faculté leur aura été spécialement et expressément concédée par Nous et les Pontifes romains Nos successeurs; toute autre personne ne pourra le faire.

Et avons établi, concédé et concédons ces choses, nonobstant tout ce qui y serait contraire, particulièrement Nos lettres apostoliques susmentionnés du 17 juin 1847; lesquelles, en tout ce qu'elles n'ont pas d'opposé aux présentes, voulons et ordonnons qu'elles demeurent en leur force et vigueur.

Donné à Gaëte, sous l'anneau du Pêcheur, le 17 juin 1849, de Notre Pontificat l'an troisième.

BREF

DE S. S. PIE IX

AUX APPRENTIS DE L'OEUVRE DE SAINT-VINCENT DE PAUL.

(18 juin 1849.)

Chers Fils, salut et bénédiction apostolique.

La lettre que vous Nous avez adressée est telle que, dans les souffrances présentes du Père commun des fidèles, Nous pouvions l'attendre de vous, Chers Fils, qui Nous aimez de toutes les forces de votre âme, vous distinguez par votre zèle éminent pour la Très-sainte Religion, et sous le patronage, sous la tutelle du grand Vincent de Paul, rivalisez d'ardeur dans l'exercice de la vraie charité chrétienne, afin de bien mériter de l'Église et de votre commune patrie. Car, outre la poignante douleur où vous ont plongés les crimes et les indicibles forfaits de la ville de Rome, vous Nous témoignez des sentiments si vifs de dévouement et de respect, vous les exprimez en termes tels, que Nous ne pouvons que Nous en réjouir hautement et vous en féliciter avec la plus cordiale effusion.

Aussi, reportant Notre pensée vers Celui qui a enduré, de la part des pécheurs, tant et de si grands outrages. Nous supportons patiemment les épreuves que Dieu Nous a envoyées, et attendons avec une ferme confiance des jours de consolation et de paix, où il Nous sera permis de Nous applaudir d'un nouveau triomphe de l'Église catholique sur ses ennemis. Mais, Chers Fils, pour que Dieu, usant de clémence, manifeste l'abondance de sa miséricorde sur Nous et sur tout le troupeau catholique, et par les richesses de sa grâce divine, ramène la paix et la tranquillité, il est besoin de prières toujours renouvelées et de vœux incessants. Ainsi donc, Chers Fils, ne négligez pas d'offrir, avec un redoublement de ferveur et de zèle, à Dieu, Père des miséricordes, vos prières et vos supplications. Prenez pour intercesseur auprès de lui Vincent de Paul, afin que, par son puissant patronage, il défende et protége la cause de l'Église contre les desseins et les machinations de tous ses persécuteurs. En attendant, Nous vous donnons, du plus profond de Notre cœur et dans toute l'effusion de Notre tendresse, la bénédiction apostolique, voulant qu'elle soit un gage de Notre particulière affection pour vous et le présage de la plénitude des biens célestes.

Donné à Gaëte, le 31 mai 1849, l'an troisième de Notre Pontificat.

PIE IX, Pape.

LETTRE

DE N. S. P. LE PAPE PIE IX

A M. LE GÉNÉRAL OUDINOT DE REGGIO,

*Commandant en chef de l'expédition française
en Italie.*

(5 juillet 1849.)

Monsieur le général,

La valeur bien connue des armes françaises, soutenue par la justice de la cause qu'elles défendaient, a recueilli le fruit dû à de telles armes, la victoire. Acceptez, Monsieur le général, mes félicitations pour la part principale qui vous est due dans cet événement ; félicitations, non pas pour le sang répandu, ce que mon cœur abhorre, mais pour le triomphe de l'ordre sur l'anarchie, pour la liberté rendue aux personnes honnêtes et chrétiennes, pour lesquelles ce ne sera plus désormais un délit de jouir des biens que Dieu leur a départis, et de l'adorer avec la pompe religieuse du culte, sans courir le danger de perdre la vie ou la liberté.

Sur les graves difficultés qui devront se rencontrer par la suite, je me confie dans la protection divine. Je crois qu'il ne sera pas inutile à l'armée française de connaître l'histoire des événements qui se sont succédé pendant mon Pontificat ; ils sont retracés dans mon Allocution dont vous avez connaissance, Monsieur le général, mais dont je vous remets néanmoins un certain nombre d'exemplaires, pour qu'elle puisse être lue de ceux à qui vous jugerez utile de la faire connaître. Cette pièce prouvera suffisamment que le triomphe de l'armée française est remporté sur les ennemis de la société humaine, et ce triomphe devra, par cela même, éveiller des sentiments de gratitude dans tout ce qu'il y a d'hommes honnêtes en Europe et dans le monde entier.

M. le colonel Niel, qui, avec votre dépêche très-honorée, m'a présenté les clefs d'une des portes de Rome, vous remettra la présente. C'est avec beaucoup de satisfaction que je profite de cet intermédiaire pour vous exprimer mes sentiments d'affection paternelle, et l'assurance des prières que j'adresse continuellement au Seigneur pour vous, pour l'armée française, pour le gouvernement et pour toute la France.

Recevez la bénédiction apostolique que je vous donne de cœur.

Donné à Gaëte, le 5 juillet 1849.

PIUS, PP. IX.

12.

PROCLAMATION

DE S. S. PIE IX A SES SUJETS.

(17 juillet 1849.)

Dieu a levé hautement son bras, et il a commandé aux flots furieux de l'anarchie et de l'impiété de s'arrêter. Il a guidé les armées catholiques pour soutenir les droits de l'humanité foulés aux pieds, de la foi attaquée, et ceux du Saint-Siége aussi bien que ceux de Notre souveraineté. Louanges éternelles au Seigneur, qui, au milieu de ses colères, n'oublie jamais ses miséricordes !

Bien-aimés sujets, si, dans le tourbillon de ces vicissitudes affreuses, Notre cœur a été rempli d'amertume en réfléchissant sur tant de maux endurés par l'Église, par la religion et par vous, il n'en ressent pas moins l'affection avec laquelle il vous aima et vous aime toujours. Nous soupirons après le jour qui doit Nous ramener au milieu de vous, et lorsqu'il sera arrivé, Nous reviendrons avec le plus vif désir de vous apporter la consolation, et avec la volonté de Nous occuper, de toutes Nos forces, de votre vrai bonheur, en appliquant des remèdes difficiles à des maux très-graves, et en consolant les loyaux sujets qui, pendant qu'ils attendent les institutions capables de donner satisfaction à leurs besoins, veulent, comme Nous le voulons Nous-même, voir garanties la liberté et l'indépendance du Souverain Pontificat, si nécessaires à la tranquillité du monde catholique.

En attendant, pour la réorganisation de la chose publique, Nous allons nommer une commission qui, investie de pleins pouvoirs et d'accord avec un nouveau ministère, réglera le gouvernement de l'État.

Cette bénédiction du Seigneur que Nous avons toujours invoquée, même loin de vous, Nous l'implorons aujourd'hui avec une plus vive ferveur, afin qu'elle descende avec abondance sur vous. C'est une grande consolation pour Notre cœur que l'espoir où Nous sommes que tous ceux qui ont voulu se rendre indignes de cette grâce par leurs égarements, la mériteront par un sincère et constant retour vers le bien.

Datum Cajetæ, die 17 Julii anni 1849.

PIUS PP. IX.

RÉPONSE

DE S. S. LE PAPE PIE IX

A LA COMMISSION MUNICIPALE PROVISOIRE DE ROME.

(20 juillet 1849.)

Au prince Odescalchi, président de la commission municipale.

Les sentiments que vous avez exprimés dans votre Adresse, Très-chers Fils et sujets, ont rassuré Notre esprit accablé par la pensée des maux très-graves qui ont pesé et pèsent encore sur l'Église et sur les sujets pontificaux, par le fait des ennemis de Dieu et des hommes.

Nous sommes convaincu qu'en ce qui vous concerne vous ferez tout ce qui dépendra de vous pour concourir à la diminution de ces maux.

La somme de 300 doublons d'or (10,500 fr.) vous sera remise; vous la joindrez aux offrandes recueillies à Rome pour procurer des travaux aux classes indigentes.

Nous vous bénissons absents, avec le désir de vous bénir présents, quand Dieu aura déterminé le moment de notre retour.

Donné à Gaëte, le 20 juillet 1849, de Notre Pontificat la quatrième année.

PIUS Papa IX.

Voici l'adresse à laquelle S. S. a daigné faire la réponse précédente :

« Très-Saint Père,

« Dans l'heureuse solennité de ce jour (15 juillet), qui rétablit parmi nous la légitime autorité de Votre gouvernement temporel, nous sommes très-heureux de pouvoir nous adresser librement à Votre Sainteté et lui renouveler avec la plus sincère expression de l'âme les sentiments de fidélité et de soumission que nous avons toujours professés pour Elle.

« Au milieu des nombreuses difficultés de tout genre que présente une ville à peine sortie de l'oppression et de l'anarchie, nous n'avons pas cru pouvoir refuser honorablement de nous charger de l'administration temporaire des affaires communales, qui nous était offerte par le général commandant en chef l'armée française. Nous nous flattons de ne pas nous être écartés ainsi de Vos bienfaisantes et généreuses intentions.

« Saint-Père, Vous savez bien que notre ville a été victime de la terreur et de machinations perverses, et Vous l'avez reconnu. Nous nous consolons par l'espoir que l'état malheureux du pays trouvera un prompt remède, grâce à Votre Sainteté, dans ces institutions qui peuvent seules ramener le calme et la tranquillité dans les esprits, rassurer les intérêts moraux et matériels de l'État et de notre cité, qui a plus souffert qu'aucune autre.

« Nous hâtons de tous nos vœux le jour de Votre retour tant désiré dans la capitale du monde catholique.

« Aux pieds de Votre Sainteté, nous la prions de nous accorder sa paternelle bénédiction.

« Du Capitole, le 16 juillet 1849.

« P. ODESCALCHI, ALDOBRANDI, LORENZO, PIETRO CARPI, V. PERICOLI, FR. RALLI, etc., etc. »

NOTIFICATION

DE LA COMMISSION DE GOUVERNEMENT

CONSTITUÉE PAR S. S. PIE IX.

(1er août 1849.)

La divine Providence, par le bras invincible et glorieux des armées catholiques, vient d'arracher au tourbillon orageux des plus aveugles et des plus noires passions les peuples de tous les États pontificaux, et d'une manière toute spéciale, celui de la ville de Rome, siége et centre de notre Très-sainte Religion. En conséquence, le Saint-Père, fidèle à la promesse qu'il annonçait dans son vénéré *Motu proprio*, daté de Gaëte le 17 du mois passé, nous envoie parmi vous avec de pleins pouvoirs, afin de réparer, de la manière la plus efficace et le plus tôt qu'il sera possible, les graves dommages qui ont été le fruit de l'anarchie et du despotisme de quelques-uns.

Notre premier soin sera que la religion et la morale soient respectées comme base et fondement de tout ordre social ; que la justice ait son cours plein et régulier pour tous indistinctement, et que l'administration de la chose publique reçoive l'assiette et l'accroissement dont elle a tant besoin, après que des démagogues aussi dépourvus de sens que de nom s'en sont indignement affranchis.

Pour obtenir ces importants résultats, nous prendrons le conseil des personnes distinguées par leur intelligence et par leur zèle, non moins que par la confiance universelle dont elles jouissent, et qui contribue si bien à l'heureuse issue des affaires.

L'ordre régulier des choses demande qu'à la tête des différents ministères il y ait des hommes intègres et versés dans les fonctions auxquelles ils devront se dévouer avec toute l'activité dont ils sont capables. Il en résulte pour nous l'obligation de nommer avant tout aux affaires intérieures et de la police, à celles de la justice, aux finances, à l'armée, aux travaux publics et au commerce, les affaires extérieures restant entre les mains de S. Ém. le Cardinal prosecrétaire d'Etat, qui, pendant son absence. aura à Rome un substitut pour les affaires ordinaires.

Ainsi renaîtra, comme nous l'espérons, la confiance dans tous les rangs et dans toutes les conditions, pendant que, au fond de son âme véritablement bienfaisante, le Saint-Père s'occupe de pourvoir aux améliorations et aux institutions qui sont compatibles avec sa dignité, avec la haute puissance du Souverain Pontife, avec la nature de cet État, dont la conservation intéresse tout le monde catholique, et avec les besoins réels de ses bien-aimés sujets.

A Rome, de notre résidence du palais Quirinal, le 1er août 1849.

G. Cardinal della Genga-Sermattei,
L. Cardinal Vannicelli-Casoni,
L. Cardinal Altieri. »

BREF

DE S. S. LE PAPE PIE IX

A MM. VRIGNAUD ET DAUDÉ, VICAIRES GÉNÉRAUX DE NANTES,

(4 août 1849.)

Chers Fils, salut et bénédiction apostolique.

Parmi tous les témoignages de piété et de filial dévouement envers Nous, par lesquels l'illustre clergé de France, plus que tous les autres, s'est efforcé d'adoucir Notre douleur et Notre affliction, Nous comptons à juste titre, Chers Fils, votre lettre et celle de Notre Vénérable Frère Jean-François, évêque de votre Église de Nantes, qui, malade et presque mourant, vous fit connaître, ainsi qu'à tout le clergé et au peuple de son diocèse, Nos souffrances et Nos calamités, et vous exhorta, avec un zèle admirable, à prier Dieu pour Nous. Nous vous avons, Chers Fils, beaucoup de reconnaissance pour tant d'affectueux hommages, et Nous prions Dieu de vous en récompenser par la féconde abondance des dons célestes. Du reste, Nous n'avons pas cessé de conjurer le Seigneur très-miséricordieux d'accorder, dans sa bonté, à l'âme de ce vénérable évêque les joies du repos et du bonheur éternel ; et, lorsqu'il a quitté cette vie mortelle, Nous avons eu soin de lui venir en aide par Nos suffrages. Pour vous, continuez avec la même ardeur, le même courage, le même zèle, à remplir, sous la conduite du nouvel évêque, les fonctions de votre ministère : et pour qu'il en soit plus sûrement ainsi, Nous vous accordons affectueusement, Chers Fils, du fond de Notre cœur paternel, Notre bénédiction apostolique, présage de toutes les grâces du Ciel et gage de Notre affection particulière pour vous.

Donné à Gaëte, le 4 du mois d'août de l'an 1849, quatrième de Notre Pontificat.

PIE IX. Pape.

NOTIFICATION

DE LA COMMISSION DE GOUVERNEMENT.

(3 septembre 1849.)

Les lois sur la presse clandestine étant toujours en pleine vigueur, et la nécessité d'adopter de nouvelles mesures concernant les imprimeries typographiques et lithographiques, ainsi que leurs ouvriers, se faisant aujourd'hui fortement sentir, il est ordonné ce qui suit :

1° Tous les propriétaires, administrateurs et directeurs de toute imprimerie typographique ou lithographique, tant de la Comarca que de tout l'État en général, sont tenus d'adresser dans le terme péremptoire de cinq jours, à la direction générale de la police de Rome et de la Comarca, ou de leurs provinces respectives, une note contenant leurs noms et prénoms, le lieu de leur naissance et l'autorisation d'exercer leur profession, en déclarant dans quel endroit sont établies leurs imprimeries, et en ajoutant la liste des ouvriers qu'ils occupent, avec leurs noms, leurs qualités, leur âge, le lieu de leur naissance et de leur domicile ;

2° Tout possesseur d'outils typographiques devra en donner la note détaillée avec l'indication de l'endroit où ils se trouvent ;

3° Tous les typographes et propriétaires d'imprimerie devront remettre à la police un échantillon de tous les caractères qui leur appartiennent, en écrivant de leur propre main, en présence de l'officier de police, leur dénomination, les nom, prénoms et demeure du fondeur, et en signant les modèles ;

4° Toutes les fois que les susdits imprimeurs achèteront ou renouvelleront des caractères, ils devront en donner la note, ainsi qu'il est dit à l'art. 3, au moment même de l'acquisition ;

5° Tous les ouvriers appartenant aux professions sus-indiquées qui sont actuellement sans ouvrage.

seront obligés de se présenter, dans le terme sus-énoncé, à la direction de la police de leurs localités respectives, afin d'y décliner leur nom, leur âge, leur patrie et leur domicile;

6° Les contrevenants aux dispositions de l'art. 5 seront frappés d'une amende de 50 écus;

7° Ceux qui se mettront en contravention avec les art. 2, 3 et 4 encourront la perte de leurs outils et de leurs caractères, et seront condamnés à 25 écus d'amende.—Et quant aux ouvriers dont parle l'art. 5, ils seront condamnés de cinq à dix jours de prison.

Donné à notre résidence de Rome, le 3 septembre 1849.

> *Le vice-camerlingue de la S. Eglise Ro-maine, ministre de l'intérieur et préfet de police,*
>
> D. SAVELLI.

NOTIFICATION

DE LA COMMISSION DE GOUVERNEMENT.

(14 septembre 1849.)

Conformément à l'art. 5 de la notification du 3 courant, il est formé un conseil central de censure, composé de dix personnes et résidant à Rome. Ce conseil est chargé de prendre d'exactes informations

sur les qualités et la conduite de tous les fonction-
naires civils, politiques, judiciaires, administratifs,
de police et de finance, quels que soient leur rang et
leur condition, qui dans les dernières convulsions
politiques se seraient rendus dignes de punition. Le
conseil examinera également la conduite tenue à la
même époque par les pensionnés et retraités qui reçoivent du trésor public des gratifications ou des
pensions, afin que l'on puisse savoir s'ils ont conservé ou perdu leur titre à toucher leurs émoluments,
et en même temps pour que l'on sache si parmi eux
quelques-uns pourraient être remis en activité de
service. Des instructions spéciales détermineront les
règles selon lesquelles le conseil devra procéder, pour
la prompte et consciencieuse exécution de la charge
qui lui est confiée.

En même temps, il est établi dans chaque province un conseil de censure, présidé par la première
autorité politique de la province. Ce conseil est
chargé d'examiner et de vérifier les qualités et la conduite des magistrats et des employés municipaux à
l'époque indiquée. Il devra en outre s'empresser de
répondre à toutes les demandes qui lui seront adressées par le conseil central, pour le fidèle et scrupuleux accomplissement de ses fonctions.

L'autorité supérieure se réserve de confier aux-
dits conseils tous les pouvoirs relatifs à l'objet sus-
indiqué qui pourraient dans la suite lui paraître op-
portuns et utiles pour le bien de l'administration
publique.

Rome, de notre résidence du Quirinal, le 14 août 1849.

G. Card. della Genga Sermattei. —
L. Card. Vannicelli Casoni. —
L. Card. Altieri.

DISCOURS

DE S. S. PIE IX

AU CLERGÉ DE NAPLES,

(6 septembre 1849.)

Le 26 novembre de l'année dernière, accompagné par le plus pieux de tous les souverains et son auguste épouse, je me retirais sur un rocher qui garde la pieuse tradition des miracles arrivés au moment où Jésus-Christ expirait sur le Calvaire en effaçant de son sang précieux la sentence de notre condamnation éternelle. Ce jour-là, agenouillé devant une image du Crucifié, ou plutôt devant le très-auguste Sacrement, j'implorais du ciel la paix pour le souverain qui m'accompagnait, et pour vous, mes très-chers fils, quel que soit votre rang, la bénédiction de Dieu. — J'ignorais alors les décrets de la divine Providence qui devaient s'accomplir sur moi; j'ignorais qu'un jour je pourrais me rendre parmi vous et vous bénir moi-même. Cette bénédiction, je l'appelle sur vous tous et sur le jeune clergé en particulier, afin que vous puissiez, mes très-chers fils, connaître les devoirs de votre état. Le peuple, entouré aujourd'hui plus que jamais de ténèbres qui s'épaississent chaque jour, a besoin d'une lumière qui le guide ou l'éclaire dans la connaissance des piéges qui lui sont constamment tendus. Soyez son guide par l'exemple, par la parole, par la charité. Étudiez, mes fils bien-aimés, les dangers attachés à votre état, afin de les éviter, et vous apprendrez à les connaître et à les fuir, si vous réfléchissez bien à tout ce qu'on vous répète chaque jour dans les lieux destinés à votre éducation ecclésiastique. Soyez donc bénis dans votre âme, et que celle-ci, créée à l'image de Dieu, soit la copie de Jésus-Christ, son divin original. Soyez bénis dans vos études, dans vos prières, en tout. Dans cette intention, je vous donne la bénédiction pontificale que vous allez recevoir à genoux.

RÉPONSE

DE S. S. LE PAPE PIE IX

A LA MUNICIPALITÉ DE PÉROUSE.

(11 septembre 1849.)

A Nos bien-aimés et nobles Fils, salut et bénédiction apostolique.

Nous avons reçu vos lettres du 22 août, par lesquelles, après le rétablissement de la tranquillité par les armes qui ont délivré l'État pontifical du désordre qui l'avait envahi si longtemps, vous Nous présentez les sentiments de soumission filiale et de fidélité que vous affirmez partager avec toute la ville. Cela a été très-doux à Notre âme, car Nous n'avons jamais rien eu et Nous n'aurons jamais rien de plus cher que le soin et la sollicitude des sujets de Notre domination temporelle par des moyens en rapport avec leurs besoins et propres à conserver en même temps la dignité et l'autorité de ce Siége apostolique, sur lequel la divine Providence a placé d'une manière durable les Pontifes romains.

Nous vous félicitons, Nobles et bien-aimés Fils, de voir confier à vos mains l'administration municipale, et Nous vous engageons à faire en sorte que cette ville puisse bientôt ressentir les effets et les avantages de vos travaux. En attendant, Nous implorons humblement le Seigneur, auteur et dispensateur de tout bien, pour qu'il vous comble, avec toute la ville de Pérouse, de ses bienfaits célestes, et comme souhait de tant de bonheur, en témoignage de Notre charité paternelle envers vous, Nobles et bien-aimés Fils, Nous vous donnons, avec le plus profond sentiment d'affection, à vous et à tous vos concitoyens, Notre bénédiction apostolique.

Donné à Naples, dans le faubourg de Portici, le 11 septembre.

PIE IX, PAPE.

PROCLAMATION

DE S. S. LE PAPE PIE IX.

(12 septembre 1849.)

A peine les vaillantes armées des puissances catholiques, qui ont concouru avec un dévouement vraiment filial au rétablissement de Notre pleine liberté et indépendance dans le gouvernement des domaines temporels du Saint-Siége, vous avaient-elles délivrés de la tyrannie qui vous opprimait de mille façons, que Nous avons élevé des hymnes de remercîments au Seigneur ; mais Nous avons eu hâte en même temps d'envoyer à Rome une commission de gouvernement, composée de trois prélats recommandables, afin qu'elle reprît en Notre nom les rênes de l'administration civile, et avec l'aide d'un ministère, pourvût, selon les circonstances, à toutes les mesures qu'exigeaient immédiatement l'ordre, la sécurité et la tranquillité publique.

Avec la même sollicitude, Nous nous sommes occupé d'établir les bases des institutions qui, tout en assurant à Nos sujets bien-aimés les franchises convenables, devaient assurer aussi notre indépendance, que Nous sommes dans l'obligation de maintenir entière en face du monde. En conséquence, pour la consolation des bons, qui ont si bien mérité Notre bienveillance et Notre attention spéciales, pour le désappointement des méchants et des aveugles, qui se prévalurent de Nos concessions pour renverser l'ordre social, et pour prouver à tous que Nous n'avions rien à cœur que votre véritable et solide prospérité, Nous avons arrêté, de science certaine et dans la plénitude de notre autorité, les dispositions suivantes :

Art. 1er. Il est institué à Rome un conseil d'État qui donnera son avis sur les projets de loi avant qu'ils soient soumis à la sanction souveraine. Il examinera toutes les questions graves de toutes les branches de l'administration publique, sur lesquelles son avis sera réclamé par Nous et Nos ministres.

Une loi ultérieure déterminera les qualités et le nombre des conseillers, leurs devoirs, leurs prérogatives, les règles des discussions et tout ce qui peut concerner la marche régulière d'une si haute assemblée.

Art. 2. Il est institué une Consulte d'Etat pour les finances. Elle sera entendue sur le revenu de l'État ; elle en examinera les dépenses, arrêtant aussi le règlement des comptes. Elle donnera son avis sur l'imposition de nouvelles taxes ou la diminution des taxes existantes, sur le meilleur mode d'en opérer la répartition, sur les moyens les plus efficaces de faire refleurir le commerce, et en général sur tout ce qui regarde les intérêts du Trésor public.

Les membres de la Consulte seront choisis par

Nous sur des listes qui Nous seront présentées par les conseils provinciaux. Leur nombre sera fixé en proportion des provinces de l'État. Il pourra être accru par l'adjonction d'un nombre fixe de sujets que Nous nous réservons de nommer.

Une loi ultérieure déterminera les formes des propositions des membres de la Consulte, leurs qualités, les règles de l'examen des affaires et tout ce qui peut efficacement et promptement contribuer à la réorganisation de cette branche si importante de l'administration publique.

Art. 3. L'institution des conseils provinciaux est confirmée. Les conseillers seront choisis par Nous sur des listes présentées par les conseils communaux.

Ils débattront les intérêts locaux de la province, les dépenses à faire aux frais de la province, et, avec leur concours, les comptes de recettes et de dépenses de l'administration intérieure. Cette administration sera désormais confiée à une commission administrative, qui sera choisie par chaque conseil provincial sous sa responsabilité.

Quelques membres du conseil provincial seront appelés de préférence à faire partie du conseil du chef de la province pour l'aider dans l'accomplissement de la surveillance qu'il doit exercer sur les communes.

Une loi ultérieure déterminera le mode des propositions, les qualités et le nombre des conseillers pour chaque province, et après avoir prescrit les rapports qui doivent exister entre les administrations provinciales et les grands intérêts de l'État, réglera ces rapports et indiquera comment et jusqu'où s'étendra la surveillance supérieure sur ces administrations.

Art. 4. La représentation et l'administration municipales seront réglées sur les plus larges franchises qui soient compatibles avec les intérêts locaux des communes.

L'élection des conseillers aura pour base un nombre étendu d'électeurs, en ayant principalement égard à la propriété.

Les éligibles, outre les qualités intrinsèques nécessaires, devront payer un cens qui sera fixé par la loi.

Les chefs des administrations municipales seront choisis par Nous, et les anciens des chefs des provinces sur trois présentations faites par les conseils communaux.

Une loi ultérieure déterminera les qualités et le nombre des conseillers communaux, le mode de leur élection, le nombre de ceux qui composeront la municipalité : elle réglera la marche de l'administration en la faisant concorder avec les intérêts de la province.

Art. 5. Les réformes et les améliorations s'étendront aussi à l'ordre judiciaire et à la législation civile, criminelle et administrative. Une commission va être nommée pour s'occuper du travail nécessaire.

Art. 6. Enfin, toujours porté à l'indulgence et au pardon par l'inclination de Notre cœur paternel, Nous voulons encore une fois donner place à un acte de clémence envers les hommes égarés qui ont été entraînés à la trahison et à la révolte par les séductions, l'hésitation, et peut-être aussi par la faiblesse d'autrui. Ayant d'autre part présent à la pensée ce que réclament de Nous la justice, fondement des royaumes, les droits d'autrui méconnus ou violés, le devoir qui nous incombe de vous protéger contre le renouvellement des maux que vous avez soufferts, et l'obligation de vous soustraire à l'influence pernicieuse des corrupteurs de toute morale, et des ennemis de cette Religion catholique qui, source inépuisable de tout bien et de toute prospérité sociale, faisait votre gloire, et vous faisait remarquer comme la famille d'élection que Dieu favorisait de ses dons particuliers; Nous avons ordonné qu'on publiât en Notre nom une amnistie pour tous ceux qui ne sont point exclus de ce bienfait par les exceptions énoncées dans l'ordonnance.

Telles sont les dispositions qu'en présence de Dieu Nous avons cru devoir publier pour votre bien. Elles sont compatibles avec Notre dignité, et Nous sommes convaincu que, fidèlement exécutées, elles peuvent produire ce bon résultat, qui est l'honorable souhait des esprits sages. Le bon sens de tous ceux d'entre vous qui aspirent au bien en proportion des maux qu'ils ont soufferts Nous en est une ample garantie. Mais ayons soin, par-dessus tout, de mettre notre confiance en Dieu, qui, même au milieu de ses justes desseins, ne dément jamais sa miséricorde.

Donné à Naples, au faubourg de Portici, le 12 septembre 1849, de Notre Pontificat l'an quatrième.

NOTIFICATION

DE LA COMMISSION DE GOUVERNEMENT.

(18 septembre 1849.)

La commission de gouvernement,

Sa Sainteté, touchée des circonstances qui peuvent atténuer pour un certain nombre de ses sujets la faute d'avoir participé aux troubles politiques qui dernièrement ont tant affligé les États pontificaux, et désireuse de montrer toujours davantage la bonté de son cœur vraiment paternel, usant de son plein pouvoir au profit de tant d'égarés, peut-être plutôt séduits que séducteurs, a daigné prendre les dispositions suivantes, conformément à l'article 6 de son *Motu proprio* en date de Naples le 12 courant :

En exécution des commandements vénérés de Sa Sainteté, nous nous empressons de publier, conformément à ses intentions souveraines, à nous transmises, les dispositions suivantes :

A tous ceux qui ont pris part à la révolution récemment terminée dans les États pontificaux est accordée, par indulgence souveraine, la remise de toute peine encourue en conséquence des délits politiques par eux commis.

De ce pardon sont exceptés :

Les membres du Gouvernement provisoire ;

Les membres de l'Assemblée constituante qui ont pris part aux délibérations de l'Assemblée ;

Les membres du Triumvirat et du gouvernement de la République ;

Les chefs des corps militaires ;

Tous ceux qui, ayant joui du bénéfice de l'amnistie antérieurement accordée par Sa Sainteté, et manquant à la parole d'honneur qu'ils avaient donnée, ont participé aux soulèvements survenus dans les États du Saint-Siége.

Ceux qui, outre les délits politiques, se sont rendus coupables de délits atteints par la loi pénale actuelle.

Ce pardon ne garantit pas la conservation de leurs emplois publics, provinciaux ou municipaux, à ceux qui, par leur conduite dans les troubles passés, ne s'en sont pas rendus dignes. Cette réserve s'étend aux employés et militaires de toute arme.

Du Quirinal, ce 18 septembre 1849.

G. card. DELLA GENGA SERMATTEI.

L. card. VANNICELLI CASONI.

L. card. ALTIERI.

BREF

DE S. S. PIE IX

A L'ARCHEVÊQUE-ÉVÊQUE DE SALUCES.

(13 octobre 1849.)

Vénérable Frère, salut et bénédiction apostolique.

Nous avons éprouvé une grande consolation, Vénérable Frère, en recevant la lettre écrite le VIII des calendes de ce mois, en votre nom et celui des autres vénérables Frères de la province de Turin, ainsi qu'un exemplaire imprimé de la lettre pastorale que, dans votre réunion de Villeneuve, vous avez adressée le 29 du mois de juillet au clergé et aux fidèles de vos diocèses.

En effet, dans cette lettre pastorale, éclatent de toute part votre foi, votre amour et votre respect pour Nous et la Chaire de saint Pierre, votre zèle sacerdotal à défendre Notre très-sainte Religion contre l'effort et les attaques de ses ennemis déclarés, et votre vigilance à découvrir et déjouer les trames de ceux qui lui dressent des embûches. Au milieu de cette tempête, que les portes de l'enfer ont vomie contre l'Église catholique, rien de plus consolant pour Nous, rien de plus désirable que de voir Nos vénérables Frères les Évêques catholiques, appelés à partager Notre sollicitude, redoubler, sous la conduite du Siége apostolique, de soins, d'efforts et de constance, pour combattre de bons combats et guérir les plaies d'Israël. Aussi Nous vous félicitons vivement dans le Seigneur, vous et vos vénérables Frères de la province de Turin, d'avoir réuni vos conseils et vos travaux pour la défense courageuse de la sainte Église, et les infatigables soins du salut des âmes.

Nous vous encourageons à continuer avec une constance de plus en plus vive, et sous la protection de Dieu, à livrer les combats du Seigneur comme de bons soldats de Jésus-Christ, à toujours veiller, à travailler sans cesse, afin que les fidèles qui vous sont confiés se raffermissent chaque jour dans la confession de la vérité catholique, et que, prévenus du venin et du danger des erreurs qui circulent, ils les détestent, les évitent et marchent dignement devant Dieu, lui plaisant en tout et féconds en toutes sortes de bonnes œuvres. A cette occasion, Nous vous témoignerons à vous et à vos vénérables Frères combien Nous a été agréable la lettre que vous Nous avez adressée le 29 du même mois de juillet, lors de votre réunion dont les actes Nous ont été transmis par Notre vénérable Frère l'Archevêque de Tarse, Nonce du Siége apostolique auprès du roi de Sardaigne.

Nous ne manquerons pas de vous faire connaître en son temps Notre jugement sur les mêmes actes, et maintenant Nous prions humblement le Père des miséricordes qu'il daigne bénir vos soins pastoraux, vos conseils et vos travaux, afin que cette portion si vaste du champ du Seigneur devienne de jour en jour plus fertile en fruits de justice.

Comme gage du secours d'en haut et en témoignage de Notre bienveillance particulière pour vous et vos vénérables Frères, Nous vous donnons avec amour et du fond du cœur Notre bénédiction apostolique, ainsi qu'au clergé et aux fidèles de la province de Turin.

Donné à Naples, au faubourg de Portici, le 13 octobre de l'an 1849, de Notre Pontificat le quatrième.

PIE IX, PAPE.

BREF

DE S. S. PIE IX

A M. LE COMTE DE MONTALEMBERT.

(13 novembre 1849.)

Dilecte Fili, nobilis vir, salutem et apostolicam benedictionem.

Ab ipso perturbationum exordio, quibus misere divexatus est civilis hujus Apostolicæ Sedis principatus, prudens ut es, Dilecte Fili, nobilis vir, et ad cernendum acutus, prospiciebas quanto Rei christianæ universæ detrimento futurum esset, ubi communis omnium matris Romanæ Ecclesiæ patrimonium, pro dignitate, et nemini obnoxia Romani Pontificis libertate adversus rebelles non vindicaretur, atque ab injuria et calumniis non prohiberetur. Quam persuasionem in tanta hac rerum et temporum conversione, in vestro isto regimine, pro eximio suo erga sanctissimam Religionem, ac supremam dignitatem Nostram obsequio, et pietate egregius vir Alfridus de Falloux præ aliis retinere studuit, quem Nos propterea de Nobis ipsis, deque hac Apostolica Sede, ut ipsum te præclare meritum jure dicimus, ac prædicamus. Verum quæ a te, Dilecte Fili, nobilis vir, in generali deputatorum conventu, decimo nono mensis proximi die disputata istic fuerunt excellens aliud, et sane luculentum ingenii tui, ac studii flagrantis rerum Nostrarum tuendarum specimen exhibuerunt, quod perenni utique bonorum omnium memoria vigebit. Nihil profecto eximia hac magnitudine, et firmitate animi tui præstantius, nihil ipsa optabilius in tanta excellentium virorum penuria, quibus nunc maxime æget civilis societas, quum scilicet ambitio flagrat, et pleriquæ novis rebus, deviisque opinionibus sola temporis caussa student, ac suis emolumentis omnia metiuntur. Gratulamurque itaque majorem in modum præclaro ingenio, et studio tuo, Dilecte Fili, nobilis vir; ac Deum, a quo omne datum optimum, et omne donum perfectum, summis votis et precibus obsecramus, ut robur et gratiam suam in te multiplicet. Ac tanti hujus boni auspicem, Nostræque præcipue erga te paternæ caritatis pignus habeas apostolicam benedictionem, quam ipsi tibi, Dilecte

Fili, nobilis vir, intimo cordis affectu peramanter impertimur.

Datum Neapoli, in suburbano Portici, die 13 novembris anni 1849, Pontificatus Nostri anno quarto.

PIUS P. IX.

TRADUCTION.

Cher et noble Fils, salut et bénédiction apostolique.

Dès l'origine des troubles qui ont si misérablement assailli le principat civil du Siége apostolique, vous avez prévu, avec la prudence et la perspicacité qui vous sont propres, combien la République chrétienne tout entière aurait à souffrir, si le patrimoine de l'Église romaine, mère du monde, ainsi que la dignité et la souveraine liberté du Pontife romain, n'étaient pas revendiqués contre les rebelles et mis à l'abri de toute injure et de toute calomnie. C'est cette conviction qu'au milieu de tous les bouleversements de votre pays s'est par-dessus tout efforcé de soutenir un homme, admirable par sa piété et son noble dévouement à Notre très-sainte Religion et à Notre dignité suprême, Alfred de Falloux ; et c'est pourquoi Nous déclarons et proclamons à bon droit que, comme vous-même, il a parfaitement mérité de Nous et du Saint-Siége. Mais le discours que vous avez prononcé, Cher et noble Fils, dans l'Assemblée générale des Représentants le 19 du mois dernier, est un nouvel et brillant monument de votre talent et de votre zèle fervent pour la défense de Notre cause. Il vivra à jamais dans la mémoire de tous les gens de bien. Certes, il n'y a rien de plus admirable que cette grandeur d'âme et ce noble courage dont vous avez fait preuve, et rien aussi de plus précieux, au sein de cette extrême pénurie d'hommes généreux dont la société civile aurait tant besoin, en un temps où l'ambition est si flagrante et où la plupart, par concession pour leur temps, se laissent aller aux nouveautés et aux opinions erronées, et mesurent tout à l'échelle de leur intérêt personnel. Nous vous félicitons donc, Cher et noble Fils, de plus en plus de votre beau talent et de votre zèle, et Nous conjurons avec les plus instantes prières Dieu, qui est l'auteur de tout bien et de tout don parfait, de multiplier en vous sa force et sa grâce. Recevez, comme présage d'un si grand bien et comme gage particulier de Notre tendre et paternel amour, la bénédiction apostolique que Nous vous donnons, Cher et noble Fils, du fond de Notre cœur.

Donné à Naples, au faubourg de Portici, le 13 novembre 1849, et de Notre Pontificat le quatrième.

PIE IX, PAPE.

BREF

DE S. S. LE PAPE PIE IX

AUX ÉVÊQUES DES ÉTATS PONTIFICAUX.

(20 novembre 1849.)

A Nos très-chers Fils et vénérables Frères, salut et bénédiction apostolique.

Nous avons reçu assez tard la lettre que vous Nous adressiez d'Imola le 4 du mois d'octobre, tandis qu'avec Notre agrément vous teniez dans cette ville les premières conférences qui devaient précéder la célébration du Synode provincial, et auxquelles prenait part également Notre cher Fils Ignace Cadolini, Cardinal-Prêtre de la S. E. R., Archevêque de Ferrare. Dans cette réunion, votre premier soin fut de reconnaître qu'à la protection de l'Immaculée Vierge Marie l'on doit attribuer et la conservation du pouvoir temporel du Siége apostolique au milieu de tant de bouleversements politiques, et la restauration de Notre autorité légitime dans toutes les provinces des États pontificaux : glorieux événement dont vous vous êtes encore grandement réjouis avec toute l'Église catholique. Puis, vous avez manifesté votre joie d'apprendre que Nous n'avons pas hésité à proscrire et à prohiber les très-pernicieuses erreurs propagées , en ces temps si calamiteux et si tristes, par les œuvres tout à fait récentes de trois ecclésiastiques, qui avaient malheureusement trouvé accès dans l'esprit et les pensées de beaucoup d'hommes, surtout en Italie, et qui les avaient pervertis. Hâtons-Nous de le dire, le très-miséricordieux Seigneur a daigné bénir Notre sollicitude et adoucir, en la tempérant, votre douleur et la Nôtre, puisque deux de ces écrivains se sont louablement soumis à ce décret de prohibition. Et plût à Dieu que le troisième, reconnaissant aussi ses erreurs, les rétractât avec sincérité! car alors l'affliction qui depuis longtemps déchire Notre cœur, à cause de ces écrits, serait aussitôt soulagée, et Nous pourrions espérer que les maux immenses causés par eux dans la société et dans l'Église s'éloigneraient plus facilement. De plus, pressés par la sollicitude que vous avez pour vos troupeaux, et désirant avec ardeur que les fidèles soient encore prémunis contre les erreurs dont vous pensez qu'abondent les autres ouvrages du même écrivain (*che ribocchino le altre opere*), vous vous êtes empressés de Nous les dénoncer, Nous envoyant même un livre dans lequel, dites-vous, est signalé clairement et manifestement démontré le pernicieux système de ces erreurs. Nous louons, comme c'est Notre devoir, votre soin et votre vigilance, et Nous vous faisons savoir que, sans y apporter aucun retard, Nous avons déjà envoyé copie de votre lettre à Notre congrégation de l'Index, afin qu'elle procède ainsi qu'il lui appartient.

Les tribulations et les angoisses dont l'Église est affligée, en ces jours lamentables et sombres, sont en grand nombre et d'une grande gravité ; les impies, vous le savez, font, par tous les moyens, à l'Épouse immaculée de Jésus-Christ et aux ministres du sanctuaire une guerre acharnée, et pourtant toutes ces douleurs ne peuvent faire oublier celle que Nous causa la furieuse tempête que, par toutes sortes de calomnies et par les machinations les plus insidieuses, les ennemis jurés de l'Église et de la société civile parvinrent naguère à soulever contre la Compagnie de Jésus. Nous pouvons néanmoins en quelque manière Nous féliciter avec ses enfants mêmes de leur dispersion et de leur exil, qui leur épargna la douleur d'être les témoins du triomphe obtenu dans Rome surtout et dans tous les États pontificaux par les plus scélérats des hommes. Nous qui aimâmes toujours les membres de cette Compagnie, car ce sont des ouvriers laborieux et infatigables, Nous les aimons aujourd'hui d'autant plus et avec une affection toute particulière de Notre charité apostolique. Aussi, après avoir été contraint, l'âme navrée de douleur, de voir les angoisses et les malheurs de cette Compagnie, maintenant que la tempête est apaisée, rien ne peut Nous être plus agréable que de voir, selon votre désir, celui des autres Évêques et de tous les gens de bien, ces Pères revenir pour s'employer de nouveau à leurs belles œuvres et à cultiver le champ du Seigneur. Ce vœu, Nous l'avons déjà confirmé par des actes, en ordonnant que, dans Nos États pontificaux, toutes leurs maisons leur soient ouvertes, et Nous ne doutons pas que, par la grâce de Dieu, ils ne puissent y retourner au plus tôt.

Et tandis que Nous vous communiquons ces sentiments de Notre cœur, Nous attendons avec impatience, Nos chers Fils et vénérables Frères, de connaître les résolutions et les mesures prises au sein de votre illustre assemblée, et Nous prions humblement Dieu très-bon et très-grand qu'il vous soit propice, qu'il vous assiste au milieu de vos réunions et vos travaux, et vous envoie l'abondance de ses miséricordes célestes. Dès à présent, comme signe de cette protection et comme gage de Notre ardente charité pour vous, Nous donnons affectueusement, et du plus profond de Notre cœur, la bénédiction apostolique à vous, Nos chers Fils et vénérables Frères, à tout le clergé et à tous les autres fidèles confiés à votre sollicitude.

Donné à Naples, au faubourg de Portici, le 20 novembre 1849, la quatrième année de Notre Pontificat.

PIUS PP. IX.

BREF

DE S. S. LE PAPE PIE IX

A S. G. MGR L'ARCHEVÊQUE DE PARIS ET A S. G.

MGR L'ÉVÊQUE DE LANGRES (1).

(30 novembre 1849.)

Venerabilis Frater, salutem et apostolicam benedictionem.

Ubi primum summa animi Nostri admiratione accepimus perniciosissimos errores, quos presbyter Chantôme Lingonensis Diœcesis temerario ausu per publicas etiam ephemerides in vulgus disseminare non erubescit, vehementer quidem doluimus gravissima considerantes damna quæ ex ejusmodi scriptis in Sanctissimam nostram Religionem, ac civilem ipsam societatem possunt redundare hisce præsertim asperrimis temporibus, quibus impii homines nefariis quibusque molitionibus, et monstrosis opinionum commentis, jura quæque divina et humana subvertere connituntur. Itaque tibi summopere gratulamur, Venerabilis Frater, quod pro episcopali tua sollicitudine presbyterum ipsum istic morantem se-

(1) Le texte est le même pour les deux prélats; l'intitulé seul est différent.

rio monere atque ad proprii officii rationem revocare haud omiseris, eumque salutaribus tuis monitis, et mandatis pertinaciter reluctantem ab omni ecclesiastici ministerii functione prohibendum esse existimaveris, atque opportuna jam susceperis consilia, ne grex tibi commissus vesanis hujus viri inficiatur erroribus. Et quoniam probe noscimus, quo sacerdotali zelo alii quoque Venerabiles Fratres Galliarum antistites sint animati ad Catholicæ Ecclesiæ doctrinam tuendam, ad animarum salutem procurandam, et illarum perniciem propulsandam, iccirco dubitare non possumus, quin ipsi clerum, populumque fidelem eorum vigilantiæ concreditum omni cura monere, exhortari et excitare studeant, ut a perversis ejusdem Chantôme opinionibus diligentissime caveant et abhorreant. Optamus autem, Venerabilis Frater, ut has Nostras litteras iis omnibus manifestes, quibus in Domino expedire censueris. Atque interim hac occasione perlibenter utimur, ut Nostram in te benevolentiam iterum testemur et confirmemus, cujus quoque pignus esse volumus apostolicam benedictionem, quam toto cordis affectu tibi ipsi, Venerabilis Frater, cunctisque istius Ecclesiæ clericis, laicisque fidelibus peramanter impertimur.

Datum Neapoli, in suburbano Portici, die 30 novembris anno 1849, Pontificatus Nostri anno quarto.

TRADUCTION.

Vénérable Frère, salut et bénédiction apostolique.

Nous avons connu, non sans un étonnement profond, les erreurs extrêmement pernicieuses qu'un prêtre du diocèse de Langres, nommé Chantôme, avait l'audace de répandre parmi les peuples, ne rougissant pas d'exposer ses conceptions téméraires même par la voie des feuilles publiques. Nous en avons aussitôt ressenti une grande douleur, par la considération de tous les maux que de tels écrits peuvent causer à Notre très-sainte Religion et à la société civile elle-même, surtout dans ces temps si pénibles, où les impies, réunissant leurs efforts, enfantent les systèmes les plus monstrueux et forment les plus coupables complots pour renverser les droits divins et humains.

Nous vous adressons donc, Vénérable Frère, nos vives félicitations de ce que, dans votre sollicitude épiscopale, après avoir fait à ce prêtre habitant votre diocèse de sérieuses remontrances, après avoir employé tous les moyens les plus propres à le ramener aux devoirs de son ministère, sur ses résistances opiniâtres à vos salutaires avertissements et à vos ordres formels, vous avez jugé qu'il devait être privé de toute fonction ecclésiastique, et vous avez pris de sages mesures pour que le troupeau confié à vos soins ne fût pas infecté des funestes erreurs de cet homme égaré.

Nous savons d'ailleurs parfaitement de quel zèle pastoral sont également animés Nos vénérables Frères, les autres Évêques de France, pour défendre la doctrine de l'Église catholique, pour procurer le salut des âmes et détourner tout ce qui pourrait causer leur perte : Nous ne pouvons donc pas douter qu'ils ne réunissent tous les efforts de leur zèle pour avertir, pour exhorter, pour conjurer le clergé et le peuple fidèle confiés à leur vigilance de se prémunir avec soin et de s'écarter avec horreur des systèmes de ce même Chantôme.

Nous désirons, Vénérable Frère, que vous fassiez connaître Notre présente Lettre à tous ceux à qui vous jugerez bon dans le Seigneur qu'elle soit manifestée.

Nous saisissons avec empressement cette occasion de vous donner un nouveau témoignage et une nouvelle assurance des sentiments de Notre cœur pour vous. Et Nous voulons que vous en receviez pour gage la bénédiction apostolique que Nous vous accordons avec affection et dans l'effusion de Notre âme, à vous, Vénérable Frère, ainsi qu'au clergé et à tous les fidèles de votre diocèse.

Donné à Naples, à Portici, le 30 novembre 1849, la quatrième année de Notre Pontificat.

PIE IX, Papr.

BREF

DE S. S. LE PAPE PIE IX

AUX ÉVÊQUES DE LA PROVINCE DE REIMS.

(30 novembre 1849.)

Venerabiles Fratres, salutem et apostolicam benedictionem.

Vehementer delectati sumus vestris obsequentissimis Litteris X kalendas hujus mensis datis, quas una cum actis provincialis Remensis synodi a vobis celebratæ libentissimo prorsus animo nuper accepimus. In ipsis enim Litteris demirati sumus egregiam vestram religionem ac singularem erga Nos et Apostolicam Sedem observantiam et reverentiam, eximiamque pastoralem sollicitudinem qua summopere animati synodum ipsam celebrastis, ut in hac tanta temporum perturbatione et iniquitate, omnem vestram impenderetis operam in iis statuendis, quæ ad errores profligandos, ad animarum salutem procurandam, ad morum honestatem favendam, ad ecclesiasticam disciplinam tutandam et augendam valeant. Etsi vero nihil vobis de ejusdem synodi actis significare nunc possimus, cum acta ipsa non nullis VV. FF. NN. S. R. E. Cardinalibus congregationis Concilii examinanda statim commiserimus, tamen haud possumus quin vobis, Venerabiles Fratres, ex animo gratulemur, quod sacerdotali zelo catholicis Antistitibus plane digno vestras omnes curas, cogitationes, consilia in ædificationem corporis Christi conferre tantopere studeatis. Itaque dum vos meritis in Domino laudibus prosequimur, vobis addimus animos, ut majori usque contentione et vigilantia pergatis ministerium vestrum implere, ac Dei, ejusque sanctæ Ecclesiæ causam strenue tueri, atque defendere. Nos certe haud omittemus in humilitate cordis Nostri clementissimum luminum et misericordiarum Patrem orare et obsecrare, ut pastoralibus vestris curis, et laboribus in abundantia divinæ suæ gratiæ semper propitius adesse velit, quo fideles vobis commissi magis in dies enutriti verbis fidei, et per gratiarum charismata confirmati, crescant in scientia Dei atque alacriori usque pede incedant per semitas Domini. Atque superni hujus præsidii auspicem, et studiosissimæ nostræ in vos caritatis testem Apostolicam Benedictionem ex imo corde profectam vobis ipsis, Venerabiles Fratres, cunctisque clericis, laicisque fidelibus vestræ vigilantiæ concreditis peramanter impertimur.

Datum Neapoli, in suburbano Portici, die 30 novembris anno 1849, Pontificatus Nostri anno quarto.

PIUS PP. IX.

TRADUCTION.

Vénérables Frères, salut et bénédiction apostolique.

Nous avons éprouvé une vive satisfaction à la lecture de votre lettre pleine de déférence, datée du 10
des calendes de ce mois, que Nous avons reçue récemment avec une bien grande joie, en même temps
que les actes du synode provincial de Reims que
vous avez célébré. Car dans cette lettre, Nous avons
admiré les sentiments de la religion qui vous distinguent, votre respect et votre soumission singulière
pour Nous et pour le Siége apostolique, aussi bien
que l'éminente sollicitude pastorale dont vous vous
étiez animés pour la célébration de ce concile, et
qui, au milieu de ces temps si agités et si mauvais,
vous déterminait à mettre tous vos soins pour porter les décrets les plus propres à confondre les erreurs, à procurer le salut des âmes, à favoriser les
bonnes mœurs, à défendre et fortifier la discipline
ecclésiastique. Encore que Nous ne puissions aujour-
d'hui rien vous dire des actes de ce synode, vu que
Nous les avons soumis aussitôt à l'examen de quelques uns de Nos Vénérables Frères les Cardinaux de
la Congrégation du Concile, cependant, Vénérables
Frères, c'est un besoin pour Nous de vous féliciter
sincèrement de ce que, avec un zèle sacerdotal vraiment digne d'Évêques catholiques, vous vous efforcez
de consacrer vos soins, vos pensées, vos travaux, à

l'édification du corps de Jésus-Christ. C'est pourquoi, en vous donnant dans le Seigneur les louanges que vous méritez, Nous vous encourageons à continuer d'accomplir votre ministère avec une vigilance et un zèle toujours plus grands, et à protéger et défendre toujours vaillamment la cause de Dieu et celle de son Église. De Notre côté, Nous ne cesserons de prier, de conjurer dans l'humilité de Notre cœur le Père très-clément des lumières et des miséricordes, qu'il daigne seconder toujours par l'abondance de sa grâce divine vos travaux et votre sollicitude pastorale, afin que les fidèles confiés à vos soins, nourris chaque jour de plus en plus des paroles de la foi, fortifiés par les dons de la grâce, croissent dans la science de Dieu, et marchent sans cesse avec joie dans les sentiers du Seigneur. Comme gage de ce secours d'en haut, comme témoignage de Notre bienveillante affection pour vous, Nous vous donnons du fond du cœur Notre bénédiction apostolique, pour vous-mêmes, Vénérables Frères, et pour tous les fidèles clercs et laïques confiés à votre vigilance.

Donné à Naples, au palais de Portici, le 30 novembre 1849, de Notre Pontificat la quatrième année.

PIE IX, Pape.

ENCYCLIQUE

DE N. S. P. LE PAPE PIE IX

AUX ARCHEVÊQUES ET ÉVÊQUES D'ITALIE.

(8 décembre 1849.)

—

Venerabiles Fratres, salutem et apostolicam benedictionem.

Nostis, et Nobiscum una conspicitis, Venerabiles Fratres, quanta nuper perversitate invaluerint perditi quidam veritatis, justitiæ et honestatis cujusque inimici, qui sive per fraudem, omnisque generis insidias, sive palam, et tanquam fluctus feri maris despumantes confusiones suas, effrænatam cogitandi, loquendi, et impia quæquæ audendi licentiam quaquaversus diffundere contendunt inter fideles Italiæ populos, et Catholicam Religionem in Italia ipsa labefactare, ac si fieri unquam posset funditus evertere commoliuntur. Apparuit tota diabolici eorum consilii ratio tum aliis nonnullis in locis, tum in alma præsertim urbe, supremi Pontificatus Nostri sede, in qua, nobis abire inde coactis, liberius, paucis licet mensibus, debacchati sunt; ubi divinis humanisque rebus nefario ausu commiscendis, eo tandem illorum furor pervenit, ut spectatissimi urbani cleri, et præsulum sacra inibi jussu Nostro impavide curantium turbata opera, et auctoritate despecta, vel ipsi interdum miseri ægroti cum morte colluctantes, cunctis destituti Religionis subsidiis, animam inter procacis alicujus meretricis illecebras emittere cogebantur.

Jam vero etsi deinceps Romana eadem urbs, et aliæ Pontificiæ ditionis provinciæ, Deo miserante, per catholicarum nationum arma civili nostro regimini restitutæ fuerint, ac bellorum tumultus in aliis pariter regionibus Italiæ cessaverit, non destitere tamen nec sane desistunt improbi illi Dei hominumque hostes a nefando suo opere, sin minus per apertam vim, aliis certe fraudulentis nec semper occultis modis urgendo. Verum infirmitati nostræ supremam potius Dominici gregis curam in tanta temporum difficultate sustinenti, et peculiaribus hujusmodi Ecclesiarum Italiæ periculis vehementer afflictæ, non levis inter ærumnas consolatio est ex pastorali vestro studio, Venerabiles Fratres, cujus multa nobis documenta, et in medio præteritæ tempestatis turbine non defuerant, et nova in dies clarioraque obveniunt. Ipsa autem rei gravitas urget nos, ut pro debito Apostolici Officii Fraternitatibus vestris, in Nostræ sollicitudinis partem vocatis, acriores sermone atque hortationibus nostris addamus stimulos ad prælianda constanter una Nobiscum prælia Domini, atque ad ea omnia concordibus animis providenda, ac præstanda, quibus, Deo benedicente, et damna reparentur quæcumque Religioni sanctissimæ per Italiam illata jam sint, et imminentia in posterum pericula propulsentur.

Inter multiplices fraudes, quibus prædicti Ecclesiæ hostes uti consueverunt ad Italorum animos a fide catholica abalienandos, asserere etiam, et quaquaversus clamitare non erubescunt, Catholicam Religionem Italæ gentis gloriæ, magnitudini, et prosperitati adversari, ac propterea opus esse, ut illius loco Protestantium placita et conventicula inducantur, constituantur et propagentur, quo Italia pristinum veterum temporum, id est ethnicorum, splendorem iterum acquirere possit. In quo sane illorum commento haud facile quis existimaverit, num detestanda magis sit vesanæ impietatis malitia, vel impudentia mentientis improbitatis?

Etenim spirituale emolumentum ut de potestate tenebrarum in Dei lumen translati, et justificati gratia Christi heredes simus secundum spem vitæ æternæ, hoc scilicet animarum emolumentum, a Catholicæ Religionis sanctitate dimanans, ejus profecto est pretii, ut quæcunque hujus mundi gloria et faustitas in comparatione illius plane in nihilum esset computanda. « Quid enim prodest homini si mundum uni- « versum lucretur, animæ vero suæ detrimentum « patiatur? aut quam dabit homo commutationem « pro anima sua? » At vero tantum porro abest, ut temporalia illa detrimenta Italorum genti ab veræ fidei professionem acciderint, ut immo Religioni Catholicæ in acceptis referre illa debeat si Romano labante imperio non in eam conditionem deciderit, in quam Assyrii et Chaldæi, Medi, Persæque, et Macedones populi, multos antea dominati per annos, com-

mutata deinceps temporum vice, dilapsi fuerant.
Etenim nemo prudens ignorat, per sanctissimam
Christi Religionem effectum esse, ut Italia non solum
a tot ac tantis, quibus obruebatur, errorum tenebris
fuerit erepta, verum etiam ut inter antiqui illius imperii ruinas, et barbarorum tota Europa grassantium
incursiones, ad eam nihilominus gloriam et magni-
tudinem præ ceteris totius mundi nationibus se pro-
vectam conspiceret, ut per sacram Petri cathedram
singulari Dei beneficio in ipsa collocatam latius atque
solidius præsideret Religione divina, quam præfuerat
olim dominatione terrena.

Atque ex hoc ipso Apostolicæ habendæ Sedis singulari privilegio, et ex Religione Catholica firmiores
exinde in Italiæ populis radices obtinente alia porro
permulta, eademque insignia beneficia profecta sunt.
Siquidem sanctissima Christi Religio veræ sapientiæ
magistra, humanitatis vindex, ac virtutum omnium
fœcunda parens, avertit quidem Italorum animos ab
infelicis illius gloriæ splendore, quam illorum majo-
res in perpetuo bellorum tumultu, in exterorum op-
pressione, atque in longe maximo hominum numero,
ex eo quod vigebat jure belli, ad durissimam captivi-
tatem redigendo posuerant, sed una simul Italos ipsos
catholicæ veritatis suæ collustratos ad sectandam
justitiam et misericordiam, atque adeo ad præclara
etiam pietatis in Deum, et beneficentiæ erga homines
æmulanda opera excitavit. Hinc in præcipuis Italiæ
urbibus admirari est, sacra templa, et alia christianorum temporum monumenta, haudquaquam per

cruentos labores hominum sub captivitate gementium, sed ingenuo vivificæ caritatis studio confecta, et pia cujusque generis instituta, quæ sive ad religionis exercitia, sive ad educationem juventutis, et litteras, artes, disciplinas rite excolendas, sive ad miserorum ægritudines, et indigentias sublevandas comparata sunt. Hæc igitur divina religio, in qua tot quidem nominibus Italiæ salus, felicitas et gloria continetur, hæc scilicet religio illa est, quam ab Italiæ populis rejiciendam inclamant? Lacrimas cohibere non possumus, Venerabiles Fratres, dum conspicimus aliquos nunc Italos reperiri, improbos adeo, misereque illusos, ut pravis plaudentes doctrinis, in tantam Italiæ perniciem conspirare cum ipsis non reformidant.

Sed vero ignotum vobis non est, Venerabiles Fratres, præcipuos illos hujus scelestissimæ machinationis architectos eo tandem spectare, ut populos omni perversarum doctrinarum vento agitatos, ad subversionem impellant totius ordinis humanarum rerum, atque ad nefaria novi *Socialismi* et *Communismi* systemata traducant. Norunt autem et longo multorum seculorum experimento comprobatum vident, nullam sibi consensionem sperari posse cum Ecclesia catholica, quæ scilicet in custodiendo divinæ revelationis deposito nihil unquam detrahi patitur propositis fidei veritatibus, nihil illis per nova hominum commenta admisceri. Idcirco consilium inierunt de Italis populis traducendis ad Protestantium placita et conventicula; in quibus, ut illos decipiant, non aliud esse dictitant, quam diversam veræ ejusdem christianæ religionis formam, in qua, æque ac in Ecclesia catholica, Deo placere datum sit. Interea minime ignorant, profuturum summopere impiæ suæ causæ principium illud, quod in Protestantium placitis præcipuum est, de sacris scilicet Scripturis privato uniuscujusque judicio intelligendis. Exinde enim facilius sibi fore confidunt, ut primo quidem sacris ipsis litteris perperam interpretatis abutantur ad errores suos, quasi Dei nomine, diffundendos; subinde autem ut homines superbissima illa de divinis rebus judicandi licentia inflatos propellant ad communia ipsa justi, honestique principia in dubium revocanda.

Absit tamen, Venerabiles Fratres, ut Italia, ex qua, ob sedem Apostolici magisterii Romæ constitutam, nationes aliæ incorruptos salutaris doctrinæ latices haurire solitæ sunt, fiat illis in posterum lapis offensionis et petra scandali; absit, ut dilecta hæc Dominicæ vineæ pars in direptionem cedat omnium bestiarum agri; absit, ut Itali populi, venefico Babylonici calicis haustu dementati, parricidalia contra matrem Ecclesiam arma suscipiant. Nobis quidem, uti et vobis, in hæc tanti periculi tempora occulto Dei judicio reservatis, cavendum omnino est, ne fraudes atque impetus hominum contra Italiæ fidem conspirantium extimescamus, nostris quasi viribus superandos; cum nostrum consilium et fortitudo sit Christus, et sine quo nihil possumus, per ipsum cuncta possimus (1). Agite igitur, Venerabiles Fratres, advigilate impensius super creditum gregem, eumque a rapacium luporum insidiis et aggressionibus tueri contendite. Communicate invicem consilia, pergite, ut jam instituistis, cœtus habere inter vos ; ut malorum initiis, et præcipuis pro locorum diversitate periculorum fontibus communi investigatione perspectis, sub auctoritate ac ductu Sanctæ hujus Sedis promptiora illis remedia comparare valeatis, atque ita una nobiscum concordissimis animis totoque pastoralis studii robore curas laboresque vestros, Deo adjuvante, in id conferatis, ut omnes hostium Ecclesiæ impetus, artes, insidiæ, molimina irrita fiant.

Ea vero ut in irritum cadant, satagendum omnino est, ne populus de christiana doctrina ac de lege Domini parum instructus, et diuturna in multis grassantium virorum licentia habetatus, paratas sibi insidias, et propositorum errorum gravitatem agnoscere vix possit. A vestra igitur pastorali sollicitudine vehementer exposcimus, Venerabiles Fratres, ut nunquam intermittatis omnem adhibere operam, quo crediti vobis fideles sanctissima religionis nostræ dogmata, ac præcepta, pro cujusque captu, diligenter edoceantur, simulque moneantur, et excitentur omnimodis ad vitam moresque suos ad illorum normam componendos. Inflammate in eum finem ecclesiasti-

(1) Ex S. Leone Magno, Epist. ad Rusticum Narbonensem.

corum hominum zelum, illorum præsertim, quibus animarum cura demandata est, ut serio meditantes ministerium, quod acceperunt in Domino, et habentes ob oculos Tridentini Concilii præscripta (1) majori usque alacritate, prout temporum ratio postulat, in christianæ plebis instructionem incumbant, et sacra eloquia, ac salutis monita in omnium cordibus inserere studeant, annunciando ipsis cum brevitate et facilitate sermonis vitia quæ eos declinare, et virtutes, quas sectari oporteat, ut pœnam æternam evadere, et cœlestem gloriam consequi valeant.

Speciatim vero procurandum est, ut fideles ipsi impressum in animis habeant, alteque defixum dogma illud sanctissimæ nostræ religionis, quod est de necessitate catholicæ fidei ad obtinendam salutem (2). Hunc in finem summopere conducet, ut in publicis orationibus fideles laïci una cum clero agant identidem peculiares Deo gratias pro inæstimabili catholicæ religionis beneficio, quo ipsos omnes clementissime donavit, atque ab eodem misericordiarum Patre suppliciter petant, ut ejusdem religionis professionem in regionibus nostris tueri, et inviolatam conservare dignetur.

Interea vobis certe peculiaris erit cura, ut fideles

(1) Sess. v, cap. 2 ; S ss. xxiv, cap. 4 et 7 de Ref.

(2) Hoc dogma a Christo acceptum, et inculcatum a Patribus atque a Conciliis, habetur etiam in formulis Professionis Fidei, tum in ea scilicet, quæ apud Latinos, tum in ea, quæ apud Græcos, tum in alia, quæ apud ceteros Orientales catholicos in usu est.

omnes tempestive a fraternitatibus vestris suscipiant sacramentum Confirmationis, per quod summo Dei beneficio specialis gratiæ robur confertur ad fidem catholicam in gravioribus etiam periculis constanter profitendam. Nec porro ignoratis, eumdem in finem prodesse, ut ipsi a peccatorum sordibus, per sinceram illorum detestationem, et sacramentum Pœnitentiæ expiati, sæpius devote percipiant sanctissimum Eucharistiæ sacramentum, in quo spiritualem esse constat animarum cibum, et antidotum, quo liberemur a culpis quotidianis, et a peccatis mortalibus præservemur, atque adeo symbolum unius illius corporis, cujus Christus caput existit, cuique nos, tanquam membra, arctissima fidei, spei, et charitatis connexione adstrictos esse voluit, ut idipsum omnes diceremus, nec essent in nobis schismata (1).

Equidem non dubitamus, quin Parochi, eorumque adjutores, et sacerdotes alii, qui certis diebus, jejuniorum præsertim tempore, ad prædicationis ministerium destinari consueverunt, auxiliarem vobis operam sedulo in his omnibus sint præstituri. Attamen illorum operæ adjungere interdum oportet extraordinaria subsidia spiritualium exercitiorum, et sacrarum missionum, quas, ubi operariis idoneis commissæ fuerint, valde utiles benedicente Domino esse constat tum fovendæ bonorum pietati, tum peccatoribus, et longo etiam vitiorum habitu depra-

(1) Ex Trid. Sess. XIII. Dec. de SS. *Euchar. Sacramento,* cap. 2.

vatis hominibus ad salutarem pœnitentiam excitandis, atque adeo ut fidelis populus crescat in scientia Dei, et in omni opere bono fructificet, et uberioribus cœlestis gratiæ auxiliis munitus a perversis inimicocorum Ecclesiæ doctrinis constantius abhorreat.

Ceterum in his omnibus Vestræ, ac sacerdotum vobis auxiliantium curæ eo inter alia spectabunt, ut fideles majorem horrorem concipiant illorum scelerum, quæ cum aliorum scandalo patrantur. Nostis enim, quantum diversis in locis excreverit eorum numerus, qui sanctos cœlites, vel ipsum quoque sacrosanctum Dei nomen palam blasphemare audent, aut in concubinatu vivere dignoscuntur cum incestu interdum conjuncto, aut festis diebus servilia opera apertis etiam officinis exercent, aut Ecclesiæ præcepta de jejuniis ciborumque delectu pluribus quoque adstantibus contemnunt, aut alia diversa crimina simili modo committere non erubescunt. Meminerit igitur, Vobis instantibus, fidelis populus, et serio consideret magna peccatorum hujusmodi gravitatem, et severissimas pœnas, quibus illorum auctores plectendi erunt tum pro reatu cujusque criminis proprio, tum pro spirituali periculo, in quod fratres suos pravi sui exempli contagione induxerunt. Scriptum est enim : *Væ mundo a scandalis... Væ homini illi per quem scandalum venit* (1).

Inter diversa insidiarum genera, quibus vaferrimi Ecclesiæ, humanæque societatis inimici populos se-

_____
(1) Matthæi, xviii, 7.

ducere annituntur, illud certe in præcipuis est, quod nefariis consiliis suis jamdiu paratum in novæ artis librariæ pravo usu invenerunt. Itaque in eo toti sunt, ut impios libellos, et Ephemerides ac Pagellas mendacii, calumniarum, et seductionis plenas edere in vulgus, ac multiplicare quotidie non intermittant. Immo et præsidio usi Societatum Biblicarum, quæ a Sancta hac Sede jamdudum damnatæ sunt (1), Sacra etiam Biblia præter Ecclesiæ regulas (2) in vulgarem linguam translata, atque adeo corrupta et in pravum sensum infando ausu detorta diffundere, illorumque lectionem sub Religionis obtentu fideli plebi commendere non verentur. Hinc pro sapientia Vestra optime intelligitis, Venerabiles Fratres, quanta Vobis vigilantia et sollicitudine adlaborandum sit, ut fideles oves a pestifera illorum lectione prorsus abhorreant; atque ut de divinis nominatim Litteris meminerint, neminem hominum id sibi arrogare posse, ut suæ prudentiæ innixus illas ad suos sensus contorquere præsumat contra eum sensum, quem

---

(1) Extant ea super re, præter alia præcedentia decreta, Encyclicæ litteræ Gregorii XVI, datæ postridie nonas maii MDCCCXLIV, quæ incipiunt : *Inter præcipuas machinationes* — cujus sanctiones Nos quoque inculcavimus in Encyc. Ep. data 9 novemb. 1846.

(2) Vid. Reg. 4 ex iis quæ a Patribus in Conc. Trid delectis conscriptæ et a Pio IV approbatæ fuerunt in Const. *Dominici gregis* 24 mart. 1564 et additionem eidem factam a Congr. Indicis, auctoritate Ben. XIV 17 jun. 1757 (quæ omnia præmitti solent Indicis libr. prohib.).

tenuit, et tenet sancta Mater Ecclesia : cui quidem soli a Christo Domino mandatum est, ut fidei depositum custodiat, ac de vero divinorum Eloquiorum sensu, et interpretatione judicet (1).

Ad ipsam vero pravorum Librorum contagionem comprimendam perutile erit, Venerabiles Fratres, ut quicunque penes vos sint insignis, sanæque doctrinæ viri alia parva item molis scripta, a vobis scilicet antea probata, edant in ædificationem fidei, ac salutarem populi instructionem. Ac vestræ hinc curæ erit, ut eadem scripta, uti et alii incorruptæ pariter doctrinæ, probatæque utilitatis libri ab aliis conscripti, prout locorum ac personarum ratio suggesserit, inter fideles diffundantur.

Omnes autem, qui una vobiscum in defensionem fidei adlaborant, eo specialim spectabunt, ut pietatem, venerationem, atque observantiam erga supremam hanc Petri Sedem, qua vos, Venerabiles Fratres, tantopere excellitis, in vestrorum fidelium animis infirment, tueantur, alteque defigant. Meminerint, scilicet fideles populi, vivere hic et præsidere in Successoribus suis Petrum Apostolorum Principem (2), cujus dignitas in indigno etiam ejus herede non deficit (3). Meminerint, Christum Dominum po-

______

(1) Vid. Tridentin. Sess. iv in Decret. de *Editione et usu sacrorum Librorum.*

(2) Ex actis Ephesini Concilii, Act. III, et S. Petro Chrysologo Epist. ad Eutychen.

(3) Leo M. Serm. in anniv. Assumpt. suæ.

suisse in hac Petri cathedra inexpugnabile Ecclesiæ suæ fundamentum (1) et Petro ipsi claves dedisse regni Cœlorum (2) ac propterea orasse, ut non deficeret fides ejus, eidemque mandasse ut confirmaret in illa fratres (3); ut proinde Petri successor Romanus Pontifex in universum orbem teneat primatum, et verus Christi vicarius, totiusque Ecclesiæ caput, et omnium christianorum Pater et doctor existat (4).

In qua sane erga Romanum Pontificem populorum communione, et obedientia tuenda, brevis et compendiosa via est ad illos in catholicæ veritatis professione conservandos. Neque enim fieri potest, ut quis a catholica fide ulla unquam ex parte rebellet, nisi et auctoritatem abjiciat Romanæ Ecclesiæ, in qua extat ejusdem fidei irreformabile magisterium a divino Redemptore fundatum, et in qua propterea semper conservata fuit ea, quæ est ab Apostolis traditio. Hinc non modo antiquis hæreticis, sed etiam recentioribus Protestantibus, quorum ceteroquin tanta in reliquis suis placitis discordia est, illud commune semper fuit, ut auctoritatem impugnarent apostolicæ Sedis, quam nullo prorsus tempore, nullaque arte, aut molimine, ne ad unum quidem ex suis erroribus tolerandum inducere potuerunt. Idcirco hodierni etiam Dei, et humanæ societatis ho-

(1) V. Matth. XVI, 18.
(2) Ibid., v. 19.
(3) Lucæ XXII, 31, 32.
(4) Ex concilio œcumenico Florentino in Def. seu Decr. Unionis.

stes nihil inausum relinquunt, ut Italos populos a Nostro Sanctæque ejusdem Sedis obsequio divellant; rati nimirum, tum demum posse sibi contingere, ut Italiam ipsam impietate doctrinæ suæ, novorumque systematum peste contaminent.

Atque ad pravam hanc doctrinam, et systemata quod attinet, notum jam omnibus est, illos eo potissimum spectare, ut libertatis, et æqualitatis nominibus abutentes, exitiosa *Communismi* et *Socialismi* commenta in vulgus insinuent. Constat autem, ipsis seu *Communismi* seu *Socialismi* magistris, diversa licet via, ac methodo agentibus, illud demum commune esse propositum, ut operarios atque alios inferioris præsertim status homines suis deceptos fallaciis, et faustioris conditionis promissione illusos, continuis commotionibus exagitent, atque ad graviora paulatim facinora exerceant; ut postmodum illorum opera uti possint ad superioris cujusque auctoritatis regimen oppugnandum, ad expilandas, diripiendas, vel invadendas Ecclesiæ primum, ac deinde aliorum quorumcumque proprietates, ad omnia tandem violanda divina humanaque jura, in divini cultus destructionem, atque in subversionem totius ordinis civilium societatum. In tanto autem Italiæ discrimine Vestrum munus est, Venerabiles Fratres, omnes pastoralis studii nervos intendere, ut fidelis populus agnoscat perversa hujusmodi placita et systemata, si ab aliis decipi se patiatur, in æternam pariter ac temporalem ejus perniciem fore cessura.

Moneantur itaque fideles curæ Vestræ concrediti, pertinere omnino ad naturam ipsam humanæ societatis, ut omnes auctoritati obtemperare debeant legitime in illa constitutæ; nec quidquam commutari posse in præceptis Domini, quæ in Sacris Litteris ea super re annuntiata sunt, scriptum est enim : « Subjecti estote omni humanæ creaturæ propter « Deum sive regi, quasi præcellenti, sive ducibus, « tanquam ab eo missis ad vindictam malefactorum, « laudem vero bonorum; quia sic est voluntas Dei, « ut benefacientes obmutescere faciatis impruden- « tium hominum ignorantiam : quasi liberi, et non « quasi velamen habentes malitiæ libertatem, sed « sicut servi Dei (1). » Et rursus : « Omnis anima « potestatibus sublimioribus subdita sit : non est « enim potestas nisi a Deo; quæ autem sunt, a Deo « ordinatæ sunt : itaque qui resistit potestati, Dei « ordinationi resistit : qui autem resistunt, ipsi sibi « damnationem acquirunt (2). »

Sciant præterea, esse pariter naturalis, atque adeo incommutabilis conditionis humanarum rerum, ut inter eos etiam, qui in sublimiori auctoritate non sunt, alii tamen aliis, sive ob diversas animi, aut corporis dotes, sive ob divitias, et externa hujusmod bona prævaleant : nec ullo libertatis, et æqualitatis obtentu fieri unquam posse, ut aliena bona, vel jura invadere, aut quomodo libet violare licitum sit.

(1) S. Petri, Epist. i, c. ii, 13, seq.
(2) S. Pauli, Epist. ad Romanos, xiii, 1, seq.

Perspicua hoc quoque in genere, et passim inculcata extant in Sacris Litteris divina præcepta, quibus nedum ab occupatione alienarum rerum, sed ab ipso etiam ejus desiderio districte prohibemur (1).

Sed meminerint insuper pauperes, et miseri quicunque homines quantum ipsi debeant catholicæ Religioni, in qua intemerata viget et palam prædicatur Christi doctrina; qui beneficia in pauperes, vel miseros collata perinde haberi a se declaravit, ac si facta sibi ipsi fuissent (2) : atque omnibus prænuntiatam voluit peculiarem rationem, quam in die Judicii habiturus est de iisdem misericordiæ operibus, sive scilicet ad præmia æternæ vitæ fidelibus tribuenda, qui illis vacaverint; sive ad illos, qui ea neglexerint, æterni ignis pœna multandos (3).

Ex qua Christi Domini prænuntiatione, aliisque Illius circa divitiarum usum, earumque pericula severissimis monitis (4), in Ecclesia catholica inviolate custoditis, factum porro est, ut pauperes et miseri apud catholicas gentes in longe mitiore, quam apud alias quaslibet, conditione versentur. Atque hi quidem in regionibus nostris uberiora adhuc subsidia obtinerent, nisi plura instituta, quæ majorum pietate comparata fuerant ad ipsorum levamen, extincta

(1) Exodi, xx, 15, 17. — Deuteronomii, v, 19, 21.

(2) Matthæi, xviii, 15 ; xxv, 40, 45.

(3) Matthæi, xxv, 34, seq.

(4) Matthæi, xix, 23, seq. — Lucæ, vi, 4 ; xvii, 22, seq. — Epist. Jacobi, v, 1, seq.

nuper repetitis publicarum rerum commotionibus, aut direpta fuissent. De reliquo pauperes nostri, Christo ipso docente, meminerint, non esse cur tristes sint de conditione sua : quandoquidem in paupertate ipsa facilior eis parata via est ad obtinendam salutem, dummodo scilicet suam indigentiam patienter sustineant, et non re tantum, sed spiritu pauperes sint. Ait enim : « Beati pauperes spiritu, « quoniam ipsorum est regnum Cœlorum (1). »

Sciat etiam fidelis populus universus, veteres reges ethnicarum gentium, aliosque in illis publicarum rerum præsides multo gravius frequentiusque abusos fuisse potestate sua ; atque hinc religioni nostræ sanctissimæ in acceptis referendum esse cognoscat, si principes christianorum temporum reformidantes, religione admonente, *judicium durissimum*, quod *his, qui præsunt, fiet;* et destinatum peccantibus supplicium sempiternum, in quod *potentes potenter tormenta patientur* (2), justiori erga subjectos populos et clementiori regimine utuntur.

Agnoscant denique crediti vestris nostrisque curis fideles, veram perfectamque hominum libertatem, et æqualitatem in christianæ legis custodia positam esse ; quandoquidem Deus Omnipotens, qui fecit *pusillum et magnum*, et cui *æqualiter cura est de omnibus* (3), *non subtrahet personam cujus-*

(1) Matthæi, v, 3.
(2) Sapientiæ, vi, 6, 7.
(3) Sapientiæ, vi, 8.

quam (1), ac diem statuit *in quo judicaturus est Orbem in æquitate* (2), in suo Unigenito Christo Jesu, qui *venturus est in gloria Patris sui cum Angelis suis, et tunc reddet unicuique secundum opera ejus* (3).

Quod si fideles iidem paterna suorum pastorum monita, et commemorata superius Christianæ legis mandata despicientes, a supradictis hodiernarum machinationum promotoribus decipi se patiantur, et in perversa *Socialismi* et *Communismi* systemata conspirare cum illis voluerint, sciant, serioque considerent, thesaurizare se sibimetipsis apud Divinum Judicem thesauros vindictæ in die iræ: nec quidquam interea ex conspiratione illa temporalis in populum utilitatis, sed nova potius miseriarum et calamitatum incrementa obventura. Non enim datum hominibus est, novas stabilire societates et communiones naturali humanarum rerum conditioni adversantes; atque idcirco conspirationum hujusmodi, si per Italiam dilatarentur, non alius esse exitus posset, nisi ut hodierno publicarum rerum statu per mutuas civium contra cives aggressiones, usurpationes, cædes labefactato funditusque convulso, pauci tandem aliqui, multorum spoliis locupletati, summum in communi ruina dominatum arriperent.

Jam vero ad fidelem populum avertendum ab

(1) Ibidem.
(2) Actorum, XVII, 31.
(3) Matthæi, XVI, 27.

impiorum insidiis, et in professione custodiendum catholicæ Religionis, atque ad veræ virtutis opera excitandum, magna, ut probe scitis, vis est in illorum vita et exemplo, qui divinis se ministeriis mancipa- runt. Verum, proh dolor! non defuere per Italiam aliqui, pauci illi quidem, Viri Ecclesiastici, qui ad Ecclesiæ hostes transfugæ non minimo illis ad fide- les decipiendos adjumento fuerunt. Sed vobis certe, Venerabiles Fratres, novo illorum lapsus stimulo fuit, ut acriori in dies studio in cleri disciplinam advigi- letis. Atque hic in futurum quoque tempus, pro eo ac debemus, prospicere cupientes, temperare nobis non possumus, quin commendemus denuo, quod in prima nostra ad totius orbis Episcopos Encyclica Epistola inculcavimus (1), nempe ut nemini cito ma- nus imponatis (2), sed in ecclesiasticæ militiæ delectu majorem usque diligentiam adhibeatis. De iis præ- sertim, qui sacris ordinibus initiari desiderent, inqui- rere et diu multumque investigare opus est, num ea doctrina, gravitate morum, et divini cultus studio commendentur, ut certa spes affulgeat fore, ut tan- quam lucernæ ardentes in Domo Domini, eorum vi- vendi ratione, atque opera ædificationem et spiritua- lem vestro gregi utilitatem affere queant.

Quoniam vero ex monasteriis recte administratis ingens in Ecclesia Dei splendor atque utilitas dima- nat, et regularis etiam clerus adjutricem vobis in

_____

(1) Novembris 1846.
(2) Ad Timoth., v, 22.

procuranda animarum salute operam navat, vobis ipsis, Venerabiles Fratres, in mandatis damus, primum quidem ut religiosas familias cujusque Diœcesis nostro nomine certiores faciatis, nobis peculiares ærumnas ingemiscentibus, quas multæ illarum in recenti calamitoso tempore perpessæ sunt, non levi interea consolationi fuisse animorum patientiam, atque in virtutis et Religionis studio constantiam, quibus plurimi ex religiosis hominibus ad exemplum se commendarunt; et si aliqui non defuerint, qui suæ professionis obliti cum magno bonorum scandalo, et nostro fratrumque suorum dolore turpissime prævaricati sunt : deinde vero, ut præsides earumdem familiarum, et superiores, ubi opus fuerit, illarum moderatores nostris verbis adhortemini, ut pro sui officii debito, nulli parcant curæ atque industriæ, quo regularis disciplina, ubi servatur, magis in dies vigeat et floreat, ubi vero detrimentum aliquod passa fuerit, omnino reviviscat, et redintegretur. Moneant instanter iidem præsides, arguant, increpent religiosos illarum alumnos, ut serio considerantes quibus se votis Deo obstrinxerunt, illa diligenter reddere studeant, suique instituti regulas inviolate custodiant, et mortificationem Jesu in suo corpore circumferentes ab iis omnibus abstineant, quæ propriæ vocationi adversantur, et operibus instent, quæ caritatem Dei ac proximi, perfectæque virtutis studium præ se ferant. Caveant præsertim supradicti ordinum moderatores, ne ulli ad religiosa instituta aditum faciant, nisi cujus antea vitam, mores atque indolem accuratissime expenderint; ac deinde illos tantum ad religiosam professionem admittant, qui tyrocinio rite posito ea dederint veræ vocationis signa, ut judicari merito possit, ipsos non alia de causa religiosam vitam amplecti, nisi ut Deo unice vivant, et suam atque aliorum salutem pro cujusque instituti ratione procurare possint. Super his autem deliberatum fixumque nobis est, ut ea omnino serventur, quæ ad religiosarum familiarum bonum statuta præscriptaque sunt in decretis a nostra Congregatione super Statu Regularium die 25 januarii superiori anno editis, et apostolica nostra auctoritate sancitis.

Post hæc ad sæcularis cleri delectum revocato sermone, commendatam in primis volumus fraternitatibus vestris instructionem, et educationem minorum clericorum; quandoquidem idonei Ecclesiæ ministri vix aliter haberi possunt, quam ex illis, qui ab adolescentia et prima ipsa ætate ad sacra eadem officia rite informati fuerint. Pergite igitur, Venerabiles Fratres, omnem impendere industriam atque operam, quo sacræ militiæ tyrones a teneris annis, quoad ejus fieri poterit, in Ecclesiastica seminaria recipiantur, atque inibi, tanquam novellæ plantationes succrescentes in circuiti tabernaculi Domini, ad vitæ innocentiam, religionem, modestiam, et Ecclesiasticum spiritum conformentur, simulque litteras, et minores, majoresque disciplinas, præsertim sacras addiscant a selectissimis magistris, qui scilicet doctrinam sectentur ab omni cujusque erroris periculo alienam.

Quoniam vero haud facile vobis continget minorum

omnium clericorum eruditionem in seminariis per-
ficere, et ceteros etiam ex laïcorum ordine adolescen-
tes ad pastoralem vestram sollicitudinem pertinere non
est dubium, excubate insuper, Venerabiles Fratres,
aliis omnibus publicis privatisque scholis, et quantum
in vobis est omni ope atque industria adnitimini, ut
tota in illis studiorum ratio ad catholicæ doctrinæ normam exigatur, et conveniens in illas juventus ab idoneis, et probitate ac religiosa spectatis magistris ad
veram virtutem, bonasque artes ac disciplinas instituta, opportunis muniatur præsidiis, quibus structas
sibi ab impiis insidias agnoscat, et exitiales eorumdem
errores devitet, atque ita sibi et christianæ ac civili
reipublicæ ornamento et utilitati esse possit.

Eo autem in genere præcipuam vobis, planeque li-
beram auctoritatem et curam vindicabitis super pro-
fessoribus sacrarum disciplinarum, et in reliquis omnibus quæ Religionis sunt, aut Religionem proxime
attingunt. Advigilate, ut in tota quidem scholarum
ratione, sed in his maxime, quæ Religionis sunt, libri
adhibeantur ab erroris cujusque suspicione immunes.
Commonete animarum curatores, ut seduli vobis adjutores sint in iis, quæ scholas respiciunt infantium
et juvenum primæ ætatis; quo destinentur ad illas
magistri, et magistræ probatissimæ honestatis, et in
pueris, aut puellis ad christianæ fidei rudimenta in-
stituendis libri adhibeantur a sancta hac Sede pro-
bati. Qua in re dubitare non possumus, quin parochi
ipsi exemplo illis sint, et vobis sedulo instantibus, in
pueros ad christianæ doctrinæ primordia instruendos

quotidie magis incumbant, eamque instructionem
ad graviores sui numeris partes omnino pertinere meminerint (1). Iidem vero admonendi erunt, ut in suis
sive ad pueros, sive ad relinquam plebem instructio-
nibus habere ob oculos non omittant Catechismum
Romanum, quem ex decreto Tridentini Concilii, et
S. Pii V immortalis memoriæ decessoris notri jussu
editum, alii porro Summi Pontifices, ac nominatim
fel. record. Clemens XIII cunctis animarum pastori-
bus denuo commendatum voluit, tanquam *ad pravarum opinionum fraudes removendas, et veram
sanamque doctrinam propagandam, stabilitan-
damque opportunissimum subsidium* (2).

Haud sane mirabimini, Venerabiles Fratres, si de
his fusiori aliquantulum calamo scripsimus. Enim
vero prudentiam vestram minime fugit, periculoso
hoc tempore vobis nobisque ipsis omni industria atque
opera, ac magna animi firmitate connitendum et in-
vigilandum esse in illis omnibus, quæ scholas, et pue-
rorum ac juvenum utriusque sexus instructionem et
et educationem attingunt. Nostis enim, hodiernos Religionis humanæque societatis inimicos, diabolico
plane spiritu, in id suas omnes artes conferre, ut ju-
veniles mentes et corda a prima ipsa ætate perver-
tant. Idcirco etiam nihil intentatum, nihil prorsus

____

(1) Tridentinum, Sess. xxiv, c. 4. — Bened. XIV, Const.,
Etsi minime, 7 febr. 1742.

(2) In Encyclicis Litteris ea de re ad omnes Episcopos datis 14 junii 1761.

inausum relinquunt, ut scholas et instituta quælibet
juventutis educationi destinata, ab Ecclesiæ auctoritate et a Sacrorum Pastorum vigilantia omni ex
parte subducant.

Juxta hæc firma spe sustentamur fore, ut carissimi
in Christo filii nostri omnes Italiæ Principes fraternitatibus vestris potenti patrocinio suo adfuturi sint,
quo in supradictis omnibus muneri vestro uberius
satisfacere valeatis; nec dubitamus, quin iidem ipsi
Ecclesiam, et omnia tam spiritualia quam temporalia
ejus jura tueri velint. Id quidem Religioni congruum
est, avitæque pietati, qua se in exemplum animatos
ostendunt. Illorum quoque sapientiam non latet, initia malorum omnium, quibus tantopere affligimur, a
detrimentis repetenda esse, quæ Religioni Ecclesiæque Catholicæ jamdiu, præsertim vero a Protestantium ætate, irrogata fuerant. Perspiciunt scilicet, ex
depressa sæpius sacrorum Antistitum auctoritate, et
ex crescente in dies multorum contumacia in divinis
et ecclesiasticis præceptis impune violandis, factum
fuisse, ut minueretur pariter populi obsequium erga
civilem potestatem, et hodiernis publicæ tranquillitatis inimicis planior inde pateret via ad seditiones
contra principem commovendas. Perspiciunt etiam,
ex occupatis non raro, direptisque, ac palam diven-
ditis temporalibus bonis ad Ecclesiam legitimo pro-
prietatis jure spectantibus, contigisse, ut decrescente
in populis reverentia erga proprietates religionis de-
stinatione consecratas, multi hinc faciliores præberent
aures audacissimis novi *Socialismi et Communismi*

assertoribus, qui alias pariter aliorum proprietates occupari ac dispertiri aut alia quavis ratione in omnium usum converti posse comminiscuntur. Perspiciunt insuper recidisse paulatim in civilem potestatem impedimenta illa, quæ jamdiu multiplici fraude comparata fuerant ad cohibendos Ecclesiæ Pastores, ne sacra sua auctoritate uti libere possent. Perspiciunt denique calamitatum, quibus urgemur, nullum aliud inveniri posse promptius et majoris virtutis remedium, quam ut refloreat in tota Italia splendor Religionis Ecclesiæque Catholicæ, in qua diversis hominum conditionibus, et indigentiis opportunissima præsto esse præsidia non est dubium.

Siquidem (verbis utimur S. Augustini) : « Catholica
« Ecclesia non solum ipsum Deum, sed etiam pro-
« ximi dilectionem atque caritatem ita complectitur,
« ut omnium morborum, quibus pro peccatis suis
« animæ ægrotant, omnis apud illam medicinam præ-
« polleat. Ipsa pueriliter pueros, fortiter juvenes,
« quiete senes, prout cujusque non corporis tantum,
« sed et animi ætas est, exercet et docet. Ipsa femi-
« nas viris suis non ad explendam libidinem, sed ad
« propagandam sobolem, et ad rei familiaris societa-
« tem casta, et fideli obedientia subjicit; et viros con-
« jugibus non ad illudendum imbecilliorem sexum,
« sed sinceri amoris legibus præficit. Ipsa parentibus
« filios libera quadam servitute subjungit, parentes
« filiis pia dominatione præponit. Ipsi fratribus fra-
« tres Religionis vinculo firmiore, atque arctiore,
« quam sanguinis, nectit, omnemque generis propin-

« quitatem, et affinitatis necessitudinem, servatis
« naturæ, voluntatisque nexibus, mutua caritate
« constringit. Ipsa dominis servos non tam con-
« ditionis necessitate, quam officii delectatione
« docet adherere; et dominos servis, summi Dei
« communis Domini consideratione placabiles, et
« ad consulendum magis, quam coercendum pro-
« pensiores facit. Ipsa cives civibus, gentes gen-
« tibus, et prorsus homines primorum parentum
« recordatione non societate tantum, sed quadam
« etiam fraternitate conjungit. Docet reges pro-
« spicere populis, monet populos se subdere re-
« gibus. Quibus honor debeatur, quibus affectus,
« quibus reverentia, quibus timor, quibus conso-
« latio, quibus exhortatio, quibus disciplina, qui-
« bus objurgatio, quibus supplicium, sedulo do-
« cet, ostendens quemadmodum et non omnibus
« omnia, et omnibus caritas, et nulli debeatur inju-
« ria (1). »
Nostrum igitur vestrumque est, Venerabiles Fratres, ut nulli parcentes labori, nulla unquam difficultate deterriti, toto pastoralis studii robore tueamur
in Italis populis cultum catholicæ Religionis, et non
solum obsistamus alacriter impiorum conatibus, qui
Italiam ipsam ab Ecclesiæ sinu avellere commoliuntur, sed etiam degeneres illos Italiæ filios, qui jam
eorumdem artibus seduci se passi fuerint, ad salutis
viam revocare annitamur.

(1) S. Augustinus, de Moribus Cathol. Ecclesiæ, lib. I.

Veruntamen cum omne datum optimum et omne donum perfectum desursum descendat, adeamus cum fiducia ad thronum gratiæ, Venerabiles Fratres, et cœlestem luminum et misericordiarum Patrem publicis, privatisque precibus orare suppliciter atque obsecrare non intermittamus, ut per merita Unigeniti Filii sui Domini Nostri Jesu Christi, avertens faciem suam a peccatis nostris, omnium mentes et corda virtute gratiæ suæ propitius illustret, ac rebelles quoque ad se compellens voluntates, Ecclesiam Sanctam novis victoriis et triumphis amplificet; quo in tota Italia, immo et ubique terrarum, merito pariter ac numero populus ei serviens augeatur. Invocemus etiam Sanctissimam Dei Genitricem Immaculatam Virginem Mariam, quæ prævalido apud Deum patrocinio suo quod quærit invenit, et frustrari non potest, atque una Petrum Apostolorum Principem et Coapostolum ejus Paulum, omnesque Sanctos cœlites, ut Clementissimus Dominus, eorum intervenientibus precibus, flagella iracundiæ suæ a fidelibus populis avertat; et cunctis, qui Christiana professione censentur, tribuat propitius per gratiam suam et illa respuere, quæ huic inimica sunt nomini, et ea quæ sunt apta sectari.

Demum, Venerabiles Fratres, Nostræ in vos studiosissimæ voluntatis testem accipite Apostolicam Benedictionem, quam intimo cordis affectu, vobis ipsis, et clericis, laicisque fidelibus vigilantiæ vestræ concreditis peramanter impertimur.

Datum Neapoli in Suburbano Portici, die VIII

decembris Anni MDCCCXLIX. Pontificatus nostri an. IV.

PIUS PP. IX.

TRADUCTION.

Vénérables Frères, salut et bénédiction apostolique.

Vous savez et vous voyez comme Nous, Vénérables Frères, par quelle perversité ont prévalu en ces derniers temps certains hommes perdus, ennemis de toute vérité, de toute justice, de toute honnêteté, qui, soit par fraude et par des artifices de toute espèce, soit ouvertement et jetant comme une mer en furie son écume, la lie de leurs confusions, s'efforcent de répandre de toutes parts, parmi les peuples fidèles de l'Italie, la licence effrénée de la pensée, de la parole, de tout acte audacieux et impie, pour ruiner dans l'Italie même la religion catholique, et, si cela pouvait jamais être, pour la renverser jusque dans ses fondements. Tout le plan de leur dessein satanique s'est révélé en divers lieux, mais surtout dans la ville bien-aimée, siége de notre Pontificat suprême, où, après Nous avoir contraint de la quitter, ils ont pu se livrer plus librement pendant quelques mois à toutes leurs fureurs. Là, dans un affreux et sacrilége mélange des choses divines et des choses humaines, leur rage monta à ce point que, méprisant l'autorité de l'illustre clergé de Rome et des prélats qui, par Notre ordre, demeuraient intrépides à sa tête, ils ne les laissèrent pas même continuer en paix l'œuvre sacrée du saint ministère, et que, sans pitié pour de pauvres malades en proie aux angoisses de la mort, ils éloignaient d'eux tous les secours de la religion et les contraignaient de rendre le dernier soupir entre les bras des prostituées.

Bien que depuis lors la ville de Rome et les autres provinces du domaine pontifical aient été, grâces à la miséricorde de Dieu, rendues, par les armes des nations catholiques, à Notre gouvernement temporel ; bien que les guerres et les désordres qui en sont la suite aient également cessé dans les autres contrées de l'Italie, ces ennemis infâmes de Dieu et des hommes n'ont pas cessé et ne cessent pas leur travail de destruction ; ils ne peuvent plus employer la force ouverte, mais ils ont recours à d'autres moyens, les uns cachés sous des apparences frauduleuses, les autres visibles à tous les yeux. Au milieu de si grandes difficultés, portant la charge suprême de tout le troupeau du Seigneur, et rempli de la plus vive affliction à la vue des périls auxquels sont particulièrement exposées les Églises de l'Italie, c'est pour Notre infirmité, au sein des douleurs, une grande consolation, Vénérables Frères, que le zèle pastoral dont, au plus fort même de la tempête qui vient de passer, vous Nous avez donné tant de preuves, et qui se manifeste chaque jour encore par des témoignages de plus en plus éclatants. Cependant la gravité des circonstances Nous presse d'exciter plus vivement encore, de Notre parole et de Nos exhortations, selon le devoir de Notre charge apostolique, votre fraternité, appelée au partage de Nos sollicitudes, à combattre avec Nous et dans l'unité les combats du Seigneur, à préparer et à prendre d'un seul cœur toutes les mesures par lesquelles, avec la bénédiction de Dieu, sera réparé le mal déjà fait en Italie à Notre religion très-sainte, et seront prévenus et repoussés les périls dont un avenir prochain la menace.

Entre les fraudes sans nombre que les susdits ennemis de l'Église ont coutume de mettre en œuvre pour rendre odieuse aux Italiens la foi catholique, l'une des plus perfides est cette opinion, qu'ils ne rougissent pas d'affirmer et de répandre partout à grand bruit, que la religion catholique est un obstacle à la gloire, à la grandeur, à la prospérité de la nation italienne, et que, par conséquent, pour rendre à l'Italie la splendeur des anciens temps, c'est-à-dire des temps païens, il faut mettre à la place de la religion catholique, insinuer, propager, constituer les enseignements des protestants et leurs conventicules. On ne sait ce qui, en de telles affirmations, est le plus détestable, la perfidie de l'impiété furieuse ou l'impudence du mensonge éhonté.

Le bien spirituel par lequel, soustraits à la puissance des ténèbres, nous sommes transportés dans la lumière de Dieu, par lequel, la grâce nous justifiant, nous sommes faits les héritiers du Christ dans l'espérance de la vie éternelle, ce bien des âmes, émanant de la sainteté de la religion catholique, est certes d'un tel prix qu'auprès de ce bien toute gloire et tout bonheur de ce monde doivent être regardés comme un pur néant : *Quid enim prodest homini si mundum universum lucretur, animæ vero suæ detrimentum patiatur? aut quam dabit homo commutationem pro anima sua* (1)? Mais, bien loin que la profession de la vraie foi ait causé à la race italienne les dommages temporels dont on parle, c'est à la religion catholique qu'elle doit de n'être pas tombée, à la chute de l'empire romain, dans la même ruine que les peuples de l'Assyrie, de la Chaldée, de la Médie, de la Perse, de la Macédoine. Aucun homme instruit n'ignore en effet que non-seulement la très-sainte religion du Christ a arraché l'Italie des ténèbres de tant et de si grandes erreurs qui la couvraient tout entière, mais encore qu'au milieu des ruines de l'antique empire et des invasions des Barbares ravageant toute l'Europe, elle l'a élevée dans la gloire et la grandeur au-dessus de toutes les nations du monde, de sorte que par un bienfait singulier de Dieu, possédant dans son sein la Chaire sacrée de Pierre, l'Italie a eu par la religion divine un empire plus solide et plus étendu que son antique domination terrestre.

Ce privilége singulier de posséder le Siége apostolique, et de voir par cela même la religion catholique jeter dans les peuples de l'Italie de plus fortes raci-

______

(1) Matthæi, xvi, 26.

nes, a été pour elle la source d'autres bienfaits insignes et sans nombre ; car la très-sainte religion du Christ, maîtresse de la véritable sagesse, protectrice vengeresse de l'humanité, mère féconde de toutes les vertus, détourna l'âme des Italiens de cette soif funeste de gloire qui avait entraîné leurs ancêtres à faire perpétuellement la guerre, à tenir les peuples étrangers dans l'oppression, à réduire, selon le droit de la guerre alors en vigueur, une immense quantité d'hommes à la plus dure servitude ; et en même temps illuminant les Italiens des clartés de la vérité catholique, elle les porta par une impulsion puissante à la pratique de la justice, de la miséricorde, aux œuvres les plus éclatantes de piété envers Dieu et de bienfaisance envers les hommes. De là, dans les principales villes de l'Italie, tant de saintes basiliques et autres monuments des âges chrétiens, lesquels n'ont pas été l'œuvre douloureuse d'une multitude réduite en esclavage, mais qui ont été librement élevés par le zèle d'une charité vivifiante ; à quoi il faut ajouter les pieuses institutions de tout genre consacrées, soit aux exercices de la vie religieuse, soit à l'éducation de la jeunesse, aux lettres, aux arts, à la sainte culture des sciences, soit enfin au soulagement des malades et des indigents. Telle est donc cette religion divine, qui embrasse sous tant de titres divers le salut, la gloire et le bonheur de l'Italie, cette religion que l'on voudrait faire rejeter par les peuples de l'Italie. Nous ne pouvons retenir Nos larmes, Vénérables Frères, en voyant qu'il se trouve, à cette heure, quelques Italiens assez pervers, assez livrés à de misérables illusions, pour ne pas craindre d'applaudir aux doctrines dépravées des impies, et de conspirer avec eux la perte de l'Italie.

Mais n'ignorez-vous pas, Vénérables Frères, que les principaux auteurs de cette détestable machination ont pour but de pousser les peuples, agités par tout vent de perverses doctrines, au bouleversement de tout ordre dans les choses humaines, et de les livrer aux criminels systèmes du nouveau *Socialisme* et du *Communisme*. Or ces hommes savent et voient, par la longue expérience de beaucoup de siècles, qu'ils ne doivent espérer aucun assentiment de l'Église catholique, qui, dans la garde du dépôt de la Révélation divine, ne souffre jamais qu'il soit rien retranché aux vérités proposées de la Foi ni qu'il y soit rien ajouté. Aussi ont-ils formé le dessein d'attirer les peuples italiens aux opinions et aux conventicules des protestants, dans lesquels, répètent-ils sans cesse afin de les séduire, on ne doit voir autre chose qu'une forme différente de la même vraie religion chrétienne, où l'on peut plaire à Dieu aussi bien que dans l'Église catholique. En attendant, ils savent très-bien que rien ne peut être plus utile à leur cause impie que le premier principe des opinions protestantes, le principe de la libre interprétation des saintes Écritures, par le jugement particulier de chacun. Ils ont la confiance qu'il leur deviendra plus facile, après avoir abusé d'abord de l'interprétation en mauvais sens des Lettres sacrées pour répandre leurs erreurs, comme au nom de Dieu, de pousser ensuite les hommes, enflés de l'orgueilleuse licence de juger des choses divines, à révoquer en doute même les principes communs du juste et de l'honnête.

Puisse l'Italie, Vénérables Frères, puisse l'Italie, où les autres nations ont coutume de puiser les eaux pures de la sainte doctrine, parce que le Siége apostolique a été établi à Rome, ne pas devenir pour elles désormais une pierre d'achoppement et de scandale ! Puisse cette portion chérie de la vigne du Seigneur ne pas être livrée en proie aux bêtes ! Puissent les peuples italiens, ayant bu la démence à la coupe empoisonnée de Babylone, ne jamais prendre des armes parricides contre l'Église Mère ! Quant à Nous et quant à vous, que Dieu, dans son jugement secret, a réservés pour ces temps de si grand danger, gardons-nous de craindre les ruses et les attaques de ces hommes qui conspirent contre la foi de l'Italie, comme si nous avions à les vaincre par nos propres forces, lorsque le Christ est notre conseil et notre force, le Christ, sans qui nous ne pouvons rien, mais par qui nous pouvons tout. Agissez donc, Vénérables Frères, veillez avec plus d'attention encore sur le troupeau qui vous est confié, et faites tous vos efforts pour le défendre des embûches et des attaques des loups ravisseurs. Communiquez-vous mutuellement vos desseins, continuez, comme vous avez déjà commencé, d'avoir des réunions entre vous, afin qu'après avoir découvert, par une commune investigation, l'origine de nos maux, et, selon la diversité des lieux, les sources principales des dangers, vous puissiez y trouver, sous l'autorité et la conduite du Saint-Siége, les remèdes les plus prompts, et qu'ainsi, d'un accord unanime avec Nous, vous appliquiez, avec l'aide de Dieu et avec toute la vigueur du zèle pastoral, vos soins et vos travaux à rendre vains tous les efforts, tous les artifices, toutes les embûches et toutes les machinations des ennemis de l'Église.

Pour y parvenir, il faut prendre une peine continuelle, de peur que le peuple, trop peu instruit de la doctrine chrétienne et de la loi du Seigneur, hébété par la longue licence des vices, ne distingue qu'à peine les embûches qu'on lui tend et la méchanceté des erreurs qu'on lui propose. Nous demandons avec instance de votre sollicitude pastorale, Vénérables Frères, de ne jamais cesser d'appliquer tous vos soins à ce que les fidèles qui vous sont confiés soient instruits, suivant l'intelligence de chacun, des très-saints dogmes et des préceptes de notre religion, et qu'ils soient en même temps avertis et excités par tous les moyens à y conformer leur vie et leurs mœurs. Enflammez pour cette fin le zèle des ecclésiastiques, surtout de ceux qui ont charge d'âmes, afin que, méditant profondément sur le ministère qu'ils ont reçu dans le Seigneur et ayant devant les yeux les prescriptions du Concile de Trente, ils se livrent avec la plus grande activité, selon que l'exige la nécessité des temps, à l'instruction du peuple et s'appliquent à graver dans tous les cœurs les paroles sacrées, les avis de salut, leur faisant connaître, **dans des dis-**

cours brefs et simples, les vices qu'ils doivent fuir pour éviter la peine éternelle, les vertus qu'ils doivent rechercher pour obtenir la gloire céleste.

Il faut veiller spécialement à ce que les fidèles eux-mêmes aient profondément gravé dans l'esprit le dogme de notre très-sainte religion sur la nécessité de la foi catholique pour obtenir le salut. Pour cette fin, il sera souverainement utile que, dans les prières publiques, les fidèles, unis au clergé, rendent de temps en temps de particulières actions de grâces à Dieu pour l'inestimable bienfait de la religion catholique, qu'ils tiennent tous de sa bonté infinie, et qu'ils demandent humblement au Père des miséricordes de daigner protéger et conserver intacte dans nos contrées la profession de cette même religion.

Cependant vous aurez spécialement soin d'administrer à tous les fidèles, dans le temps convenable, le sacrement de Confirmation, qui, par un souverain bienfait de Dieu, donne la force d'une grâce particulière pour confesser avec constance la foi catholique, même dans les plus graves périls. Vous n'ignorez pas non plus qu'il est utile, pour la même fin, que les fidèles, purifiés des souillures de leurs péchés, expiés par une sincère détestation et par le sacrement de Pénitence, reçoivent fréquemment avec dévotion la très-sainte Eucharistie, qui est la nourriture spirituelle des âmes, l'antidote qui nous délivre des fautes quotidiennes et nous préserve des péchés mortels, le symbole de ce seul corps dont le Christ est la tête, et auquel il a voulu que nous fussions attachés par le lien si fort de la foi, de l'espérance et de la charité, afin que nous soyons tous ce seul corps, et qu'il n'y ait pas de schismes parmi nous.

Nous ne doutons pas que les curés, leurs vicaires et les autres prêtres qui dans certains jours, et surtout au temps du jeûne, se livrent au ministère de la prédication, ne s'empressent de vous prêter leur concours en toutes ces choses. Cependant il faut de temps en temps appuyer leurs soins par les secours extraordinaires des exercices spirituels et des saintes missions, qui, lorsqu'elles sont confiées à des hommes capables, sont, avec la bénédiction de Dieu, très-utiles pour réchauffer la piété des bons, exciter à une salutaire pénitence les pécheurs et les hommes dépravés par une longue habitude des vices, faire croître le peuple fidèle dans la science de Dieu, lui faire produire toutes sortes de biens, et, le munissant des secours abondants de la grâce céleste, lui inspirer une invincible horreur pour les doctrines perverses des ennemis de l'Église.

Du reste, en toutes ces choses, vos soins et ceux des prêtres vos coopérateurs tendront particulièrement à faire concevoir aux fidèles la plus grande horreur pour ces crimes qui se commettent au grand scandale du prochain. Car vous savez combien, en divers lieux, a grandi le nombre de ceux qui osent publiquement blasphémer les saints du ciel et même le très-saint nom de Dieu, ou qui sont connus comme vivant dans le concubinage et y joignant parfois l'inceste, ou qui, les jours fériés, se livrent à des œuvres serviles, leurs boutiques ouvertes, ou qui, en présence de plusieurs, méprisent les préceptes du jeûne et de l'abstinence, ou qui ne rougissent pas de commettre de la même manière d'autres crimes divers. Qu'à la voix de votre zèle le peuple fidèle se représente et considère sérieusement l'énorme gravité des péchés de cette espèce, et les peines très-sévères dont seront punis leurs auteurs, tant pour la criminalité propre de chaque faute que pour le danger spirituel qu'ils ont fait courir à leurs frères par la contagion de leur mauvais exemple. Car il est écrit : *Væ mundo a scandalis..... Væ homini illi per quem scandalum venit.*

Parmi les divers genres de piéges par lesquels les plus subtils ennemis de l'Eglise et de la société humaine s'efforcent de prendre les peuples, un des principaux est assurément celui qu'ils avaient préparé déjà depuis longtemps dans leurs criminels desseins, et qu'ils ont trouvé dans l'usage dépravé du nouvel art de la librairie. Ils s'y donnent tout entiers, de sorte qu'ils ne passent pas un jour sans multiplier, sans jeter dans les populations les libelles impies, des journaux, des feuilles détachées, pleins de mensonges, de calomnies, de séductions. Bien plus, usant du secours des Sociétés Bibliques, qui, depuis longtemps déjà, ont été condamnées par le Saint-Siége, ils ne rougissent pas de répandre de saintes Bibles, traduites, sans qu'on ait pris soin de se conformer aux règles de l'Eglise, en langue vulgaire, profondément altérées et rendues en un mauvais

sens avec une audace inouïe, et, sous un faux prétexte de religion, d'en recommander la lecture au
peuple fidèle. Vous comprenez parfaitement dans
votre sagesse, Vénérables Frères, avec quelle vigilance et quelle sollicitude vous devez travailler pour
que les fidèles fuient avec horreur cette lecture empoisonnée, et se souviennent, pour ce qui est nom-
mément des divines Ecritures, qu'aucun homme,
appuyé sur sa propre prudence, ne peut s'arroger le
droit et avoir la présomption de les interpréter autrement que ne les a interprétées et que ne les interprète la sainte Eglise notre mère, à qui seule notre
Seigneur Jésus-Christ a confié le dépôt de la Foi, le
jugement sur le vrai sens et l'interprétation des Livres divins.

Il sera très-utile, Vénérables Frères, pour arrêter
la contagion des mauvais livres, que des livres de
même volume, écrits par des hommes de science distinguée et saine, et préalablement approuvés par
vous, soient publiés pour l'édification de la Foi et la
salutaire éducation du peuple. Vous aurez soin que
ces mêmes livres, et d'autres livres de doctrine également pure, composés par d'autres hommes, selon
que le demanderont les lieux et les personnes, soient
répandus parmi les fidèles.

Tous ceux qui coopèrent avec vous dans la défense
de la Foi auront spécialement en vue de faire pénétrer, d'affermir, de graver profondément dans l'esprit de vos fidèles la piété, la vénération et le respect
envers ce Siége suprême de Pierre, sentiments par

lesquels vous vous distinguez éminemment, Vénérables Frères. Que les peuples fidèles se souviennent qu'ici vit et préside, en la personne de ses successeurs, Pierre, le prince des apôtres, dont la dignité n'est pas séparée de son héritier indigne. Qu'ils se souviennent que Jésus-Christ Notre-Seigneur a placé sur cette Chaire de Pierre l'inexpugnable fondement de son Eglise, et qu'à Pierre il a donné les clefs du royaume des Cieux, et que pour cela il a prié, afin que la foi de Pierre ne faillît jamais, et ordonné à Pierre de confirmer ses frères dans cette foi; de sorte que le successeur de Pierre, le Pontife romain, tenant la Primauté dans tout l'univers, est le vrai Vicaire de Jésus-Christ, le Chef de toute l'Église, le Père et le Docteur de tous les Chrétiens.

C'est dans le maintien de cette union commune des peuples dans l'obéissance au Pontife romain que se trouve le moyen le plus court et le plus direct pour les conserver dans la profession de la vérité catholique. En effet, on ne peut se révolter contre la foi catholique sans rejeter en même temps l'autorité de l'Église romaine, en qui réside le Magistère irréformable de la Foi, fondé par le divin Rédempteur, et en qui conséquemment a toujours été conservée la tradition qui vient des Apôtres. De là vient que les hérétiques anciens et les protestants modernes, si divisés dans le reste de leurs opinions, se sont toujours entendus pour attaquer l'autorité du Siége Apostolique, qu'ils n'ont pu, en aucun temps, par aucun artifice, par aucune machination, amener à tolérer même une seule de leurs erreurs. Aussi, les ennemis actuels de Dieu et de la société humaine n'omettent rien pour arracher les peuples italiens à Notre obéissance et à l'obéissance du Saint-Siége, persuadés qu'alors il leur sera possible de parvenir à souiller l'Italie de l'impiété de leur doctrine et de la peste de leurs nouveaux systèmes.

Quant à cette doctrine de dépravation et à ces systèmes, tout le monde sait déjà qu'ils ont pour but principal de répandre dans le peuple, en abusant des mots de liberté et d'égalité, les pernicieuses inventions du *Communisme* et du *Socialisme*. Il est constant que les chefs soit du *Communisme*, soit du *Socialisme*, bien qu'agissant par des méthodes et des moyens différents, ont pour but commun de tenir en agitation continuelle et d'habituer peu à peu à des actes plus criminels encore les ouvriers et les hommes de condition inférieure, trompés par leur langage artificieux et séduits par la promesse d'un état de vie plus heureuse. Ils comptent se servir ensuite de leur secours pour attaquer le pouvoir de toute autorité supérieure, pour piller, dilapider, envahir les propriétés de l'Église d'abord, et ensuite celles de tous les autres particuliers, pour violer enfin tous les droits divins et humains, amener la destruction du culte de Dieu et le bouleversement de tout ordre dans les sociétés civiles. Dans un si grand danger pour l'Italie, il est de votre devoir, Vénérables Frères, de déployer toutes les forces du zèle pastoral pour faire comprendre au peuple fidèle que, s'il se laisse entraîner à ces opinions et à ces systèmes pervers, il sera conduit à son malheur temporel et à sa perte éternelle.

Que les fidèles confiés à vos soins soient donc avertis qu'il est essentiel à la nature même de la société humaine que tous obéissent à l'autorité légitimement constituée dans cette société; et que rien ne peut être changé dans les préceptes du Seigneur, qui sont énoncés dans les Lettres sacrées sur ce sujet. Car il est écrit : *Subjecti estote omni humanæ creaturæ propter Deum sive Regi, quasi præcellenti, sive ducibus, tanquam ab eo missis ad vindictam malefactorum, laudem vero bonorum ; quia sic est voluntas Dei, ut benefacientes obmutescere faciatis imprudentium hominum ignorantiam : quasi liberi, et non quasi velamen habentes malitiæ libertatem, sed sicut servi Dei. Et* encore : *Omnis anima potestatibus sublimioribus subdita sit : non est enim potestas nisi a Deo : quæ autem sunt a Deo ordinatæ sunt : itaque qui resistit potestati, Dei ordinationi resistit : qui autem resistunt, ipsi sibi damnationem acquirunt.*

Qu'ils sachent encore que, dans la condition des choses humaines, il est naturel et invariable que, même entre ceux qui ne sont point dans une autorité plus élevée, les uns l'emportent sur les autres, soit par diverses qualités de l'esprit ou du corps, soit par les richesses ou d'autres biens extérieurs de cette sorte ; et que jamais, sous aucun prétexte de liberté et d'égalité, il ne peut être licite d'envahir les biens ou les droits d'autrui, ou de les violer d'une façon quelconque. A ce sujet, les commandements divins, qui sont gravés çà et là dans les livres saints, sont fort clairs, et nous défendent formellement non-seulement de nous emparer du bien d'autrui, mais même de le désirer.

Que les pauvres, que les malheureux se rappellent surtout combien ils doivent à la religion catholique, qui garde vivante et intacte et qui prêche hautement la doctrine de Jésus-Christ, lequel a déclaré qu'il regarderait comme fait à sa personne le bien fait aux pauvres et aux malheureux. Et il a annoncé d'avance à tous le compte particulier qu'il demandera, au jour du Jugement, sur les œuvres de miséricorde, soit pour récompenser de la vie éternelle les fidèles qui auront accompli ces œuvres, soit pour punir de la peine du feu éternel ceux qui les auront négligées.

De cet avertissement du Christ Notre-Seigneur et des avis très-sévères qu'il a donnés touchant l'usage des richesses et leurs dangers, avis conservés inviolablement dans l'Église catholique, il est résulté que la condition des pauvres et des malheureux est de beaucoup plus douce chez les nations catholiques que chez toutes les autres. Et les pauvres obtiendraient dans nos contrées des secours encore plus abondants si, au milieu des récentes commotions des affaires publiques, de nombreux établissements fondés par la piété de nos ancêtres pour les soulager n'avaient été détruits ou pillés. Au reste, que nos pauvres se souviennent, d'après l'enseignement de Jésus-Christ lui-même, qu'ils ne doivent point s'attrister de leur condition : puisque, en effet, dans la pauvreté, le chemin du salut leur est préparé plus facile, pourvu toutefois qu'ils supportent patiemment leur indigence, et qu'ils soient pauvres non-seulement matériellement, mais encore en esprit. Car il dit : *Beati pauperes spiritu, quoniam ipsorum est regnum cœlorum.*

Que le peuple fidèle tout entier sache que les anciens rois des nations païennes et les chefs de leurs républiques ont abusé de leur pouvoir beaucoup plus gravement et beaucoup plus souvent ; et que par là il reconnaisse qu'il est redevable aux bienfaits de notre très-sainte religion, si les princes des temps chrétiens, redoutant, à la voix de cette religion, le *jugement très-sévère* qui *sera rendu sur ceux qui commandent,* et le supplice éternel destiné aux pécheurs, supplice dans lequel *les puissants seront puissamment torturés,* ont usé à l'égard des peuples, leurs sujets, d'un commandement plus clément et plus juste.

Enfin, que les fidèles confiés à vos soins et aux Nôtres reconnaissent que la vraie et parfaite liberté et égalité des hommes ont été mises sous la garde de la loi chrétienne, puisque le Dieu tout-puissant, qui a fait le *petit et le grand,* et qui *a un soin égal de tous,* ne soustraira au jugement la personne de qui que ce soit, et n'aura égard à aucune grandeur : il a fixé le jour où il jugera l'univers dans sa justice en Jésus-Christ, son fils unique, qui doit venir dans la gloire de son Père avec ses anges, et qui rendra alors à chacun selon ses œuvres.

Si les fidèles, méprisant les avis paternels de leurs pasteurs et les préceptes de la loi chrétienne que nous venons de rappeler, se laissent tromper par les promoteurs des machinations du jour, s'ils consentent à conspirer avec eux dans les systèmes pervers du *Socialisme* et du *Communisme*, qu'ils sachent et qu'ils considèrent sérieusement qu'ils amassent pour eux-mêmes auprès du divin Juge des trésors de vengeance au jour de la colère, et qu'en attendant il ne sortira de cette conspiration aucun avantage temporel pour le peuple, mais bien plutôt un accroissement de misères et de calamités. Car il n'est pas donné aux hommes d'établir de nouvelles sociétés et des communautés opposées à la condition naturelle des choses humaines ; et c'est pourquoi le résultat de pareilles conspirations, si elles s'étendaient en Italie, serait celui-ci : l'état actuel des choses publiques serait ébranlé et renversé de fond en comble par les luttes de citoyens contre citoyens, par des usurpations, par des meurtres, puis quelques hommes enrichis des dépouilles du grand nombre saisiraient le pouvoir au milieu de la ruine commune.

Pour détourner le peuple fidèle des embûches des impies, pour le maintenir dans la profession de la religion catholique et l'exciter aux œuvres de la vraie vertu, l'exemple et la vie de ceux qui se sont voués au sacré ministère a, vous le savez, une grande puissance. Mais, ô douleur ! il s'est trouvé en Italie des ecclésiastiques, en petit nombre, il est vrai, qui ont passé dans les rangs des ennemis de l'Église, et ne les ont pas peu aidés à tromper les fidèles. Pour vous, Vénérables Frères, la chute de ces hommes a été un nouvel aiguillon qui vous a excités à veiller avec un zèle de plus en plus actif à maintenir la discipline du clergé. Et ici, voulant, selon notre devoir, prendre des mesures préservatrices pour l'avenir, Nous ne pouvons Nous empêcher de vous recommander de nouveau un point sur lequel Nous avons déjà insisté dans Notre première Lettre Encyclique aux Évêques de tout l'univers, et Nous vous rappelons de n'imposer jamais légèrement les mains à personne et d'apporter le soin le plus attentif dans le choix de la milice ecclésiastique. Il faut une longue recherche, une minutieuse investigation au sujet surtout de ceux qui désirent entrer dans les ordres sacrés; il faut vous assurer qu'ils se recommandent par la science, par la gravité des mœurs et par le zèle du culte divin, de façon à donner l'espoir certain que, semblables à des lampes ardentes dans la Maison du Seigneur, ils pourront par leur conduite et par leurs œuvres procurer à votre troupeau l'édification et l'utilité spirituelles.

L'Église de Dieu retire des monastères, lorsqu'ils sont bien conduits, une immense utilité et une grande gloire, et le clergé régulier vous porte à vous-mêmes, dans votre travail pour le salut des âmes, un secours précieux ; c'est pourquoi Nous vous demandons, Vénérables Frères, d'abord d'assurer, de Notre

part, aux familles religieuses de chacun de vos diocèses, qu'au milieu de tant de douleurs, Nous avons
particulièrement ressenti les maux que plusieurs
d'entre elles ont eu à souffrir dans ces derniers
temps, et que la courageuse patience, la constance
dans l'amour de la vertu et de leur Religion dont
un grand nombre de religieux ont donné l'exemple,
a été pour nous une source de consolations d'autant
plus vives qu'on en a vu d'autres, oubliant la sainteté
de leur profession, au grand scandale des gens de
bien, et remplissant d'amertume Notre cœur et le
cœur de leurs frères, prévariquer honteusement. En
second lieu, vous aurez soin d'exhorter en Notre nom
les chefs de ces familles religieuses, et, quand cela
sera nécessaire, les supérieurs qui en sont les modérateurs, à ne rien négliger des devoirs de leur charge
pour rendre la discipline de plus en plus régulière
là où elle s'est maintenue vigoureuse et florissante,
et pour la rétablir dans toute son intégrité et toute
sa force là où elle aurait reçu quelque atteinte. Ces
supérieurs rappelleront sans cesse, et par les avertissements, et par les représentations, et par les reproches, aux religieux de leurs maisons, qu'ils doivent sérieusement considérer par quels vœux ils se
sont liés envers Dieu, s'appliquer à tenir ce qu'ils
lui ont promis, garder inviolablement les règles de
leur institut, et, portant dans leur corps la mortifi-
cation de Jésus, s'abstenir de tout ce qui est incom-
patible avec leur vocation, se donner tout entiers
aux œuvres qui entretiennent la charité envers Dieu

et le prochain, et l'amour de la vertu parfaite. Que sur toutes choses les modérateurs de ces Ordres veillent à ce que l'entrée n'en soit ouverte à aucune personne qu'après un examen approfondi et scrupuleux de sa vie, de ses mœurs et de son caractère, et que personne n'y puisse être admis à la profession religieuse qu'après avoir donné, dans un noviciat fait selon les règles, des preuves d'une véritable vocation, de telle sorte qu'on puisse à bon droit présumer que le novice n'embrasse la vie religieuse que pour vivre uniquement en Dieu et travailler, selon la règle de son institut, à son salut et au salut du prochain. Sur ce point, Nous voulons et entendons que l'on observe tout ce qui a été statué et prescrit, pour le bien des familles religieuses, dans les décrets publiés le 25 janvier de l'année dernière, par Notre congrégation sur l'état des réguliers, décrets revêtus de la sanction de Notre autorité apostolique.

Après vous avoir ainsi parlé du clergé régulier, Nous tenons à recommander à votre Fraternité l'instruction et l'éducation des clercs mineurs; car l'Église ne peut guère espérer trouver de dignes ministres que parmi ceux qui, dès leur jeunesse et leur premier âge, ont été, suivant les règles prescrites, formés à ce ministère sacré. Continuez donc, Vénérables Frères, à user de toutes vos ressources, à faire tous vos efforts pour que les recrues de la milice sacrée soient autant que possible reçues dans les séminaires ecclésiastiques dès leurs plus jeunes ans, et pour que, rangées autour du Tabernacle du Seigneur, elles grandissent et croissent comme une plantation nouvelle dans l'innocence de la vie, la religion, la modestie, l'esprit ecclésiastique, apprenant en même temps, de maîtres choisis, dont la doctrine soit pleinement exempte de tout péril d'erreur, les lettres, les sciences élémentaires et les hautes sciences, mais surtout les lettres et les sciences sacrées.

Mais, comme vous ne pourrez que difficilement compléter l'instruction de tous les clercs mineurs dans les séminaires; comme d'ailleurs les jeunes gens de l'ordre laïque doivent assurément être aussi l'objet de votre sollicitude pastorale, veillez également, Vénérables Frères, sur toutes les autres écoles publiques et privées, et, autant qu'il est en vous, mettez vos soins, employez votre influence, faites vos efforts pour que dans ces écoles les études soient en tout conformes à la règle de la doctrine catholique, et pour que la jeunesse qui s'y trouve réunie, instruite dans les lettres, les arts et les sciences, n'ait que des maîtres irréprochables sous le rapport de la religion et des mœurs, qui, lui enseignant aussi la véritable vertu, la mettent en mesure de reconnaître les piéges tendus par les impies, d'éviter leurs funestes erreurs et de servir utilement et avec éclat la société chrétienne et la société civile.

C'est pourquoi vous revendiquerez la principale autorité, une autorité pleinement libre, sur les professeurs des sciences sacrées et sur toutes les choses qui sont de la religion ou qui y touchent de près. Veillez à ce qu'en rien ni pour rien, mais surtout en

17.

ce qui touche les choses de la religion, on n'emploie dans les écoles que des livres exempts de tout soupçon d'erreur. Avertissez ceux qui ont charge d'âmes d'être vos coopérateurs vigilants en tout ce qui concerne les écoles des enfants et du premier âge. Que les écoles ne soient confiées qu'à des maîtres et à des maîtresses d'une honnêteté éprouvée, et que pour enseigner les éléments de la foi chrétienne aux petits garçons et aux petites filles, on ne se serve que de livres approuvés par le Saint-Siége. Sur ce point, Nous ne pouvons douter que les curés ne soient les premiers à donner l'exemple, et que, pressés par vos incessantes exhortations, ils ne s'appliquent chaque jour davantage à instruire les enfants des éléments de la doctrine chrétienne, se souvenant que c'est là un des devoirs les plus graves de la charge qui leur est confiée. Vous devrez de même leur rappeler que dans leurs instructions soit aux enfants, soit au peuple, ils ne doivent jamais perdre de vue le catéchisme romain publié, conformément au décret du Concile de Trente, par l'ordre de saint Pie V, Notre prédécesseur d'immortelle mémoire, et recommandé à tous les pasteurs des âmes par d'autres souverains Pontifes, notamment par Clément XIII, comme *un secours on ne peut plus propre à repousser les fraudes des opinions perverses, à propager et à établir d'une manière solide la véritable et saine doctrine.*

Vous ne vous étonnerez pas, Vénérables Frères, si Nous vous parlons un peu longuement sur ce sujet. Votre prudence, assurément, a reconnu qu'en ces temps périlleux, Nous devons, vous et Nous, faire les plus grands efforts, employer tous les moyens, lutter avec une constance inébranlable, déployer une vigilance continuelle pour tout ce qui touche aux écoles, à l'instruction et à l'éducation des enfants et des jeunes gens de l'un et de l'autre sexe. Vous savez que, de nos jours, les ennemis de la religion et de la société humaine, poussés par un esprit vraiment diabolique, s'attachent à pervertir par tous les moyens le cœur et l'intelligence des jeunes gens dès le premier âge. C'est pourquoi, il n'y a pas de moyen qu'ils ne mettent en œuvre, il n'y a pas d'entreprise audacieuse qu'ils ne tentent pour soustraire entièrement à l'autorité de l'Église et à la vigilance des sacrés pasteurs les écoles et tout établissement destiné à l'éducation de la jeunesse.

Nous avons donc la ferme espérance que Nos très-chers fils en Jésus-Christ, tous les princes de l'Italie, aideront votre Fraternité de leur puissant patronage, afin que vous puissiez remplir avec plus de fruit les devoirs de votre charge que nous venons de rappeler. Nous ne doutons pas non plus qu'ils n'aient la volonté de protéger l'Église et tous ses droits, soit spirituels, soit temporels. Rien n'est plus conforme à la religion et à la piété qu'ils ont héritée de leurs ancêtres, et dont ils se montrent animés. Il ne peut pas échapper à leur sagesse que la cause première de tous les maux dont nous sommes accablés n'est autre que le mal fait à la religion et à l'Église catholique dans les temps antérieurs, mais surtout à l'époque où parurent les protestants. Ils voient, par exemple, que le mépris croissant de l'autorité des sacrés Pontifes, que les violations chaque jour plus multipliées et impunies des préceptes divins et ecclésiastiques, ont diminué dans une proportion analogue le respect du peuple pour la puissance civile, et ouvert aux ennemis actuels de la tranquillité publique une voie plus large aux révoltes et aux séditions. Ils voient de même que le spectacle souvent renouvelé des biens temporels de l'Église envahis, partagés, vendus publiquement, quoiqu'ils lui appartinssent en vertu d'un droit légitime de propriété, et que l'affaiblissement, au sein des peuples, du sentiment de respect pour les propriétés consacrées par une destination religieuse, ont eu pour effet de rendre un grand nombre d'hommes plus accessibles aux assertions audacieuses du nouveau *Socialisme* et du *Communisme*, enseignant que l'on peut de même s'emparer des autres propriétés et les partager ou les transformer de toute autre manière pour l'usage de tous. Ils voient de plus retomber peu à peu sur la puissance civile toutes les entraves multipliées jadis avec tant de persévérance pour empêcher les pasteurs de l'Église d'user librement de leur autorité sacrée. Ils voient enfin qu'au milieu des calamités qui nous pressent, il est impossible de trouver un remède d'un effet plus prompt et d'une plus grande efficacité que la religion et l'Église catholique refleurissant et reprenant sa splendeur dans toute l'Italie, l'Église catholique qui possède, on n'en saurait douter, les moyens les plus propres à secourir les indigences diverses de l'homme dans toutes les conditions.

Et, en effet, pour employer ici les paroles de saint Augustin : « L'Église catholique embrasse non-seu-
« lement Dieu lui-même, mais encore l'amour et la
« charité pour le prochain, de telle sorte qu'elle a
« des remèdes pour toutes les maladies qu'éprouvent
« les âmes à cause de leurs péchés. Elle exerce et
« enseigne les enfants d'une manière appropriée à
« leur âge, les jeunes gens avec force, les vieillards
« avec tranquillité, chacun, en un mot, selon que
« l'exige l'âge, non pas seulement de son corps, mais
« encore de son âme. Elle soumet la femme à son
« mari par une chaste et fidèle obéissance, non pour
« assouvir le libertinage, mais pour propager la race
« humaine et conserver la société domestique. Elle
« met ainsi le mari au-dessus de la femme, non
« pour qu'il se joue de ce sexe plus faible, mais afin
« qu'ils obéissent tous deux aux lois d'un sincère
« amour. Elle assujettit les fils à leurs parents dans
« une sorte de servitude libre, et l'autorité qu'elle
« donne aux parents sur leurs enfants est une sorte
« de domination compatissante. Elle unit les frères
« aux frères par un lien de religion plus fort, plus
« étroit que le lien du sang ; elle resserre tous les
« liens de parenté et d'alliance par une charité mu-
« tuelle qui respecte les nœuds de la nature et ceux
« qu'ont formés les volontés diverses. Elle apprend
« aux serviteurs à s'attacher à leurs maîtres, non pas
« tant à cause des nécessités de leur condition que

« par l'attrait du devoir ; elle rend les maîtres doux
« à leurs serviteurs par la pensée du maître com-
« mun, le Dieu suprême, et leur fait préférer les
« voies de la persuasion aux voies de la contrainte.
« Elle lie les citoyens aux citoyens, les nations aux
« nations, et tous les hommes entre eux, non-seule-
« ment par le lien social, mais encore par une sorte
« de fraternité, fruit du souvenir de nos premiers
« parents. Elle enseigne aux rois à avoir toujours en
« vue le bien de leurs peuples ; elle avertit les peuples
« de se soumettre aux rois. Elle apprend à tous, avec
« une sollicitude que rien ne lasse, à qui est dû l'hon-
« neur, à qui l'affection, à qui le respect, à qui la
« crainte, à qui la consolation, à qui l'avertissement,
« à qui l'exhortation, à qui la discipline, à qui la ré-
« primande, à qui le supplice, montrant comment
« toutes choses ne sont pas dues à tous, mais qu'à
« tous est due la charité et à personne l'injustice. »

C'est donc Notre devoir et le vôtre, Vénérables
Frères, de ne reculer devant aucun labeur, d'affron-
ter toutes les difficultés, d'employer toute la force de
Notre zèle pastoral pour protéger chez les peuples
italiens le culte de la religion catholique, non-seulement en Nous opposant énergiquement aux efforts
des impies qui trament le complot d'arracher l'Italie
elle-même du sein de l'Église, mais encore en travaillant puissamment à ramener dans la voie du salut
ces fils dégénérés de l'Italie, qui déjà ont eu la faiblesse de se laisser séduire.

Mais tout bien excellent et tout don parfait vient

d'en haut ; approchons donc avec confiance du trône de la grâce, Vénérables Frères, ne cessons pas de prier avec supplication, de conjurer par des prières publiques et particulières le Père céleste des lumières et des miséricordes, afin que, par les mérites de son Fils unique Notre-Seigneur Jésus-Christ, détournant sa face de nos péchés, il éclaire, dans sa clémence, tous les esprits et tous les cœurs par la vertu de sa grâce ; que, domptant les volontés rebelles, il glorifie la sainte Église par de nouvelles victoires et de nouveaux triomphes, et que, dans toute l'Italie et par toute la terre, le peuple qui le sert croisse en nombre et en mérite. Invoquons aussi la très-sainte Mère de Dieu, Marie la Vierge immaculée, qui, par son tout-puissant patronage auprès de Dieu, obtenant tout ce qu'elle demande, ne peut pas demander en vain. Invoquons avec elle Pierre, le prince des Apôtres, Paul, son frère dans l'apostolat, et tous les Saints du ciel, afin que le Dieu très-clément, apaisé par leurs prières, détourne des peuples fidèles les fléaux de sa colère, et accorde, dans sa bonté, à tous ceux qui portent le nom de chrétiens, de pouvoir par sa grâce et rejeter tout ce qui est contraire à la sainteté de ce nom, et pratiquer tout ce qui lui est conforme.

Enfin, Vénérables Frères, recevez, en témoignage de Notre vive affection pour vous, la bénédiction apostolique que, du fond de Notre cœur, Nous vous donnons avec amour, et à vous, et au clergé, et aux fidèles laïques confiés à votre vigilance.

Donné à Naples, au faubourg de Portici, le 8 décembre 1849, de Notre Pontificat l'an iv.

PIUS PP. IX.

BREF

DE N. S. P. LE PAPE PIE IX

AUX ÉVÉQUES DE LA PROVINCE DE PARIS.

(11 décembre 1849.)

Venerabiles Fratres, salutem et apostolicam benedictionem. Gratissimæ nobis fuerunt vestræ litteræ intimo erga Nos, et apostolicam sedem pietatis, amoris, et reverentiæ sensu conscriptæ quibus, Venerabiles Fratres, acta provincialis Parisiensis Synodi a vobis habitæ, Nostro et ejusdem sedis judicio subjicere properastis, enixe rogantes, ut Synodum ipsam suprema Nostra auctoritate confirmare velimus. Etsi autem ejusmodi acta ob publici cursus rationem nondum acceperimus, tamen illa quam primum ad Nos perventura confidimus, cum omnem curam adhibendam esse jusserimus, ut ipsa ad Nos perferantur. Interim vero vobis vehementer gratulamur, Venerabiles Fratres, quod pro eximia vestra religione, et episcopali muneris officio de spirituali vestrarum diœcesium bono summopere solliciti, providentissimis sacrorum canonum inhærentes sanctionibus ac Nostris quoque obsequentes desideriis, Synodum ipsam omni studio concelebrare festinastis, ut asperrimis hisce ac difficillimis temporibus ea collatis inter vos consiliis statueretis, quæ ad sanctissimam nostram religionem in populis excitandam, augendam, eorumque pietatem morumque honestatem fovendam atque ad ecclesiasticam disciplinam tuendam conducere posse magis in Domino judicastis. Non mediocri certe animi Nostri consolatione ex ipsis vestris litteris cognovimus, ita Vos exoptare, Venerabiles Fratres, ut Romana liturgia quæ summo nostro gaudio in pluribus Galliarum diœcesibus jam invaluit, in vestris quoque restituatur diœcesibus, ut communi consensu constitueritis vestram omnem operam opportune, provide prudenterque impendere in iis amovendis difficultatibus, quæ hactenus obstiterunt, quominus hanc rem ad optatum exitum perducere possetis. Jam vero sacerdotali vestro zelo quam plurimum in Domino confisi, Venerabiles Fratres, plane non dubitamus quin Vos majori usque alacritate et contentione laborantes veluti boni milites Christi Jesu nihil unquam intentatum relinquatis, ut Dei ejusque sanctæ Ecclesiæ causam strenue tutari, ac propugnare, et animarum salutem procurare possitis. Nos quidem haud omittemus divitem in misericordia Deum humiliter obsecrare ut vestris pastoralibus curis et laboribus benedicat, quo fideles Vobis commissi magis in dies divertant a malo et faciant bonum atque ambulent digne Deo per omnia placentes, et in omni opere bono fructificantes. Cujus superni præsidii auspicem, et præcipuæ Nostræ in vos benevolentiæ pignus apostolicam benedictionem ex imo corde depromptam Vobis ipsis, Venerabiles Fratres, omnibusque clericis, laicisque fidelibus vestræ vigilantiæ concreditis paramanter impertimur.

Datum Neapoli in suburbano Portici die XI decembris anno MDCCCXLIX, Pontificatus Nostri anno quarto.

Pius PP. IX.

———— ✦ ————

TRADUCTION.

Vénérables Frères, salut et bénédiction apostolique. Nous avons été comblé de joie à la réception de la lettre que vous Nous avez écrite, dans un sentiment si profond de piété, d'amour et de respect envers Nous et le Siége Apostolique, et par laquelle, Vénérables Frères, vous vous êtes empressés de soumettre à Notre jugement et à celui de ce même Siége les actes du Concile provincial de Paris célébré par vous, et Nous demander d'une manière pressante de vouloir bien confirmer ce Concile lui-même par Notre suprême autorité. Bien qu'à raison des circonstances, nous n'en ayons point encore reçu les actes, Nous sommes sûr toutefois qu'ils nous parviendront très-promptement, car Nous avons ordonné que l'on mette la plus grande diligence à Nous les faire tenir. Mais, en attendant, Nous éprouvons le besoin de vous féliciter vivement, Vénérables Frères, de ce que, remplis, conformément à vos admirables sentiments de religion et au devoir de votre charge pastorale, de la plus grande sollicitude pour le bien spirituel de vos diocèses, vous vous êtes hâtés avec le zèle le plus louable, fidèles aux sages prescriptions des saints Canons, et suivant Nos propres désirs, de célébrer ce Concile, afin de statuer de concert dans ces temps si durs et si difficiles, ce que, devant Dieu, vous avez jugé pouvoir le mieux servir à exciter et accroître notre très-sainte Religion parmi les peuples, à entretenir en eux la piété et la pureté des mœurs et à maintenir la discipline ecclésiastique. Ce n'est certes pas sans une vraie et profonde consolation que Nous avons appris, par votre lettre, le désir que vous auriez de rétablir dans vos propres diocèses la liturgie romaine, déjà, à notre grande satisfaction, remise en vigueur en plusieurs Diocèses de France, et la résolution où vous êtes de mettre d'un commun accord tous vos soins à écarter, quand les circonstances le permettront, suivant les règles de la sagesse et de la prudence, les obstacles qui jusqu'ici vous ont empêchés de conduire cette affaire à la fin désirée. Plein d'une entière confiance devant le Seigneur, en votre zèle sacerdotal, Vénérables Frères, nous ne doutons point que, travaillant comme de bons soldats de Jésus-Christ, avec une ardeur et des efforts continuels, vous ne négligerez aucun moyen de soutenir et de défendre énergiquement contre toute attaque la cause de Dieu et de la sainte Église, et de procurer le salut des âmes.

Pour Nous, nous ne cesserons point de supplier humblement le Dieu riche en miséricorde de bénir vos sollicitudes et vos travaux, pour que de jour en jour davantage, les fidèles confiés à vos soins s'éloignent du mal, pratiquent la vertu et marchent comme il convient dans la bonne voie, se rendant en toutes choses agréables à Dieu et fructifiant dans toutes sortes de bonnes œuvres. Comme présage de ce secours d'en haut et comme gage de Notre particulière bienveillance envers vous, Nous vous donnons avec effusion et du fond du cœur Notre bénédiction apostolique, à vous, Vénérables Frères; et à tous les clercs et les fidèles laïcs confiés à votre vigilance.

Donné à Naples, au faubourg de Portici, le 11 décembre 1849, la 4e année de Notre pontificat.

PIUS PP. IX.

BREF

DE N. S. P. LE PAPE

A MONSEIGNEUR L'ÉVÊQUE DE LA ROCHELLE.

(16 décembre 1849.)

Vénérable frère, salut et bénédiction apostolique.

La lettre pleine de respect que vous Nous avez adressée, le 20 du mois de novembre dernier, a rempli Notre cœur de la plus douce consolation, en Nous apprenant que le jour si désiré était enfin venu, où la liturgie de l'Église romaine allait être rendue à votre diocèse de la Rochelle. Nous vous donnons, à ce sujet, Vénérable frère, les éloges que mérite le zèle que vous avez montré pour amener cette affaire à une heureuse fin, conformément à Nos désirs.

Continuez, comme vous l'avez fait jusqu'ici, à adresser au Dieu Tout-Puissant des prières assidues et ferventes, le conjurant d'aider, de fortifier et de soutenir, par sa vertu divine, Notre faiblesse, qui, dans ces jours difficiles et fâcheux, sent plus vivement que jamais le poids de la charge du gouvernement de toutes les Églises.

Nous ne cessons Nous-même de demander, en toute humilité et avec instance, au Dieu Très-Clément, qu'il vous enrichisse des trésors de sa grâce, et qu'il bénisse vos soins et vos travaux de Pasteur : afin que cette partie de sa vigne qu'il a confiée à votre zèle donne, de jour en jour, des fruits plus abondants de justice.

Comme gage de cette protection céleste, et comme témoignage de la spéciale bienveillance que Nous vous portons, Nous vous donnons avec amour, Vénérable Frère, ainsi qu'au troupeau confié à votre vigilance, notre Bénédiction Apostolique.

Donné, près de Naples, en Notre résidence de Portici, le 16 décembre 1849, la quatrième année de notre Pontificat.

PIE IX, SOUVERAIN PONTIFE.

BREF

DE N. S. P. LE PAPE PIE IX

A S. ÉM. LE CARDINAL DE BONALD, ARCHEVÊQUE DE LYON.

(23 décembre 1849.)

Notre cher fils, salut et bénédiction apostolique.

Les sentiments de dévouement et de piété pour Notre personne et pour le siége apostolique, qui distinguent éminemment cette ville de Lyon si justement célèbre, ont surtout paru lorsque survint dans les affaires de Rome le déplorable changement qui Nous força Nous-même de Nous éloigner. Alors, au milieu de Nos plus désastreuses calamités et de l'orage déchaîné contre nous, les fidèles de l'Église de Lyon n'eurent qu'une voix et qu'un cœur pour nous exprimer leurs sentiments, dans une lettre à laquelle ils donnèrent une éclatante publicité, de concert avec un très-grand nombre de leurs concitoyens, qui, s'unissant à leur pensée, s'empressèrent d'y souscrire. Ils avaient compris, et ils déclarent formellement dans cette lettre, qu'il importe essentiellement à la dignité du Souverain Pontife et à sa liberté, qui est pour le bien de tous, que le patrimoine de l'Église romaine, mère commune de toutes les autres Églises, soit protégé contre les rebelles. Nous eussions voulu depuis longtemps leur exprimer Notre juste reconnaissance de ce zèle filial, de cette piété, des preuves qu'ils Nous ont données de leur sincère et inaltérable attachement, si tant d'autres soins et de graves sollicitudes ne Nous eussent empêché de le faire jusqu'ici. C'est pourquoi Nous vous adressons cette lettre, Notre cher fils, afin qu'en notre nom vous leur fassiez parvenir à tous Nos félicitations pour cet esprit religieux qui les anime, et pour leur zèle et leur dévouement à notre personne et au siége apostolique ; et qu'ils soient bien assurés de la joie et de la consolation qui ont abondé dans Notre âme à la lecture de leur lettre. Nous ne cessons d'adresser Nos vœux et Nos prières au Roi de la paix pour qu'il les éclaire de sa lumière, eux et toute cette ville, et qu'il les rende tous les jours plus fervents dans l'accomplissement de ses divins préceptes. Et en témoignage de Notre paternelle affection pour vous, et comme un gage de la protection du ciel, nous vous donnons avec amour et dans toute l'effusion de Notre âme, à vous, Notre très-cher fils, et à tout le clergé de cette Église de Lyon qui vous est confiée, et à ce peuple fidèle, la bénédiction apostolique.

Donné à Naples, au faubourg de Portici, le 23 décembre 1849, et l'année quatrième de notre Pontificat.

PIE PP. IX.

DISCOURS

DE N. S. P. LE PAPE PIE IX

AU CORPS DIPLOMATIQUE.

(1ᵉʳ janvier 1849.)

A Portici, à l'occasion de la nouvelle année, le corps diplomatique, par l'organe de M. Martinez de la Rosa, ambassadeur d'Espagne, a offert au Pape ses hommages dans les termes suivants :

« Saint-Père, le corps diplomatique accrédité près de Votre Sainteté se trouve heureux de lui offrir en ce jour solennel ses respectueux hommages, ainsi que les vœux qu'il fait pour sa prospérité. Quand il exprimait, il y a un an, les mêmes vœux, aussi inaltérables que les sentiments qui les ont fait naître, l'horizon s'était obscurci, et l'on n'apercevait pas encore le terme des calamités qui pesaient sur les peuples que la révolte venait d'arracher au sceptre de Votre Sainteté.

« Mais nous avions une foi pleine et entière dans la justice de sa cause : son triomphe ne pouvait pas manquer, et nous en voyions un signe certain dans cette pieuse résignation, dans ce calme admirable que Votre Sainteté a constamment montrés, et qui ne pouvaient venir que de la protection toute spéciale de Dieu. Grâces lui soient rendues, cette situation est changée !

« Toutes les puissances ont pris le plus vif intérêt au rétablissement de Votre Sainteté dans son pouvoir temporel, d'une si haute importance pour le libre exercice de son autorité spirituelle, pour la tranquillité des peuples, pour l'affermissement de l'ordre social si profondément ébranlé ! Les gouvernements qui ont été à même d'accourir à l'appel de Votre Sainteté se sont empressés d'y répondre, et ils ont la satisfaction d'avoir accompli un devoir en contribuant à replacer Votre Sainteté sur son trône.

« Les yeux du monde entier ont suivi Votre Sainteté sur la terre d'exil ; les yeux du monde entier vont la suivre à son retour à Rome. Une tâche des plus nobles, des plus glorieuses, y est réservée au Souverain éclairé, au vertueux Pontife : celle d'effacer les traces de la révolution, en répandant de sa main paternelle la paix et le bonheur. »

Voici la réponse du Saint-Père :

« De même qu'à l'occasion de commotions reli-
« gieuses et politiques, le corps diplomatique a été
« pour Nous une couronne de consolations, de même
« il est pour Nous une couronne de joie dans ces
« jours où ces commotions sont en parties calmées.
« Aussi Notre cœur éprouve-t-il la plus douce
« consolation en vous répétant les assurances de
« la plus profonde gratitude. Nous nous applau-
« dissons de cette occasion de vous la manifester.

« Messieurs, et de vous la confirmer de la manière la
« plus explicite et la plus sincère.

« La générosité, la noblesse, la fermeté et la piété
« sont les traits caractéristiques de la conduite des
« quatre puissances qui, au nom de la catholicité en-
« tière, sont accourues pour triompher de l'anarchie,
« pour rendre ensuite au Souverain Pontife, dans sa
« liberté et son indépendance, l'exercice de ses hau-
« tes attributions. Retournant à son siége, il y arri-
« vera avec l'escorte et l'appui des mêmes sentiments
« que les puissances ont manifestés lorsqu'elles lui
« en ont frayé la voie.

« Il est certain que Dieu élève et bénit les nations
« pour les actes de justice qu'elles font, et il ne man-
« quera pas certainement de bénir et d'élever les sou-
« verains et les gouvernements que vous représentez
« pour l'intérêt pris à une cause qui est toute de
« Dieu. Et c'est précisément pour cela que Nous
« avons un juste motif de nourrir non-seulement la
« confiance, mais la certitude que, de même qu'elles
« ont soutenu la cause de Dieu dans celle de son
« vicaire, de même elles défendront avec zèle leur
« propre cause, en accordant à l'Église cette protec-
« tion et cet appui dont elle a tant besoin, afin
« qu'elle puisse influer sur la rectification des prin-
« cipes et sur la propagation de la morale, qui sont
« aujourd'hui directement attaqués par tant d'enne-
« mis de Dieu et des hommes. En même temps que
« Nous manifestons ces sentiments, Nous bénissons
« de cœur, dans vos personnes, les souverains et les

« gouvernements que vous avez l'honneur de repré-
« senter, sans cesser jamais de prier pour la paix du
« monde et pour le triomphe de la vérité et de la
« justice. »

BREF

DE S. S. PIE IX

A MGR L'ÉVÊQUE D'ORLÉANS.

(8 février 1850.)

Vénérable Frère, salut et bénédiction apostolique.

Vous savez parfaitement vous-même, vénérable Frère, combien, en ces jours de deuil, Notre âme, en proie aux inquiétudes, aux angoisses et aux chagrins, a été consolée par la piété et le respect des fidèles, par l'admirable concert de leur dévouement à Notre personne, et Nous ne croyons pas nécessaire de vous apprendre quelque chose à cet égard; mais Nous aimons à vous dire que les témoignages d'amour filial et de vénération que tous Nos chers fils les habitants d'Orléans et l'association chrétienne établie dans cette ville, Nous ont adressés par leurs lettres comme l'expression de leur dévouement au Saint-Siége, au milieu de ces temps d'épreuve, sont dignes de tous

Nos éloges et de Notre particulière attention. C'est pourquoi, Nous vous écrivons cette lettre, pour que vous leur témoigniez à tous, en Notre nom et à l'aide de Nos propres paroles, Notre vive reconnaissance ; que vous exprimiez et confirmiez à chacun de ces chers fils, d'une manière toute spéciale, les sentiments de Notre paternelle et singulière tendresse. Nous supplions et conjurons instamment, et dans toute l'ardeur de Notre âme, le Dieu très-bon et très-grand, qu'il accorde toute vraie prospérité à ces chers fils et à tout votre fidèle troupeau, et comme gage de Nos désirs et témoignage de Notre amour, Nous accordons, vénérable Frère, du fond de Notre cœur et avec une affection très-vive, à vous et à tous ces chers fils, Notre bénédiction apostolique.

Donné à Naples, au faubourg de Portici, le 8 février de l'année 1850, de Notre Pontificat la quatrième.

PIE IX.

BREF

DE S. S. PIE IX

A MGR L'ÉVÊQUE DE MARSEILLE.

(10 février 1850.)

Vénérable Frère, salut et bénédiction apostolique.

C'est avec une complète satisfaction que Nous avons reçu votre lettre du 6 janvier dernier, que vous Nous avez fait parvenir par Notre cher fils Jean Roathan, supérieur général de la Compagnie de Jésus. Nous sentons combien a dû être pleine de consolations, pour lui et pour les membres de sa Société, l'hospitalité que, dans cette si grande et si générale commotion de l'Italie, ils ont trouvée en France, où, dès le premier commencement de la tribulation que Nous supportons encore Nous-même, Nous avons vu avec admiration les pieux fidèles de ce pays rivaliser de zèle dans tous les devoirs de la piété envers Nous. C'est pourquoi nous louons de plus en plus ce que les Évêques français surtout ont fait avec tant d'empressement et de générosité, pour Nous et pour ces exilés; et vous-même, Nous vous remercions de nouveau, et Nous vous rendons grâces de ce qu'au moment où Nous sortions de Rome, vous Nous avez offert aussitôt, de la manière la plus affectueuse, et votre maison et tout ce que vous possédez.

Que le Dieu très-grand et très-bon vous accorde, à vous ainsi qu'aux autres, l'abondance des consolations célestes qu'il a promises à ceux qui exercent de semblables œuvres de piété; et comme présage de ces consolations, et en même temps comme gage de l'affection particulière que Nous vous portons dans le Seigneur, Nous accordons, avec un grand amour, et d'après le sentiment intime de Notre cœur, à vous, vénérable frère, à tout votre clergé et à votre peuple fidèle, la bénédiction apostolique.

Donné à Naples, dans le palais suburbain de Portici, le 10 février 1850, la quatrième année de Notre pontificat.

PIUS PP. IX.

PROTESTATION DU SAINT-SIÉGE

CONTRE LES PROJETS DE LOI DU GOUVERNEMENT PIÉMONTAIS,

Adressée au marquis Spinola par S. Ém. le Cardinal Antonelli, pro-secrétaire d'État de S. S.

(9 mars 1850.)

———

Naples, Portici, 9 mars 1850.

Une des plus grandes douleurs qui remplissaient d'amertume l'âme de Sa Sainteté, était causée par la considération de l'état de choses vers lequel paraissaient tendre en Piémont les affaires ecclésiastiques et la religion. Et, de fait, la licence effrénée de la presse, qui ne respectait rien de sacré ; le mépris du sacerdoce, qui tendait à paralyser l'action des sacrés pasteurs ; les efforts sans cesse dirigés pour attaquer et ruiner les droits de l'Église et pour soustraire à son influence l'instruction de la jeunesse, tout faisait craindre les conséquences les plus funestes.

Le Saint-Père, dans l'affliction, gémissait sur les périls qui menaçaient l'Église du Piémont, mais en même temps il espérait dans la religion de Sa Majesté Sarde et dans la sagesse de son gouvernement. Quel n'a pas été son déplaisir en lisant dans les feuilles publiques le projet et le rapport sur les af-

faires ecclésiastiques, lu à la tribune par M. le ministre de la justice, et puis en recevant la communication faite par Votre Seigneurie Illustrissime au
nom de M. le ministre secrétaire d'État pour les affaires étrangères, avec la note du 4 de ce mois, rela-
tive aux six articles sur le for ecclésiastique, l'im-
munité locale et l'observance des fêtes ! La surprise
de Sa Sainteté a été d'autant plus vive que dans cette
même note on semble accuser le Saint-Siége d'avoir
refusé de traiter avec le gouvernement sarde.

En présence d'un événement si douloureux et si
inattendu, Sa Sainteté a cru que sa charge apostolique
lui imposait le devoir rigoureux d'ordonner au soussigné Cardinal pro-secrétaire d'État de répondre sans
délai à votre communication susdite, pour soutenir
l'Église affligée du Piémont et les droits du Saint-
Siége.

En premier lieu, le Cardinal soussigné invite le
ministère sarde à se rappeler les concordats de Benoît XIII, de Benoît XIV et de Grégoire XVI, pour
trouver la preuve de toute la déférence dont les Souverains Pontifes ont toujours usée envers le Piémont,
et de la religion avec laquelle le Saint-Siége a toujours respecté les dispositions convenues dans ces
concordats. Il l'invite, en outre, à se souvenir que,
depuis 1848, le gouvernement piémontais ayant manifesté le désir de procéder à de nouveaux accords,
Sa Sainteté, bien qu'elle eût le droit de s'y refuser
et d'insister sur l'obligation d'observer les traités
conclus, daigna cependant désigner un plénipoten-

tiaire qui prit connaissance du projet présenté et fit ses observations; mais le plénipotentiaire sarde ne donna aucune autre suite à cette affaire; les tristes événements qui survinrent en furent sans doute la cause. Si dans les lettres de créance avec lesquelles M. Siccardi fut envoyé, il y a quelques mois, à Portici, il était fait allusion, parmi les autres objets de sa mission, à celui dont il est question maintenant, c'est cependant un fait, qu'après s'être occupé de toute autre chose, il n'entama aucune négociation sur ce point, et qu'il déclara même avoir pour instructions de retourner en Piémont. Depuis, on n'a reçu aucune communication relativement à cette affaire.

En présence de ce simple exposé des faits, le Cardinal soussigné laisse au gouvernement sarde à juger si la conduite tenue par le Saint-Siége pouvait fournir un motif raisonnable de présenter au parlement un projet qui, d'un seul coup, tend à priver et prive en effet le clergé de droits antiques dont il jouissait pacifiquement, comme fondés sur les sanctions canoniques et garantis par des traités solennels; un projet par lequel on attente à l'asile des temples sacrés, on envahit l'autorité de l'Église, on va jusqu'à restreindre, de fait et indirectement, les jours de fêtes consacrés au Seigneur; un projet qui, pris dans son ensemble, tend à enlever à l'Église le droit d'acquérir, et cela en un temps où l'on proclame si solennellement le principe du respect pour les propriétés. Et ce sont des innovations d'une telle nature que l'on soumet à la discussion de la chambre pour l'en faire juge, sans aucun égard pour le Chef suprême de l'Église, sans aucun respect pour les traités préexistants, garantis pourtant par la Constitution même de l'Etat! Communication des six articles susdits a été, il est vrai, faite au Saint-Siége; mais par la même communication on lui déclare que la décision prise par le gouvernement est immuable. C'est pourquoi il est impossible de comprendre comment on peut en même temps inviter le Saint-Siége à traiter pour un accommodement au moyen de négociations qui se feraient à Turin, à moins qu'on ne veuille que le représentant pontifical se rende dans cette ville pour y jouer le rôle de simple spectateur et pour concourir par sa présence à l'approbation des innovations proposées.

A l'aspect de la triste et lamentable situation dans laquelle la religion se trouve dans le Piémont et des périls qui menacent l'Église, le Saint-Père, dans la profonde amertume de son cœur, lève les yeux vers le Dieu des miséricordes, le priant de toute son âme d'éloigner de ce peuple les châtiments dont il a frappé d'autres nations, qui croyaient aussi trouver leur prospérité dans l'humiliation du clergé et dans la dépression de l'autorité de la sainte Eglise. Mais en même temps, mû par la conscience de ses propres devoirs, il proteste hautement devant Dieu et devant les hommes contre les blessures que l'on veut faire à l'autorité de l'Église, contre toute innovation contraire à ses droits et aux droits du Saint-Siége, et contre toute infraction aux traités dont il réclame l'observance.

Sa Sainteté ne laisse pas cependant de se confier dans la religion de Sa Majesté et d'espérer qu'imitant la piété de ses ancêtres, elle aura la volonté de protéger l'Église avec fermeté, de s'opposer aux périls qui la menacent, de soutenir l'épiscopat et le clergé, et de promouvoir la cause de la religion, cause inséparable de la félicité des peuples et de la sécurité de la société, qui est aujourd'hui secouée et menacée de tant de manières.

Le soussigné Cardinal pro-secrétaire d'Etat, exécutant les ordres de Sa Sainteté, prie Votre Seigneurie Illustrissime de vouloir bien faire parvenir la présente à la connaissance de Sa Majesté, et il a le plaisir de témoigner à Votre Seigneurie les sentiments de son estime la plus distinguée.

Signé : CARD. ANTONELLI.

BREF

DE S. S. LE PAPE PIE IX

AUX ARCHEVÊQUES ET ÉVÊQUES DE LA PROVINCE DE TOURS.

(10 mars 1850.)

Venerabiles Fratres, salutem et Apostolicam benedictionem.

Summo quidem gaudio Nobis fuerunt, Venerabiles Fratres, vestræ litteræ, die XV proximi mensis januarii datæ, ac singularis vestræ erga Nos, et Apostolicam Sedem fidei, pietatis et obsequii plenissimæ. In ipsis enim litteris omni ex parte elucet episcopalis cura, et sollicitudo, qua mirifice animati fuistis ad sacram totius ecclesiasticæ Turonensis provinciæ Synodum celebrandam, ubi primum vobis datum fuit tam salutare opus denuo peragere, quod tristissimis rerum ac temporum vicibus jamdiu fuerat intermissum. Itaque divino auxilio freti, ac potentissimo sanctissimæ Dei Genitricis Immaculatæ Virginis Mariæ patrocinio suffulti, nihil potius, nihil antiquius habuistis quam proximo mense novembri in Rhedonensem civitatem convenire, ibique ex sacrorum canonum præscripto ejusmodi provincialem agere Synodum, in qua, collatis consiliis et studiis, ea statuenda curastis, quæ luctuosissimis hisce præsertim temporibus valeant ad fidei depositum in vestris diœcesibus integrum inviolatumque custodiendum, ad Ecclesiæ causam propugnandam, ad ecclesiasticam disciplinam asserendam, atque ad honestatem, pietatem, religionem in vestris populis magis magisque fovendam, excitandam eorumque spiritualem salutem totis viribus procurandam. Ac pergratum Nobis fuit ex ipsis vestris litteris noscere, hujusmodi vestrum conventum ingenti tum exultantis cleri lætitia, tum devoti populi frequentia fuisse peractum, omniaque prospere feliciterque evenisse. Itaque dum vobis de hac re vehementer gratulamur, Venerabiles

Fratres, plane non dubitamus quin pro egregia vestra religione, et Episcopali sollicitudine nihil unquam intentatum sitis relicturi, quo majori usque alacritate Catholicæ Ecclesiæ causam, jura, libertatem strenue defendere, et fidelem populum curæ vestræ commissum a tot monstrosis et undique grassantibus opinionum commentis, pestiferisque doctrinis avertere, eumque magis in dies sanctissimis divinæ nostræ religionis præceptionibus imbuere, atque erudire possitis. Jam vero quod attinet ad provincialis vestri Concilii acta, quæ Nostro et Apostolicæ Sedis judicio subjicere properastis, congruum de illis statim accipietis responsum, vixdum acta ipsa ex more fuerint recognita. Ne desinatis, Venerabiles Fratres, assiduas, fervidasque Deo Optimo Maximo adhibere preces, ut Ecclesiam suam sanctam ubique gentium, ubique terrarum novis ac splendidioribus triumphis exornet et augeat. Nos certe, in omni oratione et obsecratione cum gratiarum actione haud omittemus ab ipso clementissimo Domino humiliter exposcere, ut omnium charismatum copiam super vos propitius semper effundat, vestrisque pastoralibus curis et laboribus benedicat, quo fideles vobis concrediti declinent a malo et faciant bonum, atque ambulent digne Deo per omnia placentes et in omni opere bono fructificantes. Atque hujus divini præsidii auspicem et præcipuæ Nostræ in vos benevolentiæ pignus, accipite Apostolicam benedictionem quam ex intimo corde profectam, vobis ipsis, Venerabiles Fratres, cunctisque clericis lai-

cisque fidelibus vestræ vigilantiæ commissis peramanter impertimur.

Datum Neapoli, in suburbano Portici, die x martii
anno MDCCCL, Pontificatus Nostri anno quarto.

PIUS P. P. IX.

TRADUCTION.

Vénérables Frères, salut et bénédiction apostolique.

C'est avec une grande joie, Vénérables Frères, que
Nous avons reçu votre lettre du 15 janvier dernier,
si remplie des témoignages singuliers de votre foi,
de votre amour et de votre obéissance envers Nous et
envers le Siége apostolique. Partout, en effet, dans
cette lettre brille le zèle épiscopal, la sollicitude dont
vous vous êtes montrés si grandement animés pour
célébrer le saint Synode de la province ecclésiastique
de Tours tout entière, aussitôt qu'il vous a été donné
de reprendre une œuvre si salutaire, et que les tristes vicissitudes des choses et des temps avaient depuis si longues années interrompue. Appuyés sur le
secours de Dieu, et forts du très-puissant patronage
de sa très-sainte Mère, l'Immaculée Vierge Marie,
vous n'avez rien eu de plus pressant, de plus sacré,
que de vous réunir dans la ville de Rennes, au mois
de novembre dernier, et d'y tenir, suivant les saints
canons, ce Synode provincial, dans lequel, après
mûre délibération, vous vous êtes appliqués à statuer

ce qui, dans ces temps déplorables surtout, vous a paru propre à garder intègre et inviolable le dépôt de la foi dans vos diocèses, à soutenir la cause de l'Église, à affermir la discipline ecclésiastique, à nourrir, à exciter de plus en plus dans vos peuples l'honnêteté des mœurs, la piété, la religion, et à procurer, autant qu'il est en vous, leur salut éternel. Et il Nous a été bien doux d'apprendre, par cette lettre même, que votre réunion a excité dans le clergé une grande joie, en même temps qu'elle a attiré autour de vous une foule pieuse, et que tout s'y est passé d'une manière heureuse et prospère. Aussi, quand Nous vous en adressons Nos félicitations, Vénérables Frères, Nous ne doutons pas que, dans votre zèle religieux et dans votre sollicitude épiscopale, vous ne négligiez aucun moyen pour défendre avec courage et avec une ardeur toujours croissante la cause de l'Église, ses droits, sa liberté, pour détourner le peuple fidèle confié à vos soins de ces opinions mensongères, monstrueuses, de ces doctrines pestilentielles qui se répandent partout, pour l'instruire et le pénétrer de plus en plus des saintes prescriptions de notre divine religion.

Maintenant, quant à ce qui concerne les actes de votre concile provincial que vous vous êtes hâtés de soumettre à Notre jugement et à celui du Siége apostolique, vous recevrez la réponse que leur examen aura suggérée, aussitôt que, selon l'usage, il aura été fait. Ne cessez pas, Vénérables Frères, d'adresser à Dieu très-bon, très-grand, de continuelles et ferventes prières, pour que, dans toutes les nations, sur toutes les terres, de nouveaux et plus éclatants triomphes viennent exalter et accroître son Église. Pour Nous, n'en doutez pas, Nous n'omettrons point, par Nos prières et Nos supplications accompagnées d'actions de grâces, de demander au Seigneur très-clément que, dans sa bonté, il répande sur vous l'abondance de ses dons, qu'il bénisse les soins, les travaux de votre ministère pastoral, afin que les fidèles qui vous sont confiés évitent le mal, fassent le bien, et qu'ils marchent d'une manière digne de Dieu, tâchant de lui plaire en toutes choses, et portant des fruits de toutes sortes de bonnes œuvres.

Pour augure de ce secours d'en haut, et pour gage de Notre toute spéciale bienveillance envers vous, recevez la bénédiction apostolique, que Nous aimons à vous donner du fond de Notre cœur, à vous, Vénérables Frères, à tout le clergé et à tous les fidèles laïques confiés à votre vigilance.

Donné à Naples, au faubourg de Portici, le 10 mars 1850, de Notre Pontificat la quatrième année. "

PIE IX.

NOTIFICATION

DE SON ÉM. LE CARDINAL ANTONELLI,

Pro-secrétaire d'État de S. S. le Pape Pie IX
au Corps diplomatique.

(12 mars 1850.)

Palais de Portici, 12 mars 1850.

Après que les armes catholiques eurent dompté la rébellion qui agita si vivement les sujets pontificaux pendant ces derniers événements, on vit, aux applaudissements universels des gens de bien, le gouvernement légitime se rétablir peu à peu dans les Etats de l'Eglise. Pour combler les vœux du monde catholique et des sujets dévoués à leur propre souverain, il ne restait que le retour du Souverain Pontife à son siége. Diverses difficultés ont concouru jusqu'à présent à le retarder, et spécialement le désir le plus vif du Saint-Père de pouvoir subvenir aux besoins de l'Etat. Ce but étant maintenant atteint, il a résolu de rentrer dans ses domaines temporels dans les premiers jours du prochain mois d'avril.

Le Saint-Père a la confiance que le Seigneur, dont la main guida les puissances accourues avec leurs armées pour cette sainte entreprise, daignera bénir les soins qui ne cessent de l'occuper pour l'amélioration du sort de ses sujets, et il ne doute point que toutes les puissances avec lesquelles le Saint-Siége est en relations d'amitié, de même qu'elles ont concouru avec leur influence morale et matérielle, chacune pour sa part, à rétablir le Souverain Pontife dans le plein et libre exercice de son autorité, ne soient animées d'un intérêt égal et constant pour le garantir dans sa liberté et son indépendance indispensable au gouvernement universel de l'Église et à sa paix, qui est celle même de l'Europe.

Le soussigné Cardinal pro-secrétaire d'État, en faisant à Votre Excellence cette communication, s'estime heureux de vous renouveler l'assurance de sa considération distinguée.

Card. ANTONELLI.

BREF

DE N. T. S. P. LE PAPE PIE IX

AU MÉTROPOLITAIN ET AUX ÉVÊQUES DE LA PROVINCE D'AVIGNON.

(20 mars 1850.)

Venerabiles Fratres, salutem et apostolicam benedictionem.

Vehementer delectati sumus vestris obsequentissimis litteris, quas die 30 proximi mensis januarii datas una cum actis provincialis Avenionensis synodi a vobis habitæ, ad Nos misistis. Ex ipsis enim litteris summa animi Nostri consolatione magis magisque cognovimus quo singulari erga nos et Apostolicam Sedem amore et observantia præstetis, et quo episcopali zelo animati sitis ad ea peragenda, quæ in hac præsertim tanta temporum iniquitate ac Ecclesiæ causam tuendam, ac animarum salutem procurandam conducere possint.

Namque ubi primum potuistis, nulla interjecta mora provincialem ipsam Synodum concelebrare properastis, ut in ejusmodi sacro conventu collatis inter vos conciliis et studiis ea statuere possetis, quibus in vestris diœcesibus et catholica fides integra atque inviolata servetur, ac solidius firmetur, ecclesiastica disciplina magis magisque foveatur, divini cultus majestas et splendor augeatur, fideles vobis commissi ac tot undique grassantibus erroribus pestiferisque libris amoveantur, ac sanæ doctrinæ pascuis nutriantur, et ad morum honestatem, virtutem, religionem, pietatem excitentur et inflammentur.

Ac perlibenter ex iisdem vestris litteris novimus, quantopere vobis inter alia cordi sit, Venerabiles Fratres, omni cura prospicere, ut clerici, qui in seminariis cum majore pietatis et ingenii laude studiorum curriculum exegerint, ampliorem sacrarum rerum, ac theologicæ potissimum scientiæ cognitionem penitus ac rite addiscere possint, utque in vestris diœcesibus pium aliquod sodalitium sub vestro regimine et ductu existat in illorum præcipue subsidium, quibus deest opus, quo propriam exercentes artem, sibi suæque familiæ consulere queant. Jucundissimum autem nobis accidit perspicere quanta veneratione sanctissimam Dei Genitricem Virginem Mariam prosequi gloriamini, et quam vehementer optetis, ut erga Immaculatam ejusdem beatissimæ Virginis Conceptionem cultus in omnium fidelium animis magis in dies augeatur et confirmetur.

Quamobrem de his rebus omnibus vobis vel maxime gratulamur, Venerabiles Fratres, vobisque addimus animos, ut in hac tam tristi rerum ac temporum perturbatione pergatis majore usque alacritate ministerium vestrum implere ac bonum certamen certare, nihilque unquam intentatum relinquere, quo Dei, ejusque sanctæ Ecclesiæ causam, jura, libertatem impavide propugnare, et fideles vobis commissos ab inimicorum hominum insidiis, et fraudibus defendere, atque ad salutis semitam deducere valeatis.

Pro certo vero habeatis velimus, vos congruum de provinciali vestri concilii actis, quæ nostro, et Apostolicæ Sedis judicio subjicere festinastis, responsum statim esse accepturos, ubi primum acta ipsa a nostra concilii congregatione ex more fuerint perpensa et recognita. Atque interim a clementissimo misericordiarum Patre humiliter, enixeque exposcere haud omittimus, ut uberrima suæ bonitatis dona super vos, Venerabiles Fratres, propitius semper effundat, quæ in omnes quoque fideles vobis concreditos copiose descendant, quo ipsi magis in dies crescant in scientia Dei, et alacriori usque pede incedant per semitas Domini. Cujus superni præsidii auspicem, et studiosissimæ Nostræ in vos voluntatis testem apostolicam benedictionem toto cordis affectu vobis ipsis, Venerabiles Fratres, cunctisque vestrarum diœcesium clericis, laicisque fidelibus peramenter impertimur.

Datum Neapoli, in suburbano Portici, die 20 martii, anno 1850, Pontificatus Nostri anno quarto.

PIUS P. P. IX.

TRADUCTION.

Vénérables Frères, salut et bénédiction apostolique.

Nous avons reçu avec une vive satisfaction la lettre respectueuse que vous Nous avez adressée, à la date du 30 janvier dernier, ainsi que les actes du Synode de la province d'Avignon tenu par vous. Cette lettre Nous a donné la profonde consolation de reconnaître de plus en plus les sentiments de tendresse et de soumission tout particuliers dont vous êtes animés envers Nous et le Siége Apostolique, ainsi que votre zèle épiscopal pour accomplir tout ce qui, dans ce temps d'iniquité, peut servir à la défense de l'Église et au salut des âmes.

En effet, dès que vous l'avez pu, sans aucun délai, vous vous êtes empressés, selon Nos désirs et les vôtres, et conformément à la règle des sacrés canons, de tenir ce Synode provincial : dans cette sainte réunion, vous communiquant mutuellement vos pensées et vos jugements, votre but était de déterminer par quels moyens dans vos diocèses la foi catholique, conservée dans son intégrité et à l'abri de toute violation, peut être encore affermie; la discipline ecclésiastique, de plus en plus observée ; la majesté et la splendeur du culte divin développées ; par quels moyens vous pouvez garantir les fidèles confiés à vos soins, des erreurs et des livres pestilentiels qui les envahissent de toutes parts ; les nourrir des préceptes d'une saine doctrine, et remplir leurs âmes d'une vive ardeur pour la pureté des mœurs, la vertu, la religion et la piété.

Nous avons appris également avec satisfaction, par votre lettre, Vénérables Frères, qu'un de vos principaux désirs est de faire donner aux jeunes clercs qui, dans les séminaires, auront suivi avec le plus de piété et d'application le cours de leurs études, une connaissance plus grande et plus approfondie des choses sacrées, et surtout de la science théologique ; et de former dans vos diocèses, sous votre direction et votre surveillance, une pieuse association dont le but soit de secourir ceux qui, faute d'un état, ne peuvent subvenir à leurs besoins et à ceux de leurs familles. Il Nous a été bien doux aussi de voir quelle vénération vous attachez au nom de la Vierge Marie, la très-sainte Mère de Dieu, et combien vous

désirez que le culte de sa Conception Immaculée s'é-
tende de jour en jour parmi les fidèles.

Sur tous ces points, Vénérables Frères, Nous vous
adressons Nos plus vives félicitations, et Nous vous
exhortons à poursuivre votre ministère avec une
ardeur plus grande encore, à cette triste époque de
perturbation; à soutenir la lutte du bien, à ne rien
négliger de ce qui peut vous servir à combattre courageusement pour la cause de Dieu et de la sainte
Église, pour ses droits et sa liberté; à défendre,
contre les embûches et les ruses des méchants, les
fidèles confiés à votre garde, et à les conduire vers
les sentiers du salut.

Soyez persuadés que vous recevrez une réponse
au sujet des actes de votre Concile provincial que
vous vous êtes empressés de soumettre à Notre jugement et à celui du Siége apostolique, dès que, selon
l'usage, ces actes auront été examinés par Notre
Congrégation du Concile. En attendant, Nous ne né-
gligerons pas d'invoquer humblement et ardemment
la miséricorde du Dieu très-clément, pour qu'il ne
cesse de répandre abondamment sur vous, Vénérables Frères, les dons de sa bonté, ainsi que sur tous les
fidèles que vous dirigez; afin que ceux-ci sentent de
plus en plus croître dans leur cœur la science de
Dieu, et qu'ils marchent d'un pied plus ferme dans
les sentiers du Seigneur.

Comme gage de la protection céleste, comme témoignage de Notre tendresse particulière pour vous,
recevez la bénédiction apostolique que Nous donnons

du fond de Notre cœur à vous, Vénérables Frères, et à tous les prêtres et fidèles de vos diocèses.

Donné à Naples, au faubourg de Portici, 20 mars 1850, quatrième année de Notre Pontificat.

PIUS P. P. IX.

NOTIFICATION

DE LA COMMISSION DE GOUVERNEMENT.

(9 avril 1850.)

La divine Providence, après avoir rétabli dans les États du Saint-Siége, par le moyen des braves armées catholiques, l'ordre qui avait été troublé et détruit par les déplorables excès d'une insurrection funeste, daigne aujourd'hui mettre le comble à sa haute faveur, en rendant le Souverain Pontife à l'attente générale de ses dévoués sujets, qui voyaient avec douleur se prolonger les jours amers de la violente séparation; tandis qu'il n'était pas moins pénible pour le Saint-Père de rester si longtemps éloigné de ses enfants bien-aimés. Appelés jusqu'ici à le représenter, nous avons aujourd'hui à remplir le plus agréable des devoirs, en donnant aux populations de l'État pontifical la nouvelle d'un retour si désiré, qui va réaliser l'objet du concours généreux des puissances amies, en rétablissant l'auguste chef de l'Église catholique dans ses États temporels. Nous avons donc lieu de nous promettre, qu'outre les démonstrations de fêtes extérieures, on aura généralement à cœur les preuves durables de fidélité et d'attachement pour le très-excellent Père et Souverain, résultant de l'observation des devoirs imposés par l'obligation de la justice et le sentiment de la gratitude. Ainsi sera satisfaite la confiance qu'il a dans l'amour des honnêtes gens; ainsi seront pleinement récompensées ses sollicitudes paternelles par leur véritable et constant bien-être. L'entrée de Sa Sainteté dans sa capitale par la porte Saint-Jean aura lieu, suivant ce qui a été réglé, vendredi, 12 du courant, vers quatre heures de l'après-midi. Sa Sainteté, après avoir visité la Basilique patriarcale de Latran, se rendra avec son cortége par la rue du Colisée, la place des Apôtres, la rue Popolo, à la Basilique patriarcale du Vatican, et de là Elle montera au palais apostolique.

Donné à notre résidence du Quirinal, le 9 avril 1850.

G. Card. della GENGA SERMATTEI;
L. Card. VANNICELLI CASONI;
L. Card. ALTIERI.

PAROLES

DE S. S. LE PAPE PIE IX

A S. M. LE ROI DE NAPLES.

A peine Sa Sainteté, le roi et le duc de Calabre furent-ils descendus de voiture, que les deux derniers se jetèrent aux pieds du Souverain Pontife pour les lui baiser dévotement. Alors S. M., toujours à genoux, lui demanda sa bénédiction : « Oui, dit le « Saint-Père, je vous bénis ; je bénis votre famille ; « je bénis votre royaume ; je bénis votre peuple. Je « ne saurais que vous dire pour exprimer ma recon- « naissance de l'hospitalité que vous m'avez donnée. « — Je n'ai rien fait, répondit le roi, qu'accomplir le « devoir d'un chrétien. — Oui, reprit Pie IX d'une « voix émue, votre affection filiale a été grande et « sincère. » Puis il releva le roi, le pressa sur son cœur en l'embrassant tendrement, et remonta dans sa voiture, où la famille royale et la suite vinrent lui baiser les pieds.

DISCOURS

DE S. S. LE PAPE PIE IX

AU GÉNÉRAL BARAGUEY-D'HILLIERS,

Commandant en chef le corps expéditionnaire d'Italie.

(17 avril 1850.)

Je suis très-heureux de me trouver au milieu des officiers d'une armée qui vient de donner d'éclatants exemples de valeur et de discipline, et qui appartient à une nation catholique et généreuse. Il est bien doux à mon cœur d'exprimer en cette occasion les sentiments de la vive gratitude que je professe pour la nation française, qui n'a épargné ni son argent, ni ses fatigues, ni son sang pour délivrer Rome de l'anarchie qui l'opprimait, et pour assurer au vicaire de Jésus-Christ son indépendance et comme Pontife et comme Souverain. Soyez mon interprète, Monsieur le général, vous qui, digne successeur des deux qui vous ont précédé, vous faites honneur de représenter la France auprès du Saint-Siége. Faites connaître mes sentiments paternels au président de la République, qui a surmonté les obstacles mis à une entreprise si louable; à l'Assemblée, qui l'a décrétée, et qui fit éclater dans son sein ces nobles sentiments qui remplirent mon cœur de joie et de consolation.

J'appelle et j'appellerai toujours la bénédiction de Dieu sur chacun de vous, sur vos familles, sur toute la France, afin que l'esprit de religion, source de tous les biens, se répande toujours davantage au milieu de cette généreuse nation. Je l'appelle plus particulièrement sur l'armée qui, grâce à l'honneur, à la discipline et à la valeur qui la distinguent, sera toujours le soutien de l'ordre public et le gage de la tranquillité.

APPENDICE

LETTRE

DE S. S. PIE IX

A S. G. MGR L'ÉVÊQUE DE LIÉGE,

(22 novembre 1848.)

Vénérable Frère,

Les mots nous manquent pour exprimer tout ce que Nous éprouvons de consolation en pensant à la ferveur avec laquelle vous et tous les autres Évêques suppliez la miséricorde du Tout-Puissant de venir en aide à Notre faiblesse dans les temps si calamiteux où Nous vivons.

Ne cessez pas de vous acquitter de ce pieux devoir; continuez d'exhorter votre Clergé et les fidèles qui vous sont soumis, à offrir à Dieu pour Nous leurs prières et leurs supplications. Ce n'est que de la force d'en Haut que Nous attendons aide et secours au milieu de Nos tribulations et de Nos angoisses: car il ne permet pas que ceux qui espèrent en lui soient confondus.

Nous l'invoquons à notre tour, dans l'humilité de Notre cœur, pour qu'il vous accorde, Vénérable Frère, tout ce qui peut vous être utile et salutaire.

Comme gage de la sincérité de ces vœux, et comme témoignage en même temps de nos sentiments pour vous, Nous vous donnons avec une vive affection, avec amour, à vous et à vos ouailles, notre Bénédiction apostolique.

Donné à Rome, près Sainte-Marie-Majeure, le 22 novembre 1848, de Notre Pontificat la troisième année.

PIUS P. P. IX.

FIN.

TABLE DES MATIÈRES

DU TROISIÈME VOLUME.

APPENDICE.

FIN DE LA TABLE.

* 9 7 8 2 0 1 3 6 9 7 6 1 3 *